BESTSELLER

FRANCISCO MARTÍN MORENO es conferencista, líder de opinión, columnista y autor de los bestsellers *México negro*, *Las cicatrices del viento*, *México mutilado*, *México sediento*, *Las grandes traiciones de México*, *México secreto*, *México acribillado* y *México ante Dios*, que lo consolidan como uno de los autores más leídos del país.

# FRANCISCO MARTÍN MORENO

100 mitos de la historia de México

Volumen 1

DEBOLS!LLO

El papel utilizado para la impresión de este libro ha sido fabricado a partir de madera procedente de bosques y plantaciones gestionadas con los más altos estándares ambientales, garantizando una explotación de los recursos sostenible con el medio ambiente y beneficiosa para las personas.

100 mitos de la historia de México
Volumen 1

Primera edición en Debolsillo: septiembre, 2024

D. R. © 2011, Francisco Martín Moreno

D. R. © 2024, derechos de edición mundiales en lengua castellana:
Penguin Random House Grupo Editorial, S. A. de C. V.
Blvd. Miguel de Cervantes Saavedra núm. 301, 1er piso,
colonia Granada, alcaldía Miguel Hidalgo, C. P. 11520,
Ciudad de México

penguinlibros.com

Diseño de portada: Penguin Random House / La Fe Ciega

Composición de portada a partir de imágenes de ©iStockphotos

Penguin Random House Grupo Editorial apoya la protección del *copyright*.
El *copyright* estimula la creatividad, defiende la diversidad en el ámbito de las ideas y el conocimiento, promueve la libre expresión y favorece una cultura viva. Gracias por comprar una edición autorizada de este libro y por respetar las leyes del Derecho de Autor y *copyright*. Al hacerlo está respaldando a los autores y permitiendo que PRHGE continúe publicando libros para todos los lectores.

Queda prohibido bajo las sanciones establecidas por las leyes escanear, reproducir total o parcialmente esta obra por cualquier medio o procedimiento así como la distribución de ejemplares mediante alquiler o préstamo público sin previa autorización.
Si necesita fotocopiar o escanear algún fragmento de esta obra diríjase a CemPro
(Centro Mexicano de Protección y Fomento de los Derechos de Autor, https://cempro.com.mx).

ISBN: 978-607-384-844-2

Impreso en México – *Printed in Mexico*

Índice

Presentación 11
La Virgen de Guadalupe existe 13
Nuestro himno: patrimonio nacional................ 23
México se fundó donde un águila devoraba
a una serpiente 31
Miguel Hidalgo murió siendo líder
de la Independencia 37
La Inquisición: un santo oficio 45
Madero nunca gobernó por los espíritus........ 53
Cortés conquistó a los aztecas 61
Cárdenas expropió el petróleo 67
Juárez vendió territorio nacional 75
La Iglesia católica, la gran educadora 83
Los españoles nos conquistaron 89
El 5 de Mayo el clero estuvo con la patria 97
Porfirio Díaz, un convencido antirreeleccionista 101
El Pípila, el héroe de Granaditas 107
Miguel Hidalgo, el Padre de la patria 113
Los sacerdotes defendieron a los indígenas ... 121
Los antiguos mexicanos no eran antropófagos 129
Toral: el asesino solitario de Álvaro Obregón 133

El cura Hidalgo no gritó «¡Viva Fernando VII!» 145
Huerta: el único asesino de Madero 151
La iglesia, una institución pobre 159
El clero no financió la Guerra de Reforma 165
Vasconcelos, el demócrata 173
Los gringos tienen la culpa 181
El clero nunca combatió con las armas en la mano ... 187
El sindicalismo y la Revolución ayudaron
a los trabajadores 203
Malinche, la gran traidora 209
México tuvo una sola revolución 215
Cárdenas creó riqueza gracias a la reforma agraria 221
A Maximiliano lo trajo Napoleón III 229
Los indígenas fueron sumisos después
de la Conquista 239
Los gringos nos ganaron la guerra por
superioridad militar 245
Díaz Ordaz: único culpable del 68 259
Las víctimas de Huitzilac eran inocentes 265
El ataque a Columbus: una cuestión personal 273
Las Leyes de Reforma, causa de la guerra 279
La dictadura de Juárez 289
La muerte de Moctezuma: un caso resuelto 297
Los obispos no participaron en la guerra cristera 301
Cárdenas prohibió la inversión foránea
en el petróleo 311
Maximiliano, el conservador 319
Nadie ha lucrado con la imagen
de la Virgen de Guadalupe 325
Calles respetó las instituciones de la Revolución...... 331
Sor Juana se arrepintió 339

La Iglesia católica no tomó parte
en la guerra contra los EUA 347
Miguel Hidalgo, el consumador de la Independencia 353
¿Los Niños Héroes fueron héroes niños? 361
A Carranza lo asesinaron unos forajidos 367
30 de junio de 1520: la Noche Triste 373

Presentación

Además de los derramamientos de sangre, podemos afirmar que la otra gran constante en la historia de México es la mentira. ¿Existirá alguna relación entre estas dos inclinaciones de los mexicanos? Es preciso que veamos de frente y sin prejuicios nuestro pasado. La falta de una buena memoria está ligada a la falta de una verdadera ciudadanía: será el conocimiento de nuestro pasado lo que nos ayudará a conformar una verdadera conciencia crítica y un horizonte promisorio hacia el cual dirigirnos.

Los perversos mitos que difunde la historia oficial no deben impedirnos configurar una imagen justa de nosotros mismos, una imagen clara que enaltezca y destaque nuestra inteligencia y nuestra dignidad; pero es preciso que descorramos esos velos funestos que, en su empeño por hacer duradero el dominio de uno u otro grupo político, la historia oficial ha difundido irresponsablemente. Si la verdad nos hará libres, vayamos, sin tardanza alguna, a su encuentro.

FRANCISCO MARTÍN MORENO

La Virgen de Guadalupe existe

En diciembre de cada año millones de mexicanos se martirizan para rendir pleitesía a la patrona de México: algunos se hieren el cuerpo, otros caminan hasta el desfallecimiento y otros más avanzan de rodillas, a lo largo de la Calzada de los Misterios o frente al altar, con la esperanza de que sus problemas se resuelvan. Los peregrinos llegan de muchos lugares; la mayoría han caminado desde los rincones más remotos del país, otros proceden de los Estados Unidos o de Centroamérica. Los peregrinos llevan de la mano a sus parientes enfermos —tal vez incurables—, a sus hijos, o incluso a sus animales, para que sean bendecidos. Y mientras que esto ocurre, algunos artistas —aprovechando la ocasión— incrementan su popularidad cantándole «Las Mañanitas» a la Guadalupana.

Los peregrinos se gastan lo que no tienen durante el viaje y terminan de empobrecerse cuando depositan en los cepos las monedas que ganaron sudando sangre. Las arcas de la basílica reciben toneladas de monedas, billetes de todas las denominaciones, la mayoría extraídos de un desgastadísimo paliacate, y hasta cheques con olor a lavanda inglesa. El destino de estas sumas de dinero siempre ha sido incierto, aunque la vida de los abades de la basílica, por lo general, ha distado mucho del ideal franciscano, que exige votos de pobreza, de castidad y de humildad (pero ¿quién los practica hoy en día, sobre todo el de la castidad?).

Oficialmente, la Virgen de Guadalupe merece esta veneración y más: ella guio al cura Miguel Hidalgo en su lucha por la libertad, también le dio nombre al plan que enarboló Venustiano Carranza en contra de Victoriano Huerta y bendijo la lucha zapatista; asimismo, se dice, ella ha realizado un sinnúmero de milagros en favor de sus fieles devotos... Sin embargo, los mexicanos —en este y en otros casos— en realidad sólo se arrodillan ante un mito que es necesario develar.

Los protagonistas: la primera mentira

Adentrémonos por un momento en la historia oficial del aparicionismo. En el *Nican mopohua* —el documento más importante del mito guadalupano— se afirma que en diciembre de 1531 la Virgen se le reveló a Juan Diego, y que le encomendó encontrarse con fray Juan de Zumárraga para que el entonces obispo ordenara la construcción de su «casita sagrada». La crónica de los hechos también nos dice que el sacerdote no le creyó a Juan Diego y que le exigió una prueba de sus dichos; así, unos días después el indígena volvió a presentarse ante Zumárraga y desplegó su ayate, de donde cayeron cientos de rosas, dejando ver la imagen que la divinidad había pintado en la burda tela. El milagro se había realizado y la aparición de la Virgen se convirtió en una verdad a toda prueba.

Hasta aquí parecería que no hay falsedad, pero un análisis histórico de estos hechos revela cuando menos dos graves mentiras: Zumárraga, uno de los clérigos que estuvo a punto de perder su cargo por asesinar indígenas, nunca creyó en la aparición ni dejó prueba de ella, pues en su *Regla cristiana*, libro que publicó dieciséis años después de los hechos narrados en el *Nican mopohua*, escribió algunas palabras que ponen en entredicho el milagro del Tepeyac: «¿Por qué ya no ocurren milagros? [...] porque piensa el Redentor del mundo que ya no son menester».

Si fray Juan de Zumárraga hubiera atestiguado la aparición guadalupana —un milagro más allá de todas las suspicacias— no habría afirmado que «ya no ocurren milagros» y habría dedicado muchas páginas a la defensa de la aparición, algo que nunca hizo. Zumárraga, a pesar de los afanes de la alta jerarquía católica, deseosa de exterminar a las deidades precolombinas, queda descartado como protagonista de los hechos: él mismo negó la existencia de los milagros y nunca escribió una sola palabra sobre la Guadalupana.

Pasemos a la segunda mentira: si el *Nican mopohua* dice la verdad, Juan Diego sí existió y su tilma prueba el milagro. Sin embargo, durante más de tres siglos los historiadores guadalupanos no han logrado ponerse de acuerdo en tres hechos cruciales: 1) dónde nació este indígena, pues el lugar de su alumbramiento se lo han disputado Cuautitlán, San Juanico, Tulpetlac y Tlatelolco, 2) cuándo nació, pues nunca se ha encontrado su fe de bautismo ni tampoco un solo documento contemporáneo que dé cuenta de él, y 3) si en verdad existió el personaje, pues en 1982 Sandro Corradinni, el relator de la Congregación para la Causa de los Santos, sostuvo lo siguiente: «de Juan Diego no hay nada. La Virgen de Guadalupe es un mito con el que los franciscanos evangelizaron a México. Juan Diego no existió».[1] Contra lo que podría suponerse, las dudas sobre la existencia de Juan Diego no fueron presentadas sólo por la Congregación para la Causa de los Santos: en la propia basílica, monseñor Schulenburg se opuso a la canonización del indígena con un argumento que fue muy criticado: se podía ser guadalupano sin creer en la aparición ni en la existencia de Juan Diego. Aunque la opinión de Schulenburg —debido a su condición de abad del templo— puede ser puesta en entredicho, no puede hacerse lo mismo con los argumentos de uno de los principales intelectuales de la Iglesia católica de nuestro país: Manuel Olimón Nolasco, quien negó la existencia de Juan Diego con un argumento digno de ser transcrito:

> primero se tomó la decisión de canonizarlo a como diera lugar y después se acomodaron las piezas para respaldar con supuestas pruebas históricas su existencia y milagros. Los encargados de llevar a buen fin la causa de Juan Diego hicieron lo que los buenos historiadores no deben hacer: recurrieron a lo que E.H. Carr, en su clásico *¿Qué es la historia?*, llama el método de tijeras y engrudo, consistente en recortar de aquí y allá y pegar lo recortado para que aparezca como un todo armonioso para así demostrar lo que a uno le venga en gana.[2]

La conclusión es clara, indubitable: los propios sacerdotes guadalupanos no creen en la aparición ni en la existencia de Juan Diego.

Efectivamente, si Zumárraga no dejó una sola palabra escrita sobre la aparición y desconfiaba de los milagros, y si

---

[1] En *Proceso*, 26 de marzo de 1990.
[2] En *La Jornada*, 23 de enero de 2002.

Juan Diego —según las autoridades eclesiásticas que fueron silenciadas para lograr la santificación del indígena— tampoco existió, no queda más remedio que asumir que las apariciones del Tepeyac son un mito.

La tilma: la segunda mentira

A pesar de lo anterior, algunos historiadores del clero me dirán que, aunque Zumárraga y Juan Diego nada tuvieron que ver con el mito, la aparición es verdadera, como lo demuestra la tilma. Sin embargo, para su desgracia, el ayate que supuestamente perteneció a Juan Diego tampoco resiste el más mínimo análisis del sentido común y de la historia. Veamos por qué: en la época en que ocurrió la supuesta aparición, los indígenas más pobres seguían usando tilmas o ayates para vestirse. Esta prenda, que se anudaban sobre uno de sus hombros y que les llegaba abajo de las rodillas, generalmente se fabricaba con fibras de maguey. Si Juan Diego existió, con toda seguridad usó una tilma, pero es un hecho que nunca hubiera podido ponerse la tilma que muestra la imagen de la guadalupana, dado que el «ayate» que se exhibe en la basílica mide casi 1.80 metros de alto, es decir que Juan Diego tendría que haber medido casi 2.5 metros de estatura para no arrastrarlo.

Pero los problemas de la tilma no se reducen al desafío del sentido común: el supuesto ayate, a diferencia de uno verdadero, no fue tejido con fibras de ixtle o de agave: en 1982 —a petición del entonces abad de la basílica— el director del Centro Nacional de Registro y Conservación para Obra Mueble del INBA examinó la tela y descubrió que sus fibras son de lino y cáñamo, lo cual demuestra que no se trata de un burdo ayate, sino de un lienzo de gran calidad y de altísimo valor. Asimismo, las investigaciones revelaron que la supuesta tilma de Juan Diego no fue una prenda de vestir, sino un lienzo preparado para ser pintado, pues tiene una base de sulfato de calcio sobre la cual se aplicaron pinturas al temple.

Por si lo anterior no fuera suficiente, en 1556 —año en que se escribió el *Nican mopohua*— se declaró que la supuesta tilma «la pintó un indio el año pasado». Muy probablemente el indígena en cuestión fue Marcos Cipac de Aquino, quien aprendió su oficio bajo la tutela de fray Pedro de Gante y cuyas obras aún se conservan en los conventos franciscanos de San Francisco y Huejotzingo. En 1934 el pintor Jorge González Camarena decidió comprobar aquella afirmación y comparó dos obras de Marcos Cipac —*La Virgen de la Letanía* (*ca.* 1531) y *El ayate de la Virgen de Guadalupe* (1555)—, llegando a una conclusión similar a la que se asienta en los documentos de 1556: «las dos pinturas son del mismo autor».

Después de los hechos presentados, el resumen es obvio: el ayate no es ayate y la imagen que presenta tampoco es resultado de un milagro, sino que es obra de un pintor indígena, quizá de nombre Marcos Cipac de Aquino.

La Virgen mexicana: la tercera mentira

A estas alturas —cuando Zumárraga, Juan Diego y el ayate ya perdieron su naturaleza milagrosa— aún podría argumentarse que lo antes dicho no tiene valor o que carece de relevancia, pues la Virgen de Guadalupe es mexicanísima, y eso le basta y sobra para merecer la devoción y el sacrificio de nuestro pueblo. De nueva cuenta, esta otra idea es mentira: la Virgen de Guadalupe es española y fue uno de los «legados» que Hernán Cortés hizo a la Nueva España.

A comienzos del siglo XII —según cuenta una leyenda española— un vaquero extremeño que respondía al nombre de Gil Cordero encontró en la ribera del río Guadalupe una imagen de la virgen María. La figura, pequeña y morena, rápidamente adquirió gran popularidad y su fama traspasó la región: en 1338 Alfonso XI le mandó construir un templo y más de cien años después los Reyes Católicos la declararon «protectora de los indios». Incluso, hasta donde se sabe por los señalamientos de Salvador de Madariaga, algunos de los indígenas que Colón llevó a España fueron bautizados en aquel templo. Esta advocación de la virgen —que curiosamente también se festeja el 12 de diciembre— llegó a México junto con Hernán Cortés, pues el conquistador traía un estandarte con la imagen que se adoraba en su tierra, Extremadura. Es decir que la Virgen de Guadalupe «apareció» en México antes de 1531.

Aunque todos estos hechos podrían verse como una serie de extrañísimas casualidades, es necesario recordar que aquel estandarte se colocó en un pequeño templo que el conquistador mandó construir… ¡en el mismísimo cerro del Tepeyac! De nueva cuenta, las palabras contenidas en el *Nican mopohua,* y que han sido defendidas por los aparicionistas, son una mentira descarada: la Guadalupana ya tenía «casita sagrada» en el Tepeyac, y por lo tanto no había ninguna razón para pedir que le construyeran «otra casita». Por si lo anterior no bastara, también tendríamos que aceptar que la mexicanísima Virgen de Guadalupe es, en realidad, la virgen extremeña descubierta por Gil Cordero.

La Virgen es católica: la última mentira

La presencia del estandarte de Cortés con la españolísima Virgen de Guadalupe en el templo del Tepeyac —además de lo antes dicho— también nos lleva a un tema ya tratado por varios historiadores: la Guadalupana, en realidad, no era una novedad religiosa en la Nueva España, sino una diosa prehispánica que fue transfigurada por los sacerdotes luego de la derrota de los aztecas a causa de la viruela.

Efectivamente, una de las acciones políticas que emprendieron los sacerdotes que llegaron a nuestro país fue sustituir a los dioses indígenas con sus deidades. Esto fue lo que sucedió, por ejemplo, con Tláloc, Xochipilli y Huitzilopochtli, que se transformaron, por simple analogía de sus virtudes, en san Juan Bautista, san Isidro Labrador y Jesucristo. Exactamente lo mismo ocurrió con Tonantzin, la madre de dios según la mitología prehispánica, que se adoraba en el Tepeyac en el mes de diciembre. Así pues, la Virgen de Guadalupe —además de las otras mentiras— también posee la falsedad de su origen religioso, pues ella, sin duda alguna, es una transfiguración de la diosa Tonantzin de los aztecas, que se consolidó gracias al hallazgo de Cordero.

¿Alguien está dispuesto a aceptar la verdad?

Aunque los hechos y el sentido común muestran que la Virgen de Guadalupe sólo es un mito, la jerarquía eclesiástica y los políticos tienen muy buenas razones para cultivarlo: la iglesia llena sus cepos y domina las conciencias, mientras que el poder embrutece a sus ciudadanos para manipularlos a su antojo. ¿Acaso no valdría la pena abandonar este mito y pensar que nuestro país sólo tiene un patrón: sus ciudadanos?, ¿no sería bueno pensar que la imagen del falso ayate no ha hecho ningún milagro y que éstos han corrido por cuenta de nuestro esfuerzo?, ¿no sería conveniente que dejáramos de pedir milagros y nos pusiéramos a trabajar? Todas estas preguntas, me parece, son importantes, pero la respuesta, querido lector, sólo está en tus manos.

No olvidemos que los mexicanos siempre hemos esperado que un ser omnipotente resuelva nuestros problemas, y ello se ha traducido en inmovilidad, y la inmovilidad en malestar, pasividad, miseria e indolencia. Pero la pasividad se destruye cuando nos enseñan a confiar en nosotros, en nuestras habilidades y capacidades en lugar de pasar la vida elevando plegarias cuyo destino nadie puede garantizar. Esperar que un tercero venga a resolver nuestros problemas nos hunde en el atraso, porque el atraso es consecuencia de la inacción. No esperemos, construyamos. No oremos, trabajemos. No pidamos, conquistemos con coraje nuestro destino.

Nuestro himno: patrimonio nacional

El lunes 11 de septiembre de 1854 el Gran Teatro de Santa Anna abría sus puertas un poco antes de que cayera la noche: la función, según los periódicos de la capital del país, sería coronada por el éxito más estruendoso. No se trataba de una gala cualquiera, pues pocas veces se reunían tantas maravillas en un solo evento: la Compañía de Ópera Italiana de René Masson presentaría «Belisario», de Donizetti, y la orquesta interpretaría el «Himno de Bottesini», dedicado ni más ni menos que al supuesto Salvador de la patria: Antonio López de Santa Anna. La razón del sentidísimo homenaje (o quizá autohomenaje) era celebrar el aniversario de la victoria del caudillo sobre las tropas del brigadier Isidro Barradas, quien fue enviado por España para tratar de reconquistar a México, la joya más importante de la corona, dado que la metrópoli, a tan sólo siete años de consumada nuestra independencia, aún no se resignaba a perderla.

Los combates de Santa Anna y Barradas, al decir de la historia oficial, merecerían escribirse con letras doradas:

El 27 de julio de 1829, de 21 navíos de la Armada Española a cargo del Almirante Ángel Laborde, desembarcaron en Cabo Rojo, Veracruz [...]. Este ejército, el primero que se enviaba en este intento de reconquista, estaba formado por 3 100 combatientes, soldados veteranos con el armamento más moderno de la época y bien pertrechados, estando comandados por el Brigadier Isidro Barradas.

Pequeñas fuerzas de Veracruz y Tamaulipas intentaron heroicamente detener su camino sobre Tampico [...]. Gracias a la superioridad numérica y de armamento, los españoles pudieron tomar las poblaciones de Tampico Alto y Pueblo Viejo, en el norte de Veracruz [...]. El 2 de agosto, el presidente Vicente Guerrero fue notificado del desembarco de las tropas españolas. Consciente de la gravedad de la situación, lanzó una proclama a todos los mexicanos llamándolos a unirse en defensa de la patria y dispuso la integración del «Ejército de Operaciones Mexicano», al mando del brigadier Antonio López de Santa Anna, quien era gobernador de Veracruz. [...] Los mexicanos, al mando de los generales Antonio López de Santa Anna y Manuel de Mier y Terán, se decidieron a dar la batalla final [...] en la noche del 10 al 11 de septiembre [...]. Los soldados españoles protegidos por las empalizadas y sus cañones se defendieron con tenacidad y desesperación. La encarnizada lucha se desarrolló a la bayoneta [...]. Este sangriento enfrentamiento, heroico para ambas partes, obligó al ejército español a rendirse ante las tropas mexicanas que se desempeñaron con valor y audacia pocas veces vista en el ejército de nuestro país [...]. El ejército español entregó armas y banderas el día 12 de septiembre de 1829. Los prisioneros españoles serían posteriormente remitidos a La Habana, en tanto que el Brigadier Barradas se embarcó con rumbo a Nueva Orleáns, desconociéndose, hasta ahora con certeza, su destino final.

Sin embargo, lo que no cuenta la historia oficial es que el general Barradas fue derrotado por un huracán y por otras calamidades naturales sin haber librado más de tres escaramuzas en Tampico. Es cierto: los mosquitos, los temporales, el agua contaminada, el hambre, el vómito y las diarreas causaron más bajas a los españoles que las balas del caudillo. Santa Anna no ganó una sola batalla, pero eso sí, ganó la guerra y aprovechó la coyuntura geográfica y climática para mostrarse como el vencedor indiscutible. El Salvador de la patria —como siempre— volvió a construir su prestigio a base de embustes.

No obstante, y a pesar de la poca gallardía en la victoria sobre Barradas, el concierto del 11 de septiembre fue un éxito. Pero las loas a Santa Anna apenas comenzaban: cuatro días más tarde, el 15 de septiembre para ser precisos, el teatro volvió a abrir sus puertas para culminar con broche de oro los homenajes al Salvador de la patria. Esa noche se estrenó el «Himno Nacional Mexicano» —con letra de Francisco González Bocanegra y música de Jaime Nunó— para rendir pleitesía a uno de los más terribles y funestos dictadores de nuestro país, uno de los tantos brazos armados que la Iglesia católica siempre ha tenido a su servicio.

Efectivamente, luego de algunas oberturas, cavatinas y encendidas poesías patrióticas, Claudina Fiorentini, Carolina Vietti, Lorenzo Salvi, Federico Benaventano e Ignacio Marini cantaron la estrofa más esperada bajo la atinadísima dirección de Giovanni Bottesini. La expresión de malinchismo fue sublime, pues los músicos y los cantantes de nuestro país brillaron por su ausencia. Así, en aquellos momentos, el público escuchó por fin los versos que loaban al caudillo:

> Del guerrero inmortal de Zempoala
> te defiende la espada terrible,
> y sostiene su brazo invencible
> tu sagrado pendón tricolor.
> Él será del feliz mexicano
> en la paz y en la guerra el caudillo,
> porque él supo sus armas de brillo
> circundar en los campos de honor.

Los versos de Bocanegra no dejan lugar a las dudas: Santa Anna defiende la patria mientras sostiene nuestra bandera (¿acaso la protegió alguna vez?, pues a él le debemos —entre otras cosas— la pérdida de más de la mitad de nuestro territorio), y los mexicanos, supuestamente gustosos, aceptamos que él sea nuestro caudillo (aunque en realidad no deberíamos haber aceptado ni a ese ni a otro caudillo, a ello nos obliga la democracia tan cantada). La estrofa es una vergüenza por donde se le mire.

Un dato adicional: según *El Siglo Diez y Nueve*, Santa Anna no asistió al estreno del himno «por hallarse indispuesto», aunque lo más probable es que no estuviera en el lecho curándose las fiebres cuartanas, sino dedicado a su actividad preferida: jugar a los gallos, o enredado en la cama con alguna mulata jarocha, sus preferidas, porque sus aromas le recordaban a las fieras de la selva veracruzana…

Un saco de dislates

Pero las desgracias de nuestro himno no se reducen a homenajear a Santa Anna, un hecho que ha sido infamemente ocultado por los gobiernos bajo el pretexto de hacerlo «un poco más rápido y breve». ¿De dónde sacamos ese pretexto?, ¿no sería para ocultar la vergüenza que nos daba este episodio de nuestra historia? En consecuencia, sólo se interpretan unos cuantos fragmentos, mientras se hace todo lo posible por silenciar los versos que honran al «guerrero inmortal de Zempoala».

Si se revisa con cuidado, nuestro canto patriótico también tiene otros problemas: el autor de la letra era sobrino de Juan María Bocanegra, un fugaz presidente muy ligado a Santa Anna, quizá esto explique las alabanzas y su «indiscutible» victoria sobre los otros poetas; y el autor de su mexicanísima música era un catalán por los cuatro costados; para colmo de males, el concurso para elegir la letra tuvo una bajísima respuesta: apenas veinticinco poetas enviaron sus versos, según consta en los documentos que conforman el «Expediente del Himno Nacional Mexicano», que se encuentra en la colección de manuscritos de la Biblioteca Manuel Orozco y Berra del INAH. Por si lo anterior no bastara, conviene recordar que en 1860 Francisco González Bocanegra también escribió la letra de un himno nacional dedicado a Miguel Miramón: el general conservador, el aliado de Maximiliano..., otro de los brazos armados que la Iglesia católica utilizó para defender su gigantesco patrimonio y sus privilegios políticos.

Con la música, las desgracias son todavía mayores: al primer concurso no se presentó ninguna partitura, por lo que el Ministerio de Fomento se vio obligado a publicar una segunda invitación, a la que sólo respondieron quince músicos. La partitura triunfadora —para gusto de la iglesia y de los conservadores— tenía un título que sin duda alguna apelaba a los valores patrios que marcan el orgullo de nuestro laicismo: «Dios y Libertad». Claro que, al cabo de unos días, le borraron la presencia divina y lo intitularon «Himno Nacional Mexicano». Nuestro himno, que quede claro, es una alabanza musical a dios, por lo menos según don Jaime Nunó, quien seguramente sabía que la iglesia era fundamental para obtener el triunfo, pues ella se hacía presente en todas y cada una de las acciones emprendidas por Santa Anna.

Las desgracias nunca llegan solas, y en el caso de nuestro himno son legión: todo parece indicar que al desorganizado y posiblemente amañado concurso en el que los escritores liberales no tenían la menor oportunidad de triunfar, siguió un larguísimo olvido por parte de nuestros siempre atentos gobernantes: mientras ellos mostraban su patriotismo y cantaban loas a Santa Anna y a la iglesia, ninguno se preocupó por registrar los derechos de autor de la partitura y la letra. Como resultado de ello, Aline Petterson hizo un descubrimiento escalofriante: «Hoy en día está claro que los derechos comerciales del Himno Nacional están en poder de la compañía RCA Victor»,[1] un hecho que podría ser aún más grave. Nuestro himno, querido lector, no es nuestro. Aunque, claro, no faltará quien diga que los políticos han estado muy ocupados desde 1854, y que resultaba obvio que el canto nacional era propiedad de los mexicanos; para nuestra desgracia, el himno sí tiene dueño: una empresa estadounidense o un particular que cobra regalías por su interpretación.

Pero los problemas de nuestro himno no terminan con esto: durante casi un siglo nuestro canto patriótico fue totalmente «pirata», pues jamás se publicó un decreto o alguna

---

[1] En *La Jornada*, 15 de septiembre de 2004.

ley que lo reconociera como tal. El himno, por increíble que parezca, sólo adquirió su carta de «nacionalización» en 1943, cuando Manuel Ávila Camacho publicó el decreto que lo hizo oficial y lo legitimó. Años después Miguel de la Madrid recortó considerablemente el texto, adelgazándolo al extremo de que sólo subsistieron el coro y dos estrofas. Así, hoy cantamos un himno mutilado y cuyo contenido —además de las vergüenzas antes mencionadas— no refleja, de ninguna manera, el país que somos ni el que deseamos ser: tenemos una obra bravera que sólo exalta lo que no debe ser exaltado:

> En México —según José Antonio Crespo—, la trayectoria de nuestros héroes, la historia oficial y otros símbolos nacionales —como el propio himno—, han exaltado la violencia como instrumento de cambio social. El himno nacional está pletórico de figuras bélicas; las grandes gestas nacionales se hicieron violentamente, y se preserva el mito de que fueron fructíferas al superar el orden virreinal. La sangre de los mártires nacionales, se nos enseña de niños, abonó para la libertad y el progreso.[2]

¿No sería mejor tener un himno que hablara de los verdaderos héroes de nuestra patria y no de un dictador?, ¿no sería deseable que, pretendiendo ser un país democrático, tuviéramos un canto patrio que rechazara la violencia y abriera las puertas al diálogo?, ¿no te gustaría, amable lector, que nuestro himno dedicara un espacio a la educación, al trabajo, a la salud y a la justicia sin cortapisas?, en fin, ¿una letra que recogiera la problemática actual y expresara el

---

[2] En *Istor: revista de historia internacional*, núm. 5, verano 2001.

respeto llamando a la dignidad y no a la corrupción, a la legalidad y no a la impunidad, a la democracia y no al caudillismo? Es este un asunto que, al parecer, quedará en manos de nuestros diputados, siempre preocupados por resolver los problemas de la patria…

Pero mientras esto ocurre, no tenemos más remedio que conformarnos con lo que tenemos y seguir escuchando mitos que sólo llaman a la burla: el falso encierro de Bocanegra hasta que terminara la letra, la mexicanidad de sus autores, el inexistente concurso que le otorgó el segundo lugar mundial después de «La Marsellesa», la certeza de que el «Himno Nacional Mexicano» es de los mexicanos, y el disimulo que estamos obligados a exhibir cada vez que lo cantamos, mientras Jaime Nunó sonríe sardónicamente desde la Rotonda de los Hombres Ilustres al recordar que el título original se refería a dios y a la libertad…

México se fundó donde un águila devoraba a una serpiente

La imagen de la fundación de Tenochtitlan es maravillosa: un grupo de indígenas perfectamente ataviados —con penachos, joyas, bezotes de oro, escudos recamados de plumas y espadas con filo de obsidiana— se hinca ante la señal predicha por sus dioses: según éstos, un águila posada sobre un nopal y devorando a una serpiente marcaba el sitio donde los recién llegados deberían construir su ciudad. Sólo ahí podrían convertirse en amos y señores del mundo conocido. Ellos, cuando menos oficialmente, estaban predestinados a cubrirse de gloria.

Sin embargo, esta escena fundacional que siempre inflama el pecho de las víctimas del patrioterismo más vergonzante es sólo un mito creado y preservado por los poderosos —y por los artistas e historiadores que a lo largo del tiempo han estado a su servicio—: el conjunto escultórico que se encuentra a unos pasos del Zócalo, los libros de texto y las pinturas que con buena o mala fortuna dan cuenta del acontecimiento son una mentira de cabo a rabo. La apariencia de los fundadores de la ciudad distaba mucho del ideal estético que les han endilgado, y el águila que aún adorna nuestra bandera probablemente nunca existió.

Desenmascaremos el mito y descubramos la verdad que se ha ocultado desde los tiempos prehispánicos.

El mito fundacional

El mito de la fundación de Tenochtitlan se creó gracias a un solo documento prehispánico: la llamada *Tira de la Peregrinación*, que relata la historia de los aztecas desde su partida de Aztlán hasta su arribo al lugar profetizado por sus dioses. Este documento —también conocido como *Códice Boturini* y que actualmente conserva el Instituto Nacional de Antropología e Historia (INAH)— es uno de los muy escasos materiales pictográficos que sobrevivieron a la conquista; no olvidemos que, en términos generales, sólo se conservan tres códices mayas, trece mixtecos y nueve aztecas, y otros más de diversos orígenes. Asimismo, la escena en cuestión también fue relatada por algunos de los sacerdotes españoles que interrogaron a los indígenas acerca de su religión y su historia.

Ante esta «abrumadora» cantidad de pruebas —un códice y algunas páginas— parecería imposible negarse a aceptar la maravillosa escena. No obstante, y a pesar de estas supuestas pruebas, también existe un hecho innegable: la historia contenida en la *Tira de la Peregrinación* es absolutamente falsa. Veamos por qué: cuando Izcóatl (1428-1478) consolidó el dominio de los aztecas en el Valle de México tomó la decisión, que envidiaría cualquier dictador, de *desaparecer el pasado para reescribirlo por completo*. Es cierto, Izcóatl mandó quemar los viejos códices de los aztecas y los de los pueblos vencidos para reemplazarlos por una nueva versión del pasado: los libros de historia oficial se convirtieron así en los instrumentos de dominación que siempre han sido. Estamos, querido lector, ante un hecho que ha sido denunciado por varios historiadores; por ejemplo, en la *Historia universal de la destrucción de los libros*, Fernando Báez narra lo siguiente:

> También los indios destruyeron numerosas obras. Izcóatl, por ejemplo, [...] ordenó borrar el pasado y muchos textos fueron quemados. Una crónica del acontecimiento —escrita por fray Bernardino de Sahagún— indica que el rey llamó a sus asesores para solucionar una crisis aguda y recibió como respuesta: «Quema las obras. No es conveniente que todo el mundo conozca la tinta negra, los colores. El portable, el cargable, se pervertirán, y con esto se colocará lo oculto sobre la tierra».

Así, tenemos que aceptar que la *Tira de la Peregrinación*, si bien es un documento prehispánico, sólo muestra la historia mitológica que Izcóatl mandó escribir para justificar el dominio de los aztecas. En consecuencia, también debemos asumir que los hechos reales de la llegada de los aztecas al islote del lago se ocultaron cuidadosamente, pues los señores de Anáhuac no podían aceptar que su pasado no estuviera vinculado a la nobleza y que su ciudad hubiera nacido entre el lodo y la miseria.

Los antiguos «mojados»

Está plenamente demostrado que los aztecas fueron los últimos migrantes que llegaron de Aridoamérica al lago de Texcoco. En este lugar ya vivían cuando menos seis grupos étnicos que desarrollaron civilizaciones mucho más complejas que la de los recién llegados. Los aztecas, como era de esperarse, no fueron bienvenidos en la región: en varias ocasiones los expulsaron de las márgenes del lago —esto fue lo que ocurrió, cuando menos, en Chapultepec, Tizapán y las cercanías de Texcoco—, pues los acolhuas, los culhuas y los tepanecas no estaban dispuestos a ceder sus dominios ni a convivir con un grupo de bárbaros cuyas costumbres los horrorizaban. Pero la terquedad de los aztecas era invencible y luego de varios años los hombres civilizados —quizá con la intención de deshacerse de ellos o de por lo menos mantener una sana distancia con los salvajes— les permitieron asentarse en unos islotes.

Al principio los aztecas se asentaron en dos islotes: Tenochtitlan y Tlatelolco, los cuales estaban abandonados y llenos de tulares, carrizales, sapos, ranas, culebras e insectos. No hubo ningún águila devorando a ninguna serpiente, sólo estaban las peores tierras de la región, pero ellos, puesto que eran los más pobres y bárbaros, las aceptaron sin chistar. Por lo tanto, cuando los aztecas llegaron a Tenochtitlan su apariencia era bastante distinta de la que muestra la historia oficial: los penachos, las joyas de turquesa, los bezotes de oro, los escudos recamados de plumas y las espadas con filo de obsidiana brillaban por su ausencia... los aztecas formaban un grupo paupérrimo y desharrapado.

Dos lecciones

A pesar del sentido común y de los hechos históricos, el mito fundacional se ha mantenido casi incólume desde la reescritura del pasado ordenada por Izcóatl. Sin embargo, su develación nos deja dos lecciones importantes: la primera es el reconocimiento del pasado, y la segunda —quizá la más trascendente— es la posibilidad de aceptar que nuestros orígenes no son tan dorados como nos han hecho creer, y que, en consecuencia, si en verdad deseamos tener un motivo de orgullo, sólo nos queda un camino: trabajar para lograrlo. El pasado mitológico, de nueva cuenta, nos ha impedido mirar el futuro con el coraje necesario.

Miguel Hidalgo murió siendo líder de la Independencia

El 10 de febrero de 1811, luego de ser derrotadas en la batalla de Puente de Calderón, las tropas insurgentes llegaron a Zacatecas. Apenas habían pasado unos meses de sus victorias en Celaya, Guanajuato y Monte de las Cruces, pero ya las señales del desastre eran visibles en aquellos hombres que, al grito de «¡Viva Fernando VII!», se habían levantado en armas. Los alzados estaban prácticamente vencidos, el movimiento acaudillado por Miguel Hidalgo nunca logró consolidar un verdadero programa político y sólo había traído consigo «robos y asesinatos», según lo afirma Carlos María de Bustamante en su *Cuadro histórico de la Revolución mexicana*.

Los insurgentes marchaban con la derrota a cuestas, y para extrañeza de los zacatecanos sólo llevaban un prisionero. Ese hombre no era un militar del ejército de su majestad, tampoco era un gran hacendado o un comerciante enriquecido, mucho menos se trataba de un funcionario del virreinato... el preso era ¡Miguel Hidalgo! Sí, el supuesto Padre de la patria había sido aprehendido por los mismos líderes insurgentes para salvar al movimiento de las locuras del sacerdote.

El episodio de la aprehensión del cura Hidalgo por parte de los insurgentes ha sido negado y ocultado por los autores de los libros de texto y por los historiadores oficiales, y en consecuencia es un hecho que desconoce la mayoría de los mexicanos. Efectivamente, Hidalgo no fue un líder amado por sus seguidores, y al contrario de lo que se piensa, terminó siendo odiado por la mayoría de los líderes del movimiento. El solo hecho de que sus restos descansen junto a los de Allende en el mausoleo del Monumento a la Independencia es una ofensa para el capitán de dragones.

El crimen o la legalidad

Para comprender esta aprehensión del cura Hidalgo es necesario adentrarse en su vida, así como en la historia del levantamiento y de las pugnas que desde los primeros momentos de la insurrección se dieron entre el cura e Ignacio Allende.

Cuando Hidalgo se levantó en armas en 1810 ya era —por lo menos para las autoridades virreinales y de la Inquisición— un pájaro de cuenta: a las autoridades novohispanas, además de sus escabrosas lecturas de los ilustrados franceses, les preocupaba que el sacerdote hubiera sido acusado de faltas a la moral, y muy probablemente de ser un «cura solicitante», es decir, un clérigo que, abusando de su condición, obtenía favores sexuales de su feligresía. Por estas razones —y nunca por ser un ferviente libertario—, Hidalgo tuvo que enfrentar un proceso inquisitorial en 1800, aunque al año siguiente su caso fue archivado gracias a sus impecables virtudes oratorias. A fuerza de palabras, el cura se salvó de terminar sus días en las mazmorras del edificio que aún se encuentra en una de las esquinas de la plaza de Santo

Domingo, en el Centro de la Ciudad de México. Pero los problemas de Hidalgo no estaban relacionados sólo con su incontinencia, sino también con algunos negocios *casi* legales, y por esa razón, en agosto de 1808, le fueron embargadas las haciendas de Xaripeo, Santa Rosa y San Nicolás, las cuales había adquirido luego de fungir como tesorero del Colegio de San Nicolás.

Cuando se inició el alzamiento, Hidalgo no tuvo ningún empacho en aceptar todos los títulos que estuvieran a su alcance: el 20 de septiembre de 1810 fue nombrado capitán general, el 24 de octubre —con lágrimas en los ojos— asumió el cargo de generalísimo de los ejércitos de América, y en más de una ocasión pidió que se le llamara Alteza Serenísima, con lo cual se le adelantó varias décadas a Antonio López de Santa Anna en exigir esta notable distinción.

Pero además de títulos y distinciones rimbombantes, el cura Hidalgo tenía un gravísimo problema que resolver: había llamado a la insurrección y sus fieles se le habían sumado, mas para su desgracia, carecía absolutamente de un programa político que lo respaldara. Esto es verdad, aunque los historiadores oficialistas sostienen que el grito de Dolores fue un llamado a la independencia. ¿Cómo solucionó Hidalgo este problema?, de la manera más sencilla y criminal: si él quería que el pueblo continuara dándole su apoyo, sólo tenía que dar rienda suelta a los más bajos instintos de sus tropas; así, los saqueos, las violaciones, los hurtos y los despojos no se hicieron esperar, y el cura los alentó y los permitió sin experimentar el mínimo rubor.

Las matanzas y los robos no tardaron en convertirse en un motivo de conflicto entre el cura y el capitán Ignacio Allende, pues un militar de carrera no podía permitir que el saqueo y la muerte de inocentes caracterizaran al movimiento.

De esta manera, antes de que las tropas de Hidalgo fueran derrotadas por Félix María Calleja en la batalla de Aculco, el capitán de dragones sostuvo una durísima discusión con el sacerdote: le exigió que de una vez y para siempre pararan las matanzas y los saqueos. Hidalgo se negó por una sola razón: *si se prohibían los robos, nadie los seguiría en su aventura*. La reunión terminó y Allende —según Lucas Alamán— comenzó a referirse a Hidalgo como el Bribón.

Tras la derrota, Hidalgo y Allende se separaron. El capitán partió rumbo a Guanajuato para fortificarse e intentar frenar el avance de Calleja. Su estrategia, cuando menos a primera vista, no era mala: mandó fundir cañones, organizó a sus hombres como un verdadero ejército y, hasta donde le fue posible, fortificó la ciudad. Pocos días antes de que se iniciara el combate, Allende le pidió a Hidalgo que le enviara apoyos para resistir el embate de Calleja. El cura ignoró la petición y muy probablemente rezó para que el capitán cayera en manos de los realistas. El resultado de esta omisión fue obvio: Guanajuato, luego de varias horas de combate, fue tomada por Félix María Calleja.

Allende fue derrotado e Hidalgo llegó a Guadalajara, para protagonizar una escena que quizá sonrojaría al mismo Santa Anna:

> Hidalgo fue recibido en Guadalajara con toda solemnidad —nos dice José Manuel Villalpando en su libro *Miguel Hidalgo*—. El amo Torres había organizado la recepción y ante la presencia del cabildo, de la universidad, de las distintas autoridades y de los más prominentes vecinos, Hidalgo no ocultó su satisfacción de que lo llamaran «Alteza Serenísima». El repique de campanas duró varias horas, las mismas que necesitó el ejército para desfilar frente a su caudillo. Luego, en la recepción que le dieron —un

auténtico besamanos—, Hidalgo apareció vestido de «alteza», con una banda a través del pecho y con la sotana galonada, llevando del brazo a dos muchachas de las más bonitas de Guadalajara.

Luego del abandono de Guanajuato y de la feria de vanidades de Guadalajara, la ruptura entre Hidalgo y Allende era irremediable y se hizo más profunda cuando el capitán se enteró de las nuevas matanzas. El cura, previendo un enfrentamiento con Allende, se rodeó de un grupo de indios que lo defenderían hasta la muerte, pues el capitán de dragones —como lo señaló en su proceso— ya había consultado con la diócesis de la capital jalisciense sobre la posibilidad de envenenar al Bribón con tal de poner un alto a sus matanzas. Allende no logró su cometido, pues era imposible burlar a los guardaespaldas del sacerdote.

Sin embargo, las fiestas de Su Alteza Serenísima no duraron mucho tiempo: Calleja se aproximaba a Guadalajara e Hidalgo decidió presentarle batalla en Puente de Calderón. Las tropas insurgentes fueron derrotadas y la pugna Allende-Hidalgo llegó a su límite. En la hacienda de Pabellón nuevamente se hicieron de palabras y el cura tuvo que responder por sus acciones. Hidalgo narró así lo que sucedió en aquella ocasión:

> En dicha hacienda fui amenazado por el mismo Allende y algunos otros de su facción [...] de que se me quitaría la vida si no renunciaba al mando en Allende, lo que hube de hacer y lo hice verbalmente sin ninguna otra formalidad, y desde esa fecha seguí incorporado al ejército sin ningún carácter, intervención y manejo, observado siempre por la facción contraria, y aun he llegado a entender que se tenía dada la orden de que se me matase si me separaba del ejército.

Hidalgo, pues, entró a Zacatecas como prisionero. No obstante, y a pesar de la aprehensión, su destino aún no había sido totalmente decidido por sus exseguidores: el 16 de mayo de 1811 se reunió la junta de guerra con el fin de tomar algunas determinaciones cruciales para el futuro del movimiento: ¿quién quedaría al mando de las menguadísimas tropas que aún conformaban su ejército?, ¿hacia dónde dirigir sus pasos para salvarse del imparable avance de las fuerzas de Calleja? Luego de algunas deliberaciones, los caudillos llegaron a dos acuerdos: Allende continuaría al mando de las tropas y los insurgentes se refugiarían en los Estados Unidos, donde —pensaban— podrían rearmarse y reorganizarse para volver por sus fueros.

Como sabemos, los insurgentes nunca llegaron a los Estados Unidos, pues fueron aprehendidos por los realistas para luego ser juzgados y fusilados. Todo podría indicar que después de su encarcelamiento las pugnas entre el cura y Allende terminarían de manera definitiva, ya que a un paso del paredón parecería ocioso continuar el pleito, pero no fue así: a lo largo del juicio, el capitán de dragones denunció a Miguel Hidalgo e hizo públicos sus deseos de asesinarlo para frenar sus locuras; por su parte, el sacerdote de Dolores denunció la traición de Allende, y mediante una pirueta retórica aseguró que él había sido hecho prisionero por el capitán de dragones y los suyos, y que, en consecuencia, poco o nada tuvo que ver con las muchas matazones. Sin embargo, en esta ocasión sus palabras fueron insuficientes: el 30 de julio de 1811 fue fusilado y decapitado.

La verdad

El cura Hidalgo no fue amado por sus seguidores, él —con las matanzas, los saqueos y sus ansias de poder— terminó dividiendo a los líderes insurgentes, los puso en riesgo de perder la vida —como ocurrió con Allende en Guanajuato— y desprestigió cualquier otro levantamiento. Hidalgo no fue el héroe que nos han enseñado, fue un personaje radicalmente diferente al hombre que se muestra en muchos de los murales que adornan las oficinas donde despachan los funcionarios que defienden los mitos, creando héroes de oropel convenientes a sus intereses políticos. Quien conociendo la verdad defiende las mentiras y confunde intencionalmente a la nación a cambio de un cargo público o de un puñado de billetes comete un delito social que debería ser asimilado al de traición a la patria…

La Inquisición: un santo oficio

El Santo Oficio siempre pone en aprietos a los historiadores conservadores: los asesinatos, las torturas, los encierros insalubres, los azotes públicos, el garrote, el potro, las mutilaciones, los autos de fe, las hogueras, la confiscación de bibliotecas y de toda clase de bienes y, en suma, todas las acciones poco cristianas que llevó a cabo la Inquisición constituyen una mancha imborrable, ante la cual dichos historiadores han asumido dos actitudes vergonzosas: o las han ignorado, tratando de echarle tierra al asunto, o han mentido sobre los crímenes que se cometieron en nombre de dios. Según su versión de los hechos, en Nueva España los inquisidores velaron sólo por la ortodoxia de la fe y por la divulgación del evangelio, protegieron al prójimo de las brutales agresiones de los conquistadores y no cometieron grandes crímenes (aunque, claro está, los crímenes, grandes o pequeños, nunca son justificables).

Un buen ejemplo de tal postura se encuentra en un documento escrito por Salvador Borrego, uno de los más conspicuos nazis de México, en *América Peligra*, y aunque usted lo dude, dicho documento está avalado por la Iglesia católica de nuestro país:

En el caso de la Nueva España, la Inquisición no juzgaba a los indios ni a los mestizos y sólo castigaba a los europeos que, ostentando un falso cristianismo, conspiraban contra la Corona y contra la religión nacional. Así lo había establecido el emperador Carlos V desde 1538. Los judíos que profesaban abiertamente su fe tampoco eran reos de ningún delito, pero sí los que se ocultaban para infiltrar y minar las instituciones.

Los inquisidores, al decir de Salvador Borrego, eran magníficas personas: nunca juzgaron ni condenaron a un solo indígena, tenían excelentes relaciones con los judíos, no la emprendieron contra los mestizos y sólo castigaban a los europeos que ostentaban «un falso cristianismo». Pues bien, todas estas afirmaciones son absolutamente falsas: la Inquisición en Nueva España sí cometió grandes crímenes, y por ellos nunca ha respondido la jerarquía eclesiástica.

Una historia de crímenes: el asesinato de indígenas

La violencia inquisitorial se mostró muy poco tiempo después de que Hernán Cortés se apoderó de Tenochtitlan: en 1521 los franciscanos hicieron valer la bula *Alias Felices*, se asumieron como inquisidores y llevaron a juicio a un indígena de nombre Marcos de Alcoahuacán, quien fue acusado y condenado por el delito de bigamia. Digámoslo claramente: a pesar de lo que afirme la historia oficial, la primera víctima del Santo Oficio en nuestro país fue un indígena.

Pero los sacerdotes no quedaron satisfechos con la condena de Marcos de Alcoahuacán: cuando fray Juan de Zumárraga ocupó el cargo de inquisidor no dudó en emprenderla en contra de los naturales y juzgó a 183 de ellos por no creer en el «dios verdadero». Curiosamente, la mayor parte de los condenados eran antiguos nobles que poseían importantes propiedades, lo cual da lugar a cierta suspicacia, pues según el derecho de Indias el inquisidor tenía la facultad de apropiarse de los bienes de los ajusticiados; así, podemos comprender por qué el Santo Oficio en España quemó, antes que a nadie, a los judíos ricos...

Uno de los asesinatos más notables que cometió Zumárraga fue el de Carlos Chichimecatecuhtli, el tlatoani de Texcoco, a quien acusó de adorar a los ídolos; el indígena murió en la hoguera en noviembre de 1539, en un auto de fe que fue presenciado por el virrey, el obispo y otros dignatarios. Los cargos en contra del tlatoani eran falsos: él no practicaba la religión de sus antepasados ni realizaba sacrificios humanos, sólo buscaba unir a los indígenas contra los españoles. La Inquisición —en este y muchos otros casos— no fue la guardiana de la fe, sino la protectora del imperio que sojuzgaba y asesinaba a los indígenas... con la gracia de Dios. Claro que, como lo muestro en otro capítulo de esta edición, en el que analizo el papel que la iglesia ha jugado en la educación de los mexicanos, la Inquisición no sólo enfrentó a sus enemigos y a los de la corona con la tortura y la muerte: gracias al Index, es decir la lista de las publicaciones que la Iglesia católica calificaba como perniciosas para la fe, también prohibió la llegada de los libros que contuvieran la más mínima muestra de inteligencia: las obras científicas, los textos políticos, la filosofía de la Ilustración y otros temas estaban prohibidos. ¿La razón?: la Iglesia católica, desde siempre, ha buscado mantener en la ignorancia a sus fieles para poder controlarlos y explotarlos a su antojo.

Una historia de crímenes: el asesinato de judíos

La tolerancia hacia el judaísmo que sostiene Salvador Borrego es falsa: no olvidemos que la Inquisición española nació en 1478 con la finalidad de combatirlo y que, a diferencia de la Inquisición medieval, dependía de la corona, que la utilizaba como instrumento de poder: el Santo Oficio era un organismo policiaco que actuaba en todo el territorio del reino para asesinar a los opositores, a cambio de la riqueza de sus víctimas, con el sobado pretexto de la falta de fe.

Por si esto no bastara para afirmar que la Inquisición perseguía a los judíos, también hubo muchos casos en los que juzgó y asesinó a los practicantes de la religión judaica: el más sonado de esos crímenes fue el que se perpetró en contra de Luis de Carvajal y sus familiares, quienes en 1590 fueron condenados por ser criptojudíos: siete perecieron en la hoguera, uno murió por garrote vil y don Luis falleció en la cárcel mientras esperaba ser llevado a España. En este caso también surge la suspicacia cuando recordamos que Luis de Carvajal negoció con Felipe II la conquista del Nuevo Reino de León, que abarcaba desde el puerto de Tampico hasta los límites de la Nueva Galicia, un territorio que lo convirtió en uno de los grandes terratenientes de la época y en poseedor de una fortuna que avivó algunas de las más cristianas virtudes de la Inquisición: la envidia y la codicia. Así, aunque no puede negarse que don Luis era judío, también es cierto que era un terrateniente cuyas propiedades podían ser reclamadas por la iglesia después del juicio. Imaginemos las inmensas propiedades que por estos métodos sangrientos adquirió la iglesia... y luego multipliquemos por miles de veces el patrimonio de los Carvajal: no olvidemos que los curas eran hombres de negocios, o banqueros, o terratenientes, o usureros, o todo eso junto.

La Inquisición no sólo era el brazo armado de la corona, que descargaba su fuerza sobre los enemigos del reino, era además un espléndido negocio para la iglesia, pues todas las propiedades de los condenados pasaban a sus manos sin desembolsar un solo real. La riqueza de la iglesia está manchada de sangre. Resulta espeluznante que sus miembros hayan disimulado a través de las enseñanzas de Jesús tantos crímenes... ellos aprovecharon su autoridad espiritual para enriquecerse, una práctica que perdura hasta nuestros días.

Una historia de crímenes: el asesinato de la conciencia

A pesar de que la Inquisición juzgó, torturó, condenó y asesinó a indígenas, judíos, mestizos, opositores a la corona y algunos herejes, sus crímenes no se reducen a estos agravios: ella es responsable del asesinato de la conciencia de los novohispanos y de la herencia de embrutecimiento que nos ha marcado desde el siglo XVI. El Santo Oficio fue el gran perseguidor de las ideas, pues debido a su intervención los novohispanos no podían importar libros que estuvieran incluidos en el Index. La ciencia y la filosofía, al igual que las reflexiones políticas y religiosas ajenas al catolicismo, eran inaccesibles para los novohispanos, quienes tenían que conformarse con leer literatura edificante: vidas de santos, misales y obras acordes con las ideas de sus supuestos guías espirituales. Y para rematar este rosario de horrores es necesario señalar que, gracias al confesionario, al púlpito y al temor al auto de fe, los mexicanos fueron castrados en cuanto a su valor, a su talento y a la posibilidad de pensar por sí mismos: las llamas de este mundo y el fuego eterno del más allá nos causaron un daño irreparable.

Los mexicanos siempre hemos sido talentosos, pero la Inquisición nos negó los nutrientes para nuestro intelecto, y por ello la Iglesia católica es responsable de nuestro rezago científico y tecnológico, de nuestra incapacidad para subirnos al tren de la modernidad y, sobre todo, de mantenernos en el oscurantismo de la Edad Media. La iglesia es el principal lastre de los mexicanos, el peor enemigo del desarrollo y de las instituciones nacionales. Cuando Agustín de Iturbide llegó al poder, el 98 % de los mexicanos no sabía leer ni escribir, siendo que la iglesia era la encargada de educar a la Colonia... Los protestantes deben leer la Biblia para salvarse: he ahí el camino de la religión para educarse. En cambio, el clero mexicano quiere brutos y ricos a sus feligreses para lucrar con su estupidez. ¿Educar para que después puedan descubrir sus mentiras? ¡Vamos, hombre!

Una reflexión final

Los inquisidores fueron unos criminales, y gracias a ello la iglesia acumuló inmensas riquezas y un poder inigualable. ¿Acaso no valdría la pena que la jerarquía eclesiástica reconociera sus crímenes?, ¿no sería deseable que los sacerdotes aceptaran su responsabilidad por la falta de luces de sus fieles? Y, mejor aún, ¿no sería bueno que los mexicanos dejaran de creer en unos hombres que, en su mayoría, han asesinado, robado y castrado las conciencias? Lo ideal sería que impulsaran una verdadera revolución espiritual y un nuevo decálogo que —entre otros mandamientos— estableciera que todo aquel que muera en la miseria se condenará en el infierno por toda la eternidad... que quien tenga más hijos de los que pueda mantener vivirá al lado de Satanás... que quien golpee a su mujer arderá en las llamas eternas... que quien no sepa leer ni escribir quedará condenado por los siglos de los siglos... Estoy convencido de que este proyecto de decálogo es mucho mejor que embrutecernos para que la iglesia siga conservando su riqueza y sus prebendas.

Madero nunca gobernó por los espíritus

A mediados de 1854 la vida de Hippolyte Léon Denizard Rivail cambió por completo. El descubrimiento de los espíritus y de las mesas que giraban por la acción de los fantasmas lo hicieron abandonar sus tres antiguas profesiones: a sus cincuenta años ya no sería más un pedagogo, sus estudios lingüísticos irían a parar al cesto de lo inservible y la medicina perdería totalmente su sentido. Hippolyte tenía nuevos objetivos: explorar el más allá y descubrir sus vidas pasadas. Durante tres años se adentró en el mundo de los espíritus y así pudo saber que en una vida anterior se había llamado Allan Kardec. Pronto comenzó a publicar sus hallazgos y el 18 de abril de 1857 las librerías mostraron en sus vitrinas *El libro de los espíritus*, una obra que no firmó con su verdadero nombre, sino con el de Allan Kardec. El mito había nacido, y junto con él, el espiritismo reclamó un espacio en la mente de algunos occidentales.

Posteriormente la «nueva ciencia» conquistó miles de adeptos, por lo que su fundador se vio obligado a definirla con precisión en su manual *¿Qué es el espiritismo?* Según Kardec, sus ideas tenían una doble vertiente, por una parte, eran la «ciencia que trata la naturaleza, origen y destino de los espíritus, así como sus relaciones con el mundo corporal», y por la otra eran la filosofía que «comprende todas las consecuencias morales que dimanan de estas mismas relaciones». Gracias a esta dualidad el espiritismo de Kardec asumió una serie de principios que se consideraban como ciertos y fundamentales:

- Dios existe y es único
- Los espíritus existen y cada hombre posee uno
- La reencarnación es inobjetable
- Es posible comunicarse con los espíritus
- La ética se basa en la «ley de causa y efecto», según la cual nuestra condición actual es el resultado de nuestros actos pasados
- La Tierra no es el único planeta del universo que posee vida

A pesar de los dictados del sentido común, el espiritismo —según se afirma en *La curación por el espíritu*, de Stefan Zweig— ganó millones de adeptos en el Viejo Mundo y Allan Kardec, incluso tras su muerte ocurrida en 1869, se convirtió en una suerte de gran profeta y de guía para establecer relaciones con el más allá. Los círculos espiritistas alcanzaron una gran popularidad y por lo mismo no resulta extraño que un joven mexicano se acercara a ellos para hacer «el descubrimiento que más ha[bía] hecho por la trascendencia de [su] vida». Ese joven era precisamente Francisco I. Madero.

Madero, el espiritista democrático

En 1886 Madero inició una larga estadía en Francia con el fin de llevar a cabo los estudios universitarios que requería para administrar la cuantiosísima fortuna de su familia: primero se inscribió en el Liceo de Versalles y luego en la Escuela de Altos Estudios Comerciales. También se asomó a la Exposición Universal de París para admirar los adelantos de la civilización en todo el mundo. La inauguración en esas fechas de la torre Eiffel, sin duda alguna, constituyó un evento inolvidable. Él, cuando menos en apariencia, sólo se estaba formando como hombre de negocios, pero un día cayó en sus manos la *Revue Spirite* e inició su carrera espiritista gracias a las obras de Kardec. «No leí esos libros —afirma Madero en sus brevísimas *Memorias*—: los devoré, pues sus doctrinas tan racionales, tan bellas, tan nuevas me sedujeron, y desde entonces me convertí en espírita».

La lectura y el contacto con los grupos espiritistas pronto hicieron efecto en el joven Madero: luego de algunos esfuerzos descubrió que era un médium escribiente, pues una vez en trance podía escribir lo que le dictaban desde el más allá. Francisco I. Madero escuchaba voces, y ellas lo cambiaron por completo; no en vano llegó a afirmar que «la transformación moral que he sufrido la debo a la mediumnidad». Uno de los mexicanos con los que trabó una fortísima amistad en París, Juan Sánchez Azcona, observó estos cambios en su escala de valores y nos legó una imagen del futuro presidente en su libro *Pensamiento y acción de Francisco I. Madero*:

> Aparte de la historia, le preocupaba la teosofía. Sufren un gran error los que, por ligereza o por espíritu de crítica y burla, han considerado a Francisco I. Madero como un espiritista de tres al cuarto, de los que sólo se dedicaban a consultar el trípode. Madero exploraba los misterios del Karma y era muy erudito en filosofía hindú. Conmigo poco hablaba de esas cosas [...] Madero me llamaba «materialista».

Sánchez Azcona, que unos años más tarde se incorporaría al gabinete de Madero, tenía razón: don Francisco no era un espiritista improvisado, sino un verdadero estudioso de esa disciplina.

El regreso del espiritista

Madero regresó a nuestro país y continuó con sus creencias espiritistas, gracias a las cuales logró comunicarse con Raúl, su hermano muerto. Raúl se convirtió en su guía y Francisco comenzó a cambiar sus hábitos: dejó de fumar y de comer carne y se sometió a una suerte de ascetismo. En una de las sesiones espiritistas de aquella época, Raúl le dijo a Madero —cuando menos esto es lo que sostiene la versión oficial de los hechos— que él tenía una misión en la vida: socorrer a los necesitados.

Francisco lo obedeció casi de inmediato y comenzó a curar a sus peones por medio de los saberes espíritas: un poco de mesmerismo, algunas sesiones de sonambulismo y unos cuantos chochos homeopáticos podían salvarlos de casi todos sus males. Madero hacía el bien a diestra y siniestra, pero Raúl aún no estaba totalmente satisfecho: quitarle las fiebres cuartanas o las dolencias a uno de los peones no bastaba para que su hermano lograra los altos fines a los que estaba destinado. Por ello, varios meses más tarde el hermano muerto le indica el rumbo que debía dar a su vida, un hecho que Madero anotó con gran cuidado en sus documentos espíritas: «Aspira a hacer [el] bien a tus conciudadanos, haciendo tal o cual obra útil, trabajando por un ideal elevado que venga a elevar el nivel moral de la sociedad, que venga a sacarla de la opresión, de la esclavitud y el fanatismo».

El mensaje de Raúl era más o menos claro, y Francisco —casi con seguridad— dedicó varios días a analizarlo con el fin de descubrir su significado preciso, pues no podía equivocarse en su interpretación. La respuesta no tardó en llegar: la única manera en que lograría elevar «el nivel moral de la sociedad» y «sacarla de la opresión, de la esclavitud y el fanatismo» era adentrándose en la política. Francisco no dudó en seguir esta indicación de su hermano muerto. Esta decisión no era tan extraña, pues el 5 de junio de 1902 —según sostiene José Natividad Rosales en su libro *Madero y el espiritismo*— el espíritu de Raúl les había dicho a los miembros del grupo:

> Ustedes que siempre han luchado por la causa de la libertad, por la justicia, ustedes deben ahora comprender una lucha más grandiosa, contra la ignorancia […] ustedes deben profundizar en el estudio del espiritismo a fin de que se familiaricen con él y puedan revelar estas sublimes verdades a los materialistas que no tienen ningún freno y a los fanáticos religiosos que tienen un freno tan fuerte que no los deja pensar ni elevarse […] sí, amigos, ustedes deben ilustrarse a fin de que puedan ilustrar a los demás.

Así, desde los primeros años del siglo XX Madero comenzó a realizar distintas actividades políticas bajo la guía de los espíritus, pero esta nueva actividad, que no contó con el beneplácito de su familia, no lo alejó de sus trabajos con el más allá: Francisco asistía a mítines y a reuniones, apoyaba a candidatos o se postulaba para ocupar cargos públicos y, además, continuaba con sus lecturas, devoraba las páginas de la revista *La aurora espírita*, mantenía una nutrida correspondencia con sus correligionarios y en más de una ocasión escribió artículos para *La grey astral*, los cuales firmaba con el pseudónimo de «Arjuna», el protagonista del *Bhagavad-gītā*.

La revolución espírita

En 1907 Francisco contactó a otro guía espiritual: «José», quien al parecer no tenía ideas muy distintas de las de su hermano muerto, aunque quizá era un poco más insistente. A pesar de las derrotas electorales, José y Raúl animaban a Madero para que no se rindiera, e incluso comenzaron a orientarlo para que mejorara su formación política: «lee historia de México [...] a fin de que principies tu trabajo», le dictó uno de ellos, mientras que el otro le hizo una revelación: «1908 será [...] la base de tu carrera política». Madero, como era de esperarse, siguió sus órdenes sin chistar: leyó a los historiadores, dejó el alcohol, abandonó la plácida costumbre de la siesta y decidió comer poco, y luego de algunas semanas de preparación espiritual se lanzó a redactar su gran obra: *La sucesión presidencial en 1910*.

Durante los siguientes tres meses Francisco trabajó brutalmente en la redacción del libro que estaría destinado a cambiar el futuro de México; los incesantes dolores de cabeza y los «ataques oftálmicos» no lograron detenerlo. Incluso, como parte de la purificación que requería para escribirlo, renunció a sus «instintos» durante aquellos tres meses. *La sucesión presidencial en 1910* no se escribió como una obra cualquiera: fue concebida como un acto de fe y, aunque no hay pruebas de ello, es posible que muchas de sus páginas se escribieran gracias a la «mediumnidad» de su autor, pues durante la redacción de su obra Madero observó, hasta las últimas consecuencias, las reglas de vida del espiritismo y siguió el plan de estudios que, en cierto sentido, le revelaron los espíritus José y Raúl.

Francisco I. Madero, no hay duda, fue un demócrata, pero su pensamiento no tuvo sólo un origen político: sus ideas también fueron animadas por los espíritus que lo impulsaron a hacer el bien a sus conciudadanos y a adentrarse en el estudio de la historia. Madero el demócrata también es Madero el espiritista. No en vano él anotó lo siguiente en uno de sus documentos personales: «pienso escribir un libro sobre estos asuntos [*i.e.* el espiritismo]. Quizá al terminarse la campaña de 1910 o un poco más tarde, a menos que los azares de la lucha me lleven a un calabozo, en donde podré dedicarme con toda calma a escribir mi libro».

Cortés conquistó a los aztecas

Las afirmaciones de mi maestra resultaban contradictorias: según ella los aztecas eran valerosos, invencibles y grandes estrategas, gracias a lo cual conquistaron casi toda Mesoamérica; los caballeros tigre y los caballeros águila, guerreros sin par educados con la debida severidad castrense en el Calmécac, eran motivo de orgullo... Sin embargo, ella también nos dijo que «los aztecas fueron derrotados por un puñado de españoles perfectamente armados». Las cifras que nos mostraba, en términos generales, coincidían con las de la historia oficial: el ejército de Hernán Cortés, al momento de desembarcar en Veracruz, constaba de 518 infantes, 16 jinetes, 13 arcabuceros, 32 ballesteros y 110 marineros, que llevaban 32 caballos (16 dedicados a las labores de carga), 10 cañones de bronce y 4 falconetes.

Creámosle a mi maestra y a los historiadores oficiales por un momento: Cortés sólo contaba con 689 hombres, mientras que —según los cálculos más conservadores— la gran Tenochtitlan tenía aproximadamente 230 000 habitantes, por lo que era mucho más grande que Constantinopla, París o Venecia. Otros historiadores llevan aún más lejos este dato: Eduardo Noguera calculó 300 000 habitantes, y Jacques

Soustelle estimó su población en 700 000 individuos al incluir a Tlatelolco y a las otras ciudades del lago de Texcoco.

Estas cifras obligan a la duda: ¿cómo fue posible que 689 hombres derrotaran a casi 60 000 varones adultos en condiciones de defender su ciudad, suponiendo que poco menos del 25 % de sus habitantes participaran en los combates? Según mi maestra y los historiadores que han servido al régimen, la respuesta es sencilla: los españoles estaban mejor armados y adiestrados que los aztecas, pues la pólvora, el acero, el caballo, la escuela militar europea y su natural talento para la estrategia, además de las supersticiones precolombinas que hablaban de la inminente llegada de un dios blanco y barbado, bastaban para que uno solo de ellos venciera, sin grandes problemas, a poco más de 87 indígenas. Si le creía a mi profesora, estaba obligado a aceptar que los 689 españoles derrotaron a 60 000 aztecas... un hecho inverosímil, pues los habitantes de Tenochtitlan los vencieron en la llamada «Noche Triste» y en la batalla de Otumba con tan sólo una parte de sus fuerzas.

Las razones de mi maestra no explicaban la derrota. Imaginemos a uno de los gallardos soldados de Cortés armado con un arcabuz y una espada de acero. Ahora enfrentémoslo a 87 aztecas pertrechados con piedras (que conste que no les concedo la posibilidad de tener arcos, lanzas, escudos, espadas de obsidiana, garrotes ni cualquier tipo de arma que les dé ventaja): al primer disparo, el español elimina a uno de sus enemigos, quedan 86, y en el combate cuerpo a cuerpo logra matar o herir gravemente a una decena (¡vaya que es un gran espadachín!): sólo le restan 76 enemigos, los cuales, supongo, lo podrían derribar y matar sin grandes problemas. Las cifras no cuadran, aunque también habría que considerar el papel que jugaron los tlaxcaltecas y los otros aliados indígenas de Cortés, un hecho que apuntalaría mi idea: a los aztecas no los derrotaron los españoles.

La otra historia

Según mi maestra, en contra de lo que dicta el sentido común, un puñado de hombres venció a una multitud de indios que —no obstante sus elogiosas palabras sobre los aztecas— no tenían los tamaños suficientes para derrotar a los invasores. Pero lo más grave era que si los hombres de Cortés habían vencido a los aztecas gracias a su tecnología bélica, esto mismo podría aplicarse a la invasión estadounidense, a la intervención francesa y a cualquier otro conflicto. La lección de mi profesora, aparentemente, era inobjetable: los mexicanos —puesto que somos un pueblo atrasado, bárbaro y lleno de indios— estamos condenados a sufrir derrota tras derrota.

Pero esto es falso, las armas, el acero, los palos de trueno y la estrategia no derrotaron a los aztecas. El pueblo del sol fue vencido por dos razones: por la unión de varios grupos indígenas con las tropas de Cortés y, sobre todo, por la guerra bacteriológica que los recién llegados emprendieron en contra de nuestros antepasados aun sin haberlo pensado. En 1521, durante el sitio de la gran Tenochtitlan se desató una epidemia de viruela —el mal que llegó junto con los españoles gracias a uno de los esclavos negros que venía con Pánfilo de Narváez a someter a Cortés por órdenes del gobernador de Cuba—, la cual diezmó a las fuerzas defensoras e hizo posible que el Imperio cayera en manos de los españoles. La falta de defensas biológicas provocó una mortandad sin precedentes en el Nuevo Mundo, aunque no faltan algunos despistados que niegan la existencia de la viruela.

La viruela fue contagiada a los aztecas por los españoles y por los tlaxcaltecas que se infectaron en el verano de 1521, cuando los conquistadores intentaron tomar por primera vez Tenochtitlan. Desde ese momento la epidemia no tuvo freno, y por ello cuando Cortés entró en la ciudad en agosto de aquel año encontró que casi la mitad de sus habitantes había muerto por la enfermedad y no por sus armas. Pero la guerra bacteriológica, para desgracia de nuestros antepasados, no se detuvo: en seis meses prácticamente no quedó un solo pueblo sin ser infectado en las regiones invadidas por los españoles y sus aliados.

El desastre demográfico fue absoluto: casi la mitad de la población indígena del Valle de México falleció en la primera epidemia. Una segunda epidemia provocó un nuevo etnocidio en 1531, y tras los rebrotes de 1545, 1564 y 1576 la población indígena de Nueva España pasó de 25 millones de habitantes a menos de 2 millones a comienzos del siglo XVII. En números redondos, la viruela mató a más del 90 % de los indígenas. ¿Cómo no iba a caer así la gran Tenochtitlan, si los indígenas estaban indefensos ante enfermedades que nunca habían padecido?

La conquista no se logró porque los españoles fueran hombres fuertes y bien armados que derrotaron a los débiles, torpes e indefensos indígenas. Esa es una versión que nos acompleja y nos disminuye, al igual que en la guerra contra los Estados Unidos. No nos vencieron las armas ni la superioridad militar, sino las bacterias... Si se hubiera dicho la verdad desde un principio no habríamos crecido con ese complejo de minusvalía, semejante al hecho de que los españoles nos cambiaban cuentas de vidrio por oro. Pero los indígenas creían que los conquistadores tenían palos de trueno, dioses encerrados en sus mosquetes. La intensa religiosidad de los aztecas fue su enemiga. Todo lo veían a la luz de la religión: los hombres a caballo eran dioses de una sola pieza, habría que tolerarlos a pesar de que mataban, violaban y robaban... menudos dioses. La concepción religiosa fue funesta. Antes nos salió cara la religión, y ahora también nos cuesta...

Pero la guerra bacteriológica no se limitó a la viruela: la sífilis también provocó una gran mortandad, pues esta enfermedad, según Francisco Xavier Clavijero y otros estudiosos de la conquista, tampoco era endémica del Nuevo Mundo. Un ejemplo de los estragos que causó este mal se encuentra en el diario de las exploraciones que José Longinos realizó en Baja California, en el que se afirma que «el virus gálico hace más estragos en los naturales, porque ellos, en la gentilidad, no conocían esta enfermedad».

El mito resulta claro: los aztecas no fueron derrotados por los españoles, la viruela y la sífilis pudieron más que el acero y la pólvora o que los aliados indígenas. El desánimo, como es de suponerse, también hizo su parte: no en vano se ha hablado de un «suicidio colectivo» a la voz de «déjennos ya morir, pues ya nuestros dioses han muerto».

Cárdenas expropió el petróleo

Era ya de noche cuando el presidente Lázaro Cárdenas llegó a su despacho de Palacio Nacional, donde lo esperaban los técnicos de las estaciones de radio y los reporteros de la prensa nacional e internacional. Era el 18 de marzo de 1938 y el primer mandatario —luego de condenar al exilio a Plutarco Elías Calles, de poner fin al maximato y de convertirse en el primer exponente del presidencialismo— pronunciaría uno de los discursos más importantes del siglo pasado. Después de un largo conflicto laboral con las compañías petroleras, que habían hecho caso omiso de los laudos emitidos por los tribunales, Cárdenas tomó una decisión que daría un giro a la historia de México: la expropiación de los activos de las empresas extranjeras que se dedicaban a la explotación del oro negro.

Así, flanqueado por sus hombres de confianza, y luego de algunos ruidos provocados por el micrófono, Cárdenas leyó a los mexicanos un largo discurso, en cuya parte medular afirmaba lo siguiente:

> La actitud [de] las compañías petroleras [...] impone al Ejecutivo de la Unión el deber de buscar en los recursos de nuestra

legislación un medio eficaz que evite definitivamente [...] que los fallos de la justicia se nulifiquen [...] mediante una simple declaratoria de insolvencia [...].

Se trata de un caso [...] que obliga al gobierno a aplicar la Ley de expropiación [...] no sólo para someter a las empresas petroleras a la obediencia y a la sumisión, sino porque habiendo quedado rotos los contratos de trabajo entre las compañías y sus trabajadores, [...] de no ocupar el gobierno las instalaciones de las compañías, vendría la paralización inmediata de la industria petrolera, ocasionando esto males incalculables [a] la industria y a la economía [...].

En tal virtud se ha expedido el decreto que corresponde y se ha mandado ejecutar [...] dando cuenta en este manifiesto al pueblo de mi país, de las razones que se han tenido para proceder así y demandar de la nación entera el apoyo moral y material necesarios para afrontar las consecuencias de una determinación que no hubiéramos deseado ni buscado por nuestro propio criterio.

La actitud de Cárdenas no era casual ni caprichosa. Su decisión respondía a un movimiento perfectamente calculado: la guerra inminente en Europa daba un gran valor estratégico al petróleo mexicano; Cárdenas —gracias a su ruptura con Calles— ya había construido los mecanismos que ataban a la sociedad con el presidente y manejaba los hilos del poder como parte de su estilo personal de gobernar —muy diferente, por cierto, del de Obregón y de Calles, manchados de sangre—: los caudillos y la iglesia, a pesar de que intentarían oponerse a su decisión, ya no tenían la fuerza necesaria para enfrentarse al flamante poder del presidencialismo. La expropiación, para bien o para mal, sería irreversible... en aquellos momentos nadie imaginaba que Pemex, una empresa petrolera monopólica, quebraría (único caso en el mundo entero), y que tendríamos que importar gas y gasolinas debido a nuestra evidente incapacidad para extraer y refinar petróleo.

Así, ese 18 de marzo, sin que se tuvieran claras las consecuencias de lo irreversible, se llevó a cabo —según se lee en el decreto que dio validez jurídica a las palabras de Cárdenas— la expropiación de «la maquinaria, instalaciones, edificios, oleoductos, refinerías, tanques de almacenamiento, vías de comunicación, carros-tanque, estaciones de distribución, embarcaciones y todos los demás bienes muebles e inmuebles» de las empresas petroleras que operaban en nuestro país. Y en aquellos momentos también nacieron los mitos sobre la expropiación y sobre la futura riqueza que México disfrutaría tras el decreto firmado por el presidente Cárdenas.

Los mitos de la expropiación: ¿alguien dijo riqueza?

Desde 1938 los mitos y la politización del petróleo han marcado dolorosamente la vida de nuestra patria. En la escuela se nos enseñó que Cárdenas «expropió el petróleo», lo cual es una mentira de cabo a rabo; asimismo, los historiadores oficiales se empeñan en señalar que gracias al decreto de 1938 se incrementó sustancialmente el patrimonio de los mexicanos, una afirmación a todas luces ingrávida si vemos que en la actualidad subsisten 40 millones de mexicanos en la pobreza, y de ellos, 15 millones viven en la miseria extrema. ¿De qué les sirvió la expropiación petrolera a los indios tzotziles, a los tarahumaras, a los lacandones, entre muchos otros?

Por si lo anterior no fuera suficiente, los políticos, los partidos y el sindicato de Pemex crearon el mito del nacionalismo petrolero para que el Estado, un pésimo administrador, fuera el único operador de nuestros manantiales y de la industria petroquímica, hoy también en ruinas, y de esa suerte otorgar al gobierno el privilegio de lucrar a mansalva con el patrimonio de todos los mexicanos. Las consecuencias se presentaron de inmediato: se impidió la modernización y se erosionó la eficiencia de la principal empresa de nuestro país, hoy controlada por su sindicato después de haber sido botín de los diferentes directores de Pemex... A la fecha tenemos que importar miles de millones de dólares de gasolinas porque México, un país petrolero, carece de la capacidad de abastecer el mercado nacional.

Los mitos de la expropiación:
¿de quién es el petróleo?

Como resultado del mito que propagan los libros de texto, no resulta extraño que la mayoría de los mexicanos afirmen que Lázaro Cárdenas «decretó la expropiación del petróleo», pero la verdad es otra: desde 1917 los hidrocarburos ya eran propiedad de los mexicanos, según lo establece el artículo 27 de la Constitución que se promulgó ese año; ahí se afirma que el suelo y el subsuelo son propiedad de la nación. La expropiación —permítaseme recalcarlo— sólo nos hizo dueños de los bienes muebles e inmuebles de las empresas extranjeras: nos adueñamos de los «fierros», porque los hidrocarburos ya eran «propiedad de la nación» de buen tiempo atrás. Por ello el decreto de 1938 no incrementó sustancialmente el patrimonio petrolero de los mexicanos: los yacimientos que se explotaban, los que se descubrieron tras la nacionalización y los que aún existen ya eran, desde 1917, propiedad de todos nosotros. La única riqueza que nos entregó Cárdenas fueron las instalaciones, que —según algunos historiadores, como Lorenzo Meyer— estaban muy cerca del deterioro, pues las empresas extranjeras habían minimizado las labores de mantenimiento desde la publicación de la Carta Magna de 1917, en la medida en que el artículo 27 ponía en riesgo sus inversiones.

Asimismo —como lo analizaré con detalle en otro capítulo—, resulta inexacto que la expropiación prohibiera la inversión privada en materia petrolera: la idea de entregar la explotación y la refinación de los hidrocarburos a un monopolio estatal que sólo obedece las órdenes del presidente en turno y que satisface las ansias de poder y riqueza de uno de los sindicatos más corruptos de nuestro país, nunca fue pergeñada por Cárdenas ni por el Constituyente de Querétaro: nació cuando Adolfo Ruiz Cortines ordenó la modificación de la ley reglamentaria del 27 constitucional para cancelar la participación privada. Efectivamente, el artículo 27 de la versión original de la Constitución de 1917 y el decreto de expropiación de 1938 no generaron un monopolio, pues la Carta Magna consideraba la posibilidad de que el petróleo fuera objeto de concesiones a particulares mexicanos. Por su parte, Cárdenas estaba de acuerdo en permitir el regreso del capital extranjero en la industria petrolera siempre y cuando respetara la soberanía y la jurisdicción de los poderes federales. Resulta claro que antes, como ahora, no se contaba ni con la tecnología ni con los capitales para explotar nuestro gigantesco patrimonio que, como dijera el poeta, nos lo escrituró el diablo.

La cancelación de la participación privada que decretó Ruiz Cortines provocó la petrolización de la economía y de las finanzas públicas, al extremo de que hoy en día el Presupuesto de Egresos de la Federación depende en un 40 % de las exportaciones de crudo. Esta última verdad me obliga a retomar una interrogante que debe ser resuelta: ¿en verdad el petróleo nos hizo ricos a los mexicanos?

¿A quién hizo rico el petróleo?

Desde los tiempos de Adolfo Ruiz Cortines los recursos que el gobierno obtiene por medio de su monopolio son estratégicos, la dependencia gubernamental respecto de Pemex es casi absoluta. Por ello los presidentes y los diputados han sometido a la empresa paraestatal a un régimen fiscal que la sangra casi brutalmente debido a una extraña lógica: Pemex mantiene al gobierno y, gracias a ello, se supone, también mantiene a los mexicanos. Hemos vivido irresponsablemente del petróleo descubierto a principios de la administración de José López Portillo, quien hablaba de «administrar la abundancia». ¿Qué hicimos con esa abundancia? ¿Cuántos cientos de miles de millones de dólares se han desperdiciado de 1980 a 2010? ¿A dónde fue a parar toda la riqueza del petróleo? ¿Por qué no construimos al menos diez refinerías e invertimos en obras faraónicas de infraestructura y equipamos a las universidades?

La respuesta es obvia: algunos de los primeros beneficiados fueron los líderes del sindicato de Pemex, cuyas históricas apuestas en los casinos de Las Vegas y su ostentoso patrimonio mal habido no dejan lugar a dudas sobre la riqueza petrolera de nuestro país; otra parte ha sido devorada por los sueldos, las prestaciones y la corrupción de los funcionarios públicos, quienes nos muestran las bondades de una industria que sólo sirve a sus fines; una parte más se destina a pagar los sueldos de una burocracia ineficiente, y otro tanto termina en los bolsillos de los partidos políticos, que han convertido nuestra «democracia» en una de las más caras del mundo. ¿La inversión productiva?, bien, gracias. ¿El desarrollo de proyectos y programas sociales?, bien, gracias. No pasará mucho tiempo antes de que tengamos que importar crudo, de la misma manera en que importamos miles de millones de dólares de gasolinas.

Que quede claro: Pemex y los hidrocarburos no han enriquecido a los mexicanos, los ciudadanos seguimos siendo pobres, mientras que los líderes sindicales y los políticos disfrutan de la riqueza del subsuelo, que sin duda nos pertenece a todos. Pero las desgracias no terminan con esto, pues hoy en día aún vivimos de los yacimientos que se descubrieron durante la gestión de Jorge Díaz Serrano. Nos confiamos, todo se petrolizó, y los mexicanos dejamos de pagar impuestos con el visto bueno del gobierno, porque se sabía que el ingreso petrolero financiaba el gasto público. ¡Irresponsabilidad y populismo puros!

Estamos ante una desgracia que fue descrita perfectamente por Gabriel Zaid en 1992 en su ensayo «Estado y tubería», de la *Economía presidencial*, en el que se afirma que los gobiernos mexicanos

> recibieron un subsidio extraordinario, pero no renovable: la inyección fácil de energía fósil, cuyo despilfarro empezó el siglo pasado y terminará el siglo que entra. Esos grandes depósitos de energía barata (el carbón, el petróleo), que se acumularon durante millones de años para ser consumidos en dos siglos, han servido

para que parezcan progresistas y económicas cosas que no lo son. El gigantismo y la burocracia son progresos improductivos, deficitarios, subsidiados.

Zaid tiene razón, y a nosotros sólo nos queda esperar a que se sequen los pozos para que el sueño de prosperidad de nuestro país se agote junto con el último barril de petróleo que los políticos y los líderes sindicales se gastaron en su beneficio… La expropiación petrolera no benefició a los mexicanos. A nosotros nos sucedió exactamente lo mismo que a una familia pobre que hereda una gran fortuna y se mete en pleitos para decidir qué hacer con ella, mientras la riqueza se diluye como papel mojado.

Juárez vendió territorio nacional

El 14 de diciembre de 1859 Melchor Ocampo y Robert McLane suscribieron el proyecto de un tratado diplomático entre México y los Estados Unidos. A primera vista, ninguno de los artículos del tratado favorecía a nuestro país. Benito Juárez, al parecer, había permitido que, a cambio de 4 millones de dólares —dos de los cuales quedarían en las arcas estadounidenses para cubrir las injustas e interminables reclamaciones de guerra—, los *gringos* obtuvieran los derechos de paso por el Istmo de Tehuantepec y por Sonora —de Guaymas a Nogales—; asimismo, el documento abría la posibilidad para ambos países de auxiliarse militarmente, según determinadas circunstancias. Así pues, todo parece indicar que el Tratado McLane-Ocampo entregaba la soberanía de una parte del territorio nacional a cambio de un par de millones de dólares.

¿Juárez, entonces, se comportó igual que Antonio López de Santa Anna, el mayor vendepatrias de nuestra historia? Aunque la respuesta es un ¡no! rotundo, la Iglesia católica y los conservadores han insistido en que Juárez traicionó a México al permitir que se suscribiera el Tratado McLane-Ocampo.

Este mito debe ser aclarado, pues sólo así podrán comprenderse los verdaderos fines que animaron a Juárez a suscribir ese documento.

Las mentiras, las falsas imputaciones

Desde 1860 los profesores de las escuelas religiosas y los historiadores clericales han difundido la mentira de que Juárez traicionó a México con el Tratado McLane-Ocampo. Curiosamente, en cada una de sus palabras aún se percibe el eco del *Manifiesto* que Miguel Miramón publicó el 1 de enero de 1860. En la parte medular de este documento —cuyo original se encuentra en el Archivo General de la Nación— se lee lo siguiente:

> Por medio de su gobierno establecido en Veracruz, [los liberales] intentan vender la integridad, el honor y la seguridad de la patria, por un tratado infame que deja en la frente de las personas que lo firman, un sello indeleble de traición y de escándalo. [El tratado] se contrae a concesiones de territorio o de vías de tránsito para los ciudadanos y tropas de los Estados Unidos, que arruinarían nuestros puertos y nuestro comercio y que servirían a aquella república para irse extendiendo sobre nuestro país.

Sin embargo, lo que el general Miramón afirmaba en su *Manifiesto* era sólo una cortina de humo que pretendía ocultar la verdad.

La verdad sobre el Tratado McLane-Ocampo

Cuando estalló la guerra de Reforma a causa del violentísimo rechazo de la Iglesia católica y de los conservadores a la Constitución de 1857, los ejércitos liberales y los conservadores-eclesiásticos iniciaron una lucha feroz que ensangrentó el suelo mexicano. Luego de dos años de batallas ninguno de los bandos se alzaba con la victoria. Por ello, un año antes de que se suscribiera el Tratado McLane-Ocampo los clericales y los archiconservadores decidieron buscar el apoyo de Francia y España para derrotar a sus enemigos y provocar el retroceso político, económico y cultural de nuestra patria. Los clérigos y los conservadores estaban dispuestos a conceder todo lo que fuera necesario, y aun más, por medio del Tratado Mon-Almonte —suscrito el 26 de septiembre de 1859, es decir, tres meses antes que el de McLane-Ocampo—, el cual les proporcionaría los recursos y apoyos necesarios para enfrentar a los liberales, después de reconocer las deudas reales y ficticias que nuestro país tenía con España y Francia.

Para los liberales esta situación era mucho más que peligrosa: si Francia y España se sumaban a la iglesia y a los conservadores mediante el Tratado Mon-Almonte, el futuro de la República estaba perdido. Así, a finales de 1859, Benito Juárez se vio obligado a buscar una alianza con el gobierno estadounidense. La situación era difícil, ya que, como lo señala José Manuel Villalpando:

> [los] estadounidenses no darían su apoyo a cambio de nada, razón por la cual Juárez admitió, en Veracruz, las negociaciones con el enviado estadounidense, Robert McLane, a quien su gobierno

dio instrucciones precisas de negociar un tratado ventajoso para ellos a cambio de la promesa de suministrar armas y dinero y, si se daba la ocasión, incluso de intervenir militarmente a favor de los liberales.[1]

Juárez y Melchor Ocampo, que en aquellos momentos era el ministro de Relaciones Exteriores, tenían claro que las pretensiones estadounidenses eran desmesuradas —desde el inicio de las negociaciones los gringos insistían en comprar la península de Baja California—, pero también sabían que era fundamental detener el inminente ataque de las fuerzas clericales y conservadoras a Veracruz, donde se había refugiado el gobierno republicano, ya que Miramón —gracias al respaldo económico de la iglesia y de España— contaba con un poderoso ejército y con el apoyo naval necesario para atacar a los liberales.

El Benemérito sabía que no podía ceder ni un solo metro del territorio nacional —pues él, a diferencia de Santa Anna, tenía sólidas convicciones patrióticas—, por lo tanto, durante las negociaciones con McLane se negó a ceder la península de Baja California, aunque otorgó el libre tránsito de las mercancías estadounidenses. ¡El Tratado McLane-Ocampo no establecía obligaciones para México en el sentido de entregar ni un solo metro cuadrado del suelo patrio! Por lo tanto, los conservadores y los historiadores oficiales registrados en las generosas nóminas del clero mienten al acusar a Juárez de haber vendido a los extranjeros una parte del territorio nacional. Incluso, la insistencia de Juárez de que se ratificara el tratado tenía —además de las razones políticas que analizaré

---

[1] En *Benito Juárez: una visión crítica en el bicentenario de su nacimiento*, Planeta, México, 2006.

más adelante— un sentido estrictamente económico: el paso por el Istmo de Tehuantepec permitiría establecer polos de desarrollo marítimo, ferrocarrilero, comercial e industrial en el trayecto de Coatzacoalcos a Salina Cruz, un hecho que, sin duda, garantizaría la prosperidad de una de las regiones más pobres del país.

Asimismo, con la firma del Tratado McLane-Ocampo el gobierno juarista logró un acuerdo fundamental: ambas naciones quedaron comprometidas a auxiliarse militarmente. La victoria era clara: se había conseguido la ayuda estadounidense para derrotar a la iglesia y a los conservadores, y como dijo Patricia Galeana en su conferencia «Las Leyes de Reforma y el Tratado McLane-Ocampo»: «este acuerdo permitió el reconocimiento de Estados Unidos al gobierno liberal de Benito Juárez y, con ello, evitó que el régimen republicano desapareciera».

Sin embargo, no debe pensarse que la habilidad diplomática de Benito Juárez y de Melchor Ocampo se limitó a la obtención del reconocimiento del gobierno estadounidense a cambio del derecho de tránsito por algunas franjas del territorio mexicano. El acuerdo, para tener vigencia, debía ser ratificado por los congresos de ambas naciones, lo cual les dio a los liberales un buen tiempo para prepararse: con el país en guerra, el Congreso no podía sesionar, y cualquier acuerdo se pospondría hasta la victoria sobre la iglesia y los conservadores. Los hechos propiciaron que la ratificación de los acuerdos fuera innecesaria: el clero y los conservadores fueron derrotados y el Congreso estadounidense no ratificó el tratado, porque sus integrantes sólo vieron en él nuevas anexiones territoriales que fortalecerían a los estados esclavistas que ya se preparaban para la guerra de Secesión.

¡Juárez tenía un as bajo la manga para ganar tiempo!, y ¡el tratado nunca fue ratificado!, por lo cual, en términos estrictamente jurídicos, ¡nunca existió! McLane suscribió la nada jurídica, mientras que Juárez y Ocampo les amarraron las manos a los norteamericanos, pues el tratado sólo permitía la intervención militar si se obtenía el consentimiento del gobierno liberal, el cual jamás aceptaría una moción de esa naturaleza.

Juárez, a diferencia de la iglesia y de los conservadores, no fue un vendepatrias, aunque a fuerza de mentiras sus eternos enemigos traten de utilizar el Tratado McLane-Ocampo para acusarlo. Juárez sabía que si vendía Baja California obtendría millones de dólares y que con tales recursos podría aplastar a los reaccionarios, pero ni así estuvo dispuesto a vender el territorio. ¿Cómo acusarlo de traidor por entregar al país a los gringos a través del tratado cuando nunca vendió nada y sí se preservó la soberanía? Si hubiera sido un traidor habría repetido las acciones de Santa Anna, de Su Alteza Serenísima, el peor enemigo en la historia patria, y habría tenido muchas oportunidades de echar mano de cualquier recurso para derrotar a los reaccionarios y hacerse del poder. ¿Acaso Juárez no habría podido tener conversaciones secretas, como las que tuvo Santa Anna, con el presidente Polk para vender parte del territorio y ganar dinero en lo personal, volviéndose, además, inamovible políticamente después de barrer a sus enemigos? Juárez no era un bandido ni un traidor como Su Bajeza. Su conducta es una evidencia de honestidad. El siguiente texto, redactado por el propio zapoteco, deja constancia de ello:

> La idea que tienen algunos [...] de que ofrezcamos parte del territorio nacional para obtener el auxilio indicado, es no sólo

antinacional sino perjudicial a nuestra causa […] que el enemigo nos venza y nos robe, si tal es nuestro destino; pero nosotros no debemos legalizar ese atentado, entregándole voluntariamente lo que nos exige por la fuerza. Si la Francia, los Estados Unidos o cualquier otra nación se apoderara de algún punto de nuestro territorio y por nuestra debilidad no podemos arrojarlo de él, dejemos siquiera vivo nuestro derecho para que las generaciones que nos sucedan lo recobren.[2]

Benito Juárez, le pese a quien le pese, no fue un traidor, y el Tratado McLane-Ocampo resultó una jugada política de grandes alcances que contribuyó a la derrota de la iglesia y de los archiconservadores.

---

[2] Jorge L. Tamayo (selección y notas), *Benito Juárez. Documentos, discursos y correspondencia*, Secretaría del Patrimonio Cultural, México, 1971.

La Iglesia católica, la gran educadora

Desde hace casi medio milenio un mito recorre nuestro país: la Iglesia católica ha sido la gran educadora de México. A primera vista parece difícil poner en duda la veracidad de esta afirmación, pues los eclesiásticos fundaron los planteles de la Nueva España, mantuvieron abiertas algunas de sus escuelas durante el turbulento siglo XIX, resistieron los supuestos embates de los gobiernos revolucionarios, que terminaron pactando con la jerarquía eclesiástica, y hoy —a pesar del mandato de laicidad educativa que marca la Constitución— los religiosos de distintas órdenes aún son propietarios de una gran cantidad de planteles de todos los niveles educativos, los cuales, en muchos casos, son considerados de gran calidad, aunque los escándalos por abusos psicológicos y sexuales —como ocurrió con el padre Maciel— irrumpan con cierta frecuencia.

Para colmo de males, el monto de las colegiaturas evidencia que la iglesia sólo se preocupa por las élites, pues rara vez se ve a sus sacerdotes-profesores en la sierra o en la selva fundando una universidad, un tecnológico o una escuela rural... ahí la educación tendría que ser gratuita, y lo gratuito está prohibido para la iglesia: ¿qué hay gratuito, las bodas, las primeras comuniones...?

Efectivamente, es imposible negar que durante los trescientos años de vida colonial la educación estuvo en manos de la iglesia; tampoco puede ponerse en duda que los planteles de primeras letras solían situarse al lado de los templos católicos; que en 1523 fray Pedro de Gante creó la primera escuela para indígenas —la Escuela de Artes y Oficios de San José de los Naturales—, y que los sacerdotes también fundaron los colegios de la Santa Cruz de Tlatelolco, de San Ildefonso y de San Pedro y San Pablo, así como la primera escuela para mujeres de nuestro país: el Colegio de las Vizcaínas. Incluso, vale la pena mencionarlo, ellos fueron los promotores de la creación de la Real y Pontificia Universidad de México, que inició sus cursos el 25 de enero de 1553.

Estos datos parecen confirmar la supuesta importancia de la iglesia como educadora; sin embargo, habría que hacernos una pregunta crucial para desenmascarar este mito: ¿en verdad los sacerdotes *educaron* a nuestro pueblo?; si en verdad ellos fueron «grandes pedagogos» es necesario demostrar palmariamente que cumplieron con ese cometido.

La verdadera educación católica

En los planteles que los clérigos novohispanos fundaron junto a sus templos, la educación nunca tuvo el fin de llevar las luces de la inteligencia y del pensamiento a los indígenas. Los naturales del Nuevo Mundo, en la medida en que eran vistos como seres inferiores o como bestias por la mayoría de los sacerdotes, no merecían el acceso a la cultura y a la ciencia, por lo que debían conformarse con aprender los mandamientos y las oraciones, o con leer los textos del padre Ripalda y otros escritos plenos de supersticiones y de dogmas absurdos, pues sólo de esa manera podían amputarles su inteligencia, imbuirles la noción de pecado y, gracias a ella, conducirlos a una obediencia sin cortapisas por el miedo que les provocaba el infierno. La educación fue un mecanismo de control, de sujeción de los aborígenes a la Iglesia católica para garantizar la captación de los donativos destinados a llenar los cepos. Es cierto, nuestros indígenas —desde hace casi quinientos años— han sido embrutecidos por los sacerdotes, que sustituyeron las matemáticas por el padrenuestro; por los clérigos, que negaron la importancia de la historia y enseñaron la obediencia a dios y a sus representantes (incluidos los gobernantes), y que abandonaron la ciencia para cancelar la posibilidad del pensamiento crítico. ¿Acaso debemos agradecer a los sacerdotes este legado?, ¿podemos sentirnos orgullosos de una educación que mutiló las conciencias para garantizar que el poder y la riqueza de la iglesia permanecieran intactos? Estoy seguro de que no, pues en el caso de los indígenas la «educación» religiosa nunca los educó, sino que los castró intelectual y anímicamente, un hecho funesto que todavía se ve con toda su crudeza en la miseria económica e intelectual que caracteriza a sus comunidades.

La iglesia, sin duda, es la responsable del miedo, el atraso y la pobreza de los indígenas de nuestro país, y para muestra basta un botón: en el momento en que Agustín de Iturbide tomó el poder, el 98 % de los mexicanos eran analfabetos… esa fue la gran herencia educativa de la maestra-iglesia, un lastre que no se pudo eliminar a lo largo del México independiente, hasta llegar a nuestros días, con 50 millones de mexicanos sepultados en la miseria… esta es la mejor prueba de su ignorancia, pues si contaran con títulos académicos difícilmente estarían en esa condición.

Pero las desgracias de la educación religiosa no se limitan a los daños que causaron entre los indígenas: los miembros de las familias ricas también fueron afectados por sus malas enseñanzas. Efectivamente, desde los tiempos de la Nueva España hasta nuestros días, en los planteles eclesiásticos se ha tomado una ruta que marcha a contrapelo de la historia: sus alumnos —según escribe Edmundo O'Gorman en *México, el trauma de su historia*— aprenden una forma de «vida tradicionalista, absolutista, católica y enemiga de la modernidad», y son adoctrinados para desarrollar una «hostilidad hacia el mundo moderno, racionalista, cientificista, técnico, liberal, progresista y reformador de la naturaleza». Digámoslo claramente: la iglesia es responsable de que en nuestro país no hayan ni siquiera llegado, ya no digamos fructificado, las ideas de la Ilustración, del enciclopedismo, de la Revolución francesa, de los derechos universales del hombre y de la Revolución Científica; ella —por estas mismas razones— también es culpable de que los mexicanos no hiciéramos valer los *Derechos del hombre y el ciudadano*. Éste, además del catastrófico atraso en todos los órdenes de la vida nacional, es el precio que hemos tenido que pagar por ser hijos de la contrarreforma religiosa, y no de la exitosa reforma luterana y calvinista que tantos efectos positivos y bienestar moral y material produjera en Europa y en los Estados Unidos...

En este caso, la educación embrutecedora que impartía la Iglesia católica no sólo buscaba castrar las inteligencias y promover la obediencia y el miedo, pues la jerarquía eclesiástica siempre ha visto como una excelente inversión a los hijos de las familias acomodadas y poderosas: ellos —después de ser mutilados intelectualmente— se convertirán en los personajes que ocuparán los más altos puestos en la política y la industria, y nada mejor para la iglesia que contar con estos aliados para proteger su poder y su riqueza.

Por si lo anterior no bastara, la Iglesia católica, la gran enemiga del pensamiento, también ha mantenido un brutal control sobre los libros desde los tiempos de la Colonia: todas las obras que se incluían en el Index —poco importa si eran de literatura, ciencia o filosofía— deberían ser condenadas a la hoguera, y su lectura —so pena de excomunión— estaba prohibida para los creyentes y sus discípulos. Por ello, la jerarquía eclesiástica no sólo es culpable de haber impedido que la cultura y la ciencia formaran parte de nuestra estructura mental, sino que también —en la medida en que desde siempre ha prohibido los libros— es la principal causante de nuestros bajísimos índices de lectura: «¿Para qué leo —dirá un católico—, si las palabras de los libros sólo me llevan al infierno?». No en vano la «Santa» Inquisición creó gigantescas piras hechas con libros y quemó y torturó a quienes descubría en posesión de lecturas prohibidas; para los sacerdotes, leer y pensar son pecados mortales.

No hay duda: la Iglesia católica nunca ha sido la gran educadora de nuestro país, pues a ella le debemos el atraso, las supersticiones, los miedos irracionales, la catastrófica resignación y la aceptación de la miseria —porque los ricos son castigados con aquello de que «es más fácil que pase un camello por el ojo de una aguja a que entre un rico en el reino de los cielos»—, el éxito económico no es premiado ni enaltece ni dignifica, y a esto debemos sumar el desprecio al saber y a las ciencias, la mejor herramienta para desmontar los dogmas.

El único camino que se abre ante nosotros es no inscribir a nuestros hijos en los planteles que maneja la Iglesia católica: es mejor que los niños aprendan matemáticas a que recen padrenuestros, es preferible que nuestros hijos desarrollen su inteligencia a que se conviertan en siervos, es mejor que exploten el uso de la razón a través de la ciencia y la filosofía a que se sometan a un dogma insostenible y confuso, y sobre todo es fundamental que los mexicanos dejemos de pensar como personajes de la Contrarreforma y que asumamos los saberes de nuestra época.

Los españoles
nos conquistaron

Joseph Goebbels, el ministro de propaganda de la Alemania nazi, sostenía que si una mentira se repetía incesantemente terminaba por convertirse en una verdad a toda prueba, pues la gente acababa creyéndola, repitiéndola y aceptándola sin cortapisas. Esta manera de actuar —que parece ajena a lo que sucede en nuestro país— ha alimentado a la historia oficial y a sus mitos: las mentiras, los encubrimientos y las interpretaciones tendenciosas del pasado, a fuerza de ser continuamente repetidos en los libros de texto, en las clases de muchos profesores y en los medios de comunicación masiva, nos han llevado a asumir que los hechos de nuestra historia fueron tal como los poderosos lo dicen, y no como realmente sucedieron. Así, esta perspectiva del pasado de México no muestra la realidad, sino los mitos que han creado la iglesia y el gobierno para mantener su poder y seguir engordándose los bolsillos a costa de nuestras conciencias.

Un ejemplo de lo anterior es el mito que sostiene que la conquista de México corrió por cuenta de los españoles.

Efectivamente, hoy casi todos los mexicanos afirman que los peninsulares nos conquistaron, y como prueba de ello nos hablan de la caída de Tenochtitlan a manos de las tropas de Hernán Cortés, o del nombre que tuvo nuestro país durante tres siglos: Nueva España. Sin embargo, esta idea es totalmente falsa, pues los conquistadores de estas tierras fueron los propios indígenas, quienes participaron, cuando menos, en dos grandes campañas militares.

La primera conquista: Tenochtitlan

Sostener que los aztecas fueron derrotados por los españoles es ridículo, pues —como ya lo demostré en un capítulo anterior— las tropas comandadas por Hernán Cortés resultaban tan poco numerosas que no eran capaces de vencer en combate a los habitantes de las comunidades del lago de Texcoco, muy a pesar de la pólvora y de otras armas sofisticadas para la época: muy poco o nada podían hacer los menos de 700 españoles en contra de los casi 700 000 habitantes de esta región. Por lo tanto, podemos afirmar que la derrota de los antiguos mexicanos ocurrió por tres causas precisas: la epidemia de viruela que diezmó a la población de Tenochtitlan, las creencias religiosas que convirtieron en dioses a los recién llegados y la invaluable colaboración de muchos grupos indígenas que se sumaron a los peninsulares para liberarse del yugo que les habían impuesto los aztecas.

En efecto, los aztecas eran un pueblo guerrero que sobrevivió y se engrandeció gracias a la conquista y al tributo que extraían de muchísimas comunidades de Mesoamérica. Ellos, por lo menos desde el punto de vista de los dominados, eran peor que una plaga de la que no podían librarse. Así, cuando Cortés se presentó ante los vasallos de Tenochtitlan y les ofreció una alianza para destruir a sus explotadores, los indígenas no dudaron en sumarse a sus tropas, como lo señala José Luis Martínez en su libro *Hernán Cortés*:

> Tal alianza fue firme porque permitía a los tlaxcaltecas librarse de otra sumisión acaso más opresiva. Éstos refirieron a Cortés los rigores a que los sometían los aztecas por no aceptar ser sus vasallos. Como el pequeño señorío estaba enclavado en tierras dominadas por el imperio de Motecuhzoma, los tlaxcaltecas comían sin sal, no vestían ropas de algodón sino de fibras ásperas y carecían de muchas otras cosas, que no se producían en su tierra, a causa de su encierro, además del periódico hostigamiento guerrero. Por el momento, para ellos parecía una solución […] esta alianza con los extranjeros que reconocieron más fuertes que sus opresores.

Pero los tlaxcaltecas no fueron los únicos indígenas que se sumaron a las fuerzas españolas; según las *Cartas de relación* de Hernán Cortés, la *Historia verdadera de la conquista de la Nueva España* de Bernal Díaz del Castillo y las obras de López de Gómara, Sahagún y Antonio de Solís, los españoles comenzaron a reclutar aliados desde Zempoala hasta Tlaxcala, lo cual les permitió sitiar y atacar Tenochtitlan con una fuerza de varias decenas de miles de indígenas dispuestos a cobrar venganza de sus opresores.

Así, además de considerar la caída de Tenochtitlan como resultado de la viruela y de la siempre infausta religión, en este caso precolombina, debemos asumir que la derrota del pueblo del sol fue obra de una «revuelta» de los vasallos de los aztecas en contra de sus opresores, la cual fue organizada, capitaneada y aprovechada por Cortés, quien, por ello, no debe pasar a la historia como un gran militar, sino como un gran político que logró capitalizar el terrible resentimiento de los indígenas en contra de sus explotadores. Que quede claro: a los aztecas los conquistaron los indígenas, los aborígenes de su misma raza, junto con los españoles.

No obstante la importancia que tuvo la caída de Tenochtitlan en 1521, las campañas de conquista en las que participaron grandes contingentes indígenas se prolongaron hasta el siglo XVII y permitieron que los españoles ampliaran sus dominios hacia los desiertos del norte. ¿Desde el punto de vista indígena la alianza con los españoles fue una torpeza cuyas consecuencias no pudieron prever? Sí, fue una torpeza, pues sus aliados se convirtieron en sus opresores, y los indígenas, al final, terminaron por ayudar a quien los explotaría hasta la muerte.

La segunda conquista: el norte indómito

Aunque en muchos de los documentos de la Conquista se afirma que las expediciones militares tenían como fin «reducir a los infieles» para transmitirles la «verdadera religión», la realidad es que tanto la Iglesia católica como la Corona española buscaban aumentar la extensión de sus dominios y, sobre todo, enriquecer sus arcas. Por eso no es extraño que los conquistadores de Mesoamérica hayan dedicado muchos de sus afanes a la obtención de metales preciosos. La plata y el oro —poco importa si provenían de las joyas prehispánicas que ellos fundieron brutalmente o de los yacimientos que explotaban los indígenas— eran el principal motor de la conquista: Nueva España tenía venas de plata y los sacerdotes y los conquistadores estaban listos para sangrarlas.

Sin embargo, durante los primeros meses que siguieron a la caída de Tenochtitlan los conquistadores y los clérigos no lograron su objetivo: los yacimientos de metales preciosos eran pobres y superficiales, y el saqueo pronto acabó con las riquezas acumuladas. La plata añorada aún no se revelaba plenamente. Pero el 8 de septiembre de 1546 Juan de Tolosa dio un giro a la historia al descubrir los yacimientos de plata de Zacatecas. La riqueza que contenía La Bufa parecía inconmensurable y anunciaba que allá, en el norte del novísimo reino, estaban las minas que podrían satisfacer los deseos de la iglesia y de la corona.

La plata era una buena razón para emprender la conquista de las tierras al norte de Mesoamérica, pero había un grave problema que frenaba los deseos de riqueza de los clérigos y de los hombres de armas: los chichimecas. En efecto, las tribus indígenas que poblaban aquellas regiones —tribus que en esos años eran denominadas genéricamente «chichimecas»— contaban con feroces guerreros cuyos arcos y flechas habían impedido el avance de los aztecas. Un ejemplo de la belicosidad de los chichimecas se encuentra en el libro *Capitán mestizo. Miguel Caldera y la frontera norteña. La pacificación de los chichimecas*, de Philip Wayne Powell, en el que se lee lo siguiente:

> Dos modos chichimecas de guerrear eran especialmente extraños y terroríficos [...]: la inventiva de sus torturas y su hábito de mutilación, y la asombrosa puntería y poder de penetración de sus flechas, delgadas como juncos, con punta de obsidiana. La forma de crueldad más extraña y aterradora de los guerreros de la Gran Chichimeca era su costumbre de arrancar el cuero cabelludo, y su manera de hacerlo. Viva o muerta, o medio muerta, a la víctima le cortaban el cuero, salvo encima de la cara. Luego, colocando un pie en el cuello, el guerrero tomaba el cabello y tiraba de él «contra su sentido natural», para arrancarlo con la piel facial a él unida [...]. Los niños muy pequeños eran muertos

estrellando sus cabezas contra las rocas. A veces los chichimecas empalaban a sus prisioneros, «como lo hacen los turcos». O bien los despeñaban de altos precipicios o los ahorcaban. Además, practicaban lo que a ojos de los españoles era el último horror: «mataban aun mujeres jóvenes y hermosas, después de haber usado de ellas».

De nueva cuenta se presentaba un grave problema para los españoles: ¿cómo conquistar a estos pueblos tan aguerridos con un puñado de soldados que eran superados en número y quizá en destreza? La respuesta no se hizo esperar: los clérigos y los conquistadores decidieron aplicar una solución muy parecida a la que emplearon contra los aztecas: enfrentar a los indígenas contra los indígenas. Sin embargo, en esta ocasión no podían aprovecharse del odio que sentían algunas comunidades contra sus enemigos, pues los chichimecas no representaban ningún problema para la mayoría de los mesoamericanos, por lo que tanto los soldados como los sacerdotes invocaron un nuevo principio legal: el vasallaje. Efectivamente, los pueblos dominados por ellos estaban «legalmente» obligados a defender a sus explotadores, de tal modo que los indígenas capaces de tomar las armas fueron enrolados en los ejércitos que partirían al norte para «reducir» a los chichimecas.

Aunque no sabemos con precisión el número de indígenas que se incorporaron a las expediciones norteñas, pues ni Powell ni León-Portilla, como tampoco la mayoría de los documentos de aquella época, dan noticia de esa cifra, sí tenemos la certeza de que fueron grandes contingentes; por ejemplo, la fuerza que comandaba Gonzalo Hernández de Rojas, destinada a la protección del camino que iba de la ciudad de México a Zacatecas, constaba de cuarenta jinetes españoles y «una multitud de indios». Lo mismo ocurre cuando se ven las cifras de Ahumada Sámano, quien se adentró en el territorio zacatecano acompañado por «dos contingentes indios», o las fuerzas que se enviaron al noroeste de Nueva España desde finales del siglo XVI, en las que participaron «los indios vasallos».

Las acciones emprendidas por los indígenas vasallos en contra de los chichimecas también fueron brutales: según los documentos de la campaña de Ahumada Sámano, los tlaxcaltecas y los otomíes que peleaban del lado de los españoles les cortaban los pulgares a los chichimecas que atrapaban, pues sólo así conseguían que no volvieran a tensar un arco para atacar a sus conquistadores. Es curioso, pero este tipo de mutilación también se practicó en la guerra de los Cien Años por parte de los franceses, que buscaban terminar así con los arqueros británicos.

La conquista del norte de Nueva España —al igual que la conquista de Mesoamérica— fue resultado de la incorporación de los indígenas a las labores militares comandadas por los españoles, las cuales —sin duda alguna— fueron respaldadas por la Iglesia católica. Podemos aceptar, entonces, que la conquista de nuestro país la llevaron a cabo los propios indígenas. ¡México fue conquistado por los mexicanos! ¡La conquista la realizaron los indígenas! Y para mayor sorpresa, como lo mostraré en otro capítulo de esta edición... ¡nuestra independencia la llevaron a cabo los españoles!

¿Qué actitud debemos tomar ante este hecho? Me parece que las guerras de conquista en que los indígenas se enfrentaron a los indígenas para satisfacer la sed de riqueza de los españoles es el primer gran ejemplo de las acciones que la Iglesia católica emprendió contra los mexicanos, un ejemplo que revela las maniobras que a lo largo de nuestra historia la jerarquía eclesiástica ha realizado para acrecentar sus riquezas y mantener su poder. Es cierto: durante la conquista los sacerdotes enfrentaron a mexicanos contra mexicanos, y lo mismo, exactamente lo mismo, ocurrió en la Guerra de Reforma, en la lucha contra el imperio de Maximiliano y, por poner sólo un ejemplo más, a lo largo de la guerra cristera. Es cierto, querido lector, desde el siglo XVI la Iglesia católica ha propiciado que los mexicanos nos matemos entre nosotros para retener sus privilegios políticos y jurídicos (los fueros, entre otros), acrecentar sus inmensas riquezas y las del Vaticano y conservar el poder que desde aquella época los jerarcas religiosos compartían con la autoridad civil. ¡El oro del Papa está manchado con la sangre de los mexicanos!

El 5 de Mayo el clero estuvo con la patria

A mediados de julio de 1861 la situación económica de nuestro país era desesperada: desde 1810 las guerras incesantes, nacionales e internacionales, habían destruido la imagen que México tenía como cuerno de la abundancia. El país estaba en bancarrota, como siempre, mientras la Iglesia católica, también como siempre, nadaba en oro. Ante esta situación, y debido a la falta de patriotismo de los curas y de la jerarquía eclesiástica, el Congreso se vio obligado a dictar una medida extrema: suspender el pago de la deuda pública durante dos años. Las reacciones de los países acreedores no se hicieron esperar: Inglaterra rompió relaciones diplomáticas con nuestro país y poco después Francia y España siguieron sus pasos. La ruptura de relaciones marcó el inicio de las hostilidades: al comenzar 1862 las naves de dichas potencias atracaron en Veracruz y la guerra se convirtió en algo más que una simple posibilidad. México, empobrecido y sangrado por la guerra contra los ejércitos clericales, ahora corría el riesgo de pagar una nueva cuota de sangre por su incapacidad económica.

El presidente Benito Juárez, previendo lo peor, nombró a uno de sus mejores hombres como jefe del Ejército de

Oriente: Ignacio Zaragoza, quien tomó el mando de las tropas y se alistó para el combate con los pocos recursos que tenía a su alcance. Mientras tanto, los diplomáticos —entre los que destacaban Juan Prim por parte del gobierno español y Manuel Doblado por parte de los juaristas— negociaban el retiro de las fuerzas invasoras. Sus conversaciones casi tuvieron un éxito total: el 19 de febrero de 1862, en el pueblo de La Soledad, Veracruz, se firmó por fin el acuerdo que supuestamente pondría término al conflicto: las tropas inglesas y españolas se retiraron sin presentar batalla, pero las francesas, aprovechando la guerra civil estadounidense, que puso en suspenso a la doctrina Monroe —la cual reclamaba toda América para los (norte)americanos—, se lanzaron a una nueva aventura militar: conquistar nuestro país. México se convertiría en una colonia francesa...

Lamentablemente para Zaragoza, el éxito de las negociaciones sólo significó la reducción de su ejército, pues el presidente Juárez destinó una parte de sus efectivos a combatir a los conservadores y a las fuerzas militares al servicio de la iglesia que aún permanecían en pie de guerra. Por ello, cuando se iniciaron las hostilidades, Zaragoza optó por establecer su cuartel en Chalchicomula, Puebla, para desde ahí intentar controlar las dos ciudades que abrían el paso hacia la capital del país: Puebla y Veracruz.

Los franceses avanzaron, y Zaragoza —luego de deliberaciones, peticiones de tropas y algunos combates menores— decidió hacerse fuerte en Puebla: ahí se libraría la batalla definitiva en contra de los franceses. A las 4 de la mañana del 5 de mayo de 1862 —según relata Paola Morán en la biografía *Ignacio Zaragoza*— el general lanzó una proclama: sus tropas no podían aguardar la llegada de los refuerzos y tendrían que batirse contra el invasor. La apuesta era definitiva: en

Loreto y Guadalupe los liberales mexicanos se jugarían el todo por el todo.

Pasado el mediodía se inició la batalla: una columna de 5000 franceses marchó para atacar los fuertes de Loreto y Guadalupe, y a ella se sumaron las fuerzas conservadoras y los ejércitos clericales que la iglesia pagaba y pertrechaba con el dinero que los mexicanos depositaban en los cepos para obras de caridad. La batalla, a pesar de lo que suponían los generales franceses y los vendepatrias mexicanos, fue durísima: se peleó centímetro a centímetro, y en la lucha cuerpo a cuerpo los hombres de Zaragoza se batieron a machetazos contra las bayonetas de conservadores y franceses.

A las 7 de la noche Zaragoza envió un comunicado al secretario de Guerra y otro al presidente Benito Juárez, en el que el general victorioso afirmaba:

> Estoy muy contento con el comportamiento de mis generales y soldados. Todos se han portado muy bien. Los franceses [se] han llevado una lección muy severa; pero en obsequio de la verdad diré que se han batido como los bravos, muriendo gran parte de ellos en los fosos de las trincheras de Guadalupe.
>
> Sea para bien, señor presidente. Deseo que nuestra querida patria, hoy tan desgraciada, sea feliz y respetada por todas las naciones.

A pesar de que durante el primer día de combates las armas de los liberales se habían cubierto de gloria, la victoria aún no era suya: el 6 de mayo llegaron a Puebla los refuerzos de los conservadores al mando de Márquez, Zuloaga y Cobos, y el día 7 los invasores también recibieron con vivas la llegada de 2000 soldados pagados por la iglesia que procedían de Guanajuato. En los siguientes combates, nunca tan terribles como los del día 5, los conservadores y los franceses también fueron vencidos por Zaragoza y los liberales.

Así, el 8 de mayo de 1862 las tropas conservadoras y francesas se retiraron a Veracruz, y Zaragoza envió un nuevo comunicado: «El orgulloso ejército francés se ha retirado, pero no lo hace como un ejército moralizado y valiente. Nuestra caballería los rodea por todas partes. Su campamento es un cementerio, está apestado y se conoce, por las sepulturas, que muchos heridos han muerto».

Hasta aquí parecería que no se ha destruido ningún mito... salvo que no todos los atacantes eran franceses, sino mexicanos financiados por el clero: las tropas de Zaragoza vencieron a los franceses, pero la verdad que ha quedado descubierta es otra: los liberales también derrotaron a los conservadores. Este último hecho siempre ha sido ocultado por los historiadores oficiales y por los lacayos de la iglesia, pues a ellos nunca les ha convenido que se sepa que, en la mayor victoria de nuestras armas, los derrotados también fueron ellos. Ese 5 de mayo la iglesia fue derrotada por las tropas liberales en un país mayoritariamente católico... Efectivamente, los liberales católicos lucharon contra los conservadores católicos. Pero la iglesia no se resignó a la derrota y, por ello, pidió la ayuda del mejor ejército del mundo, el francés, para así vencer a los liberales, objetivo en el que también falló, al menos en un principio.

Porfirio Díaz, un convencido antirreeleccionista

En muchas ocasiones —sobre todo cuando estoy escribiendo una novela— me hago la misma pregunta: ¿para qué sirven los héroes? También me cuestiono sobre los personajes ejemplares cuyo heroísmo sufre vaivenes, tal como la bolsa de valores: durante el gobierno de López Portillo las metáforas que se nutrían del México prehispánico estaban a la orden del día —no olvidemos que el *blowout* del «Ixtoc» (el pozo petrolero que reventó en 1979) fue equiparado con «el espejo negro de Tezcatlipoca»— y Quetzalcóatl se convirtió en objeto de veneración; en cambio, en el siguiente sexenio el pasado indígena fue a la baja y José María Morelos y Pavón alcanzó su más alta cotización. La fluctuación de la heroicidad de los personajes que pueblan nuestra historia fue bien explicada por Rafael Segovia en su libro *La politización del niño mexicano*:

> El héroe es tanto un símbolo de la identificación con la nacionalidad como la expresión de una ideología política. Es el mantenedor o creador de la nacionalidad, encarna las virtudes cívicas, representa a la nación en lucha contra la adversidad. Sus

virtudes son usadas como guía de los gobiernos del momento y, por ello, se le convierte en símbolo.

Es cierto: los héroes que van al alza sólo representan los intereses del gobierno en turno, y por ello algunos historiadores siempre hallan el modo de reivindicarlos. Así, no debe extrañarnos que más de un historiador —en estos tiempos neoconservadores— haya tratado de reivindicar a Porfirio Díaz para convertirlo en el héroe de la industrialización de México,[1] en el forjador de la paz y, para colmo, en un presidente casi demócrata.

La historia de un golpista

Aunque Díaz permaneció por más de tres décadas en Palacio Nacional, los historiadores oficiales insisten en que él se mantuvo en el cargo gracias al voto popular: como no eran muchos los electores, y los que marcaban sus papeletas estaban de acuerdo con su proceder, nada más lógico que él triunfara; el propio Díaz tampoco tenía ningún problema para vencer, pues según él: «quien cuenta los votos gana las elecciones». Así, no debe sorprendernos que durante más de tres décadas se llevaran a cabo fraudes electorales de grandes proporciones y que Díaz siempre triunfara, lo mismo que el Chávez de nuestros días... En el fondo —dice la historia

---

[1] En cuanto al papel que desempeñó el dictador en la economía mexicana pueden verse, entre muchos otros, los siguientes libros: José Luis Ceceña, *México en la órbita imperial*; Sergio de la Peña, *La formación del capitalismo en México* y, por supuesto, la *Historia general de México*, editada por El Colegio de México.

oficial—, Díaz era un curioso demócrata que aceptaba el mandato de sus escasísimos electores.

Aunque es totalmente cierto que Díaz jugó un papel de relevancia en la guerra contra el segundo imperio, también lo es que él estaba obsesionado por sentarse en la silla presidencial y que, como los votos nunca lo favorecieron, en varias ocasiones intentó dar un golpe de Estado. No en vano desde la caída del imperio de Maximiliano estuvo en contacto con varios jefes militares y con la jerarquía eclesiástica para tomar el poder, un hecho que fue evitado por Juárez al enviar a Mariano Escobedo y a sus tropas a la capital del país, tal como lo señaló John Kenneth Turner en su *México bárbaro*.

Tras la caída del imperio de Maximiliano, Porfirio Díaz intentó por segunda vez ocupar Palacio Nacional, pero Benito Juárez lo barrió en las urnas, así que sólo pudo lamerse el orgullo y conformarse con la hacienda que el Congreso oaxaqueño le obsequió por sus servicios a la nación. Durante cuatro años Díaz se quedó en La Noria, pero al acercarse la sucesión de 1871 volvió —por tercera ocasión— a presentarse a la contienda electoral como candidato antijuarista. Don Benito volvió a ganarle y Porfirio tomó el único camino en el que tenía experiencia: las armas. Aunque su hermano Félix le advirtió: «Vamos a perder, Juárez nos va a aplastar», Díaz se levantó en armas en 1871 cobijado por el Plan de La Noria, que exigía la no reelección. Pero el movimiento fracasó y la muerte de Juárez le quitó su única bandera. Derrotado y desprestigiado, Díaz se entrevistó con Sebastián Lerdo de Tejada, quien ocupó la presidencia tras el fallecimiento del Benemérito, y ambos llegaron a un acuerdo fundado en la buena fe: el levantisco recibió la amnistía, el gobierno dio de baja a sus escasas tropas y Díaz se fue a vivir a Tlacotalpan.

A pesar de la derrota, Díaz inició una campaña para convertirse en diputado, con miras a reparar su prestigio y a intentar —por cuarta ocasión— llegar a la presidencia; Porfirio ganó la curul, pero mostró su incapacidad para pronunciar un discurso: la primera vez que subió a la tribuna las palabras se le atragantaron y le ganó el llanto. De nuevo, el ridículo marcó sus acciones.

Cuando se empezó a comentar la posible candidatura de Lerdo de Tejada a la presidencia, Díaz volvió —por quinta ocasión— a las andadas: el olor de la pólvora, ahora sí, podría llevarlo a Palacio Nacional. En enero de 1876 Porfirio se sumó a los alzados que proclamaban el Plan de Tuxtepec, el cual exigía «sufragio efectivo, no reelección». Aunque Lerdo no estaba en su mejor momento político, las armas le fueron adversas a Díaz: las victorias militares sobre las tropas de Maximiliano nunca se repitieron. En la batalla de Icamole las tropas lerdistas lo derrotaron y el futuro dictador sólo pudo sentarse a llorar, por lo cual se ganó su primer apodo: el Llorón de Icamole. Pero Díaz era terco y, a pesar de las derrotas, siguió adelante para librar la última batalla en Tecoac. En los primeros momentos del combate era claro que Porfirio avanzaba hacia el precipicio: los lerdistas estaban, literalmente, barriendo a sus soldados. Pero en esta ocasión la suerte estuvo de su lado: la intervención de su compadre Manuel González cambió el destino de la batalla. Los tuxtepecos ganaron y Díaz —según Salvador Quevedo y Zubieta— le dijo a su compadre: «le debo a usted la victoria y será usted mi ministro de Guerra». González no fue el único que suspiró agradecido: la jerarquía eclesiástica también estaba de plácemes con Díaz, el futuro caudillo que había estudiado en el seminario. Por ello no debe sorprendernos que Díaz recibiera el apoyo del arzobispo de México, quien ordenó a los sacerdotes que no se opusieran al jefe revolucionario y a sus secuaces.

Así, el 21 de noviembre de 1876 Porfirio tomó la capital del país y casi seis meses después fue declarado presidente constitucional. Díaz nunca llegó a la presidencia por medio de las urnas: él fue un golpista y también fue un traidor: no sólo pisoteó el ofrecimiento de no reelección que hizo en los Planes de La Noria y Tuxtepec, sino que además obligó a los diputados a permitir la reelección y a ampliar los periodos presidenciales con tal de minimizar la molestia de los comicios. No iba a reelegirse, pero se reeligió en 1884, 1888, 1892, 1896, 1900 y 1904, y lo intentó en 1910 después de haber cambiado el cuatrienio por sexenio. El curioso demócrata del que hablan los lacayos del gobierno fue uno de los peores tiranos de la historia de México.

Los héroes oficiales insultan la inteligencia nacional: sólo sirven para justificar medidas que dañan a la patria. Por eso anhelo que nuestro país reescriba su historia y descubra a los merecedores de laureles. Francisco Bulnes expresó una opinión muy parecida en *Las grandes mentiras de nuestra historia:* «Yo juzgo del adelanto moral e intelectual por el de nuestra historia, especialmente de la dedicada a beneficiar el espíritu de la niñez. ¿Se enseñan leyendas, fábulas y apologías de secta?». ¿Podemos dejar atrás esa historia de santos y demonios para adentrarnos en la verdad? En algunos casos se hacen intentos, pero sólo hasta que ellos estén coronados entraremos —como decía Bulnes— «en un digno y sereno periodo de civilización». Es clara la sentencia de que quien no conoce su historia está condenado a repetirla...

El Pípila, el héroe de Granaditas

En 1968, mientras el gobierno de Gustavo Díaz Ordaz enseñaba a los estudiantes que todo era posible en la paz, la Secretaría de Educación Pública (SEP), en un arrebato de patriotismo, publicó una serie de revistas que se vendían en los puestos de periódicos con un título casi maravilloso: *Compendios de saber. Historia del pueblo mexicano*. Se trataba de una historia ilustrada de nuestro país, dirigida, entre otras personalidades, por el general revolucionario Jesús Romero Flores, quien fue constituyente en 1917 y que, para mayor mérito, había escrito una historia mitológica de la Revolución. Las revistas tenían destinatarios precisos: los alumnos de secundaria y todas aquellas personas que, de manera por demás nebulosa, son designadas como «público en general».

Los *Compendios de saber*, más allá de sus propósitos declarados, tenían un objetivo preciso: llevar la versión oficial de la historia a cuanto mexicano estuviera dispuesto a pagar dos pesos por una revista profusamente ilustrada. En una de sus entregas —la quinta para ser precisos— se encuentra un párrafo memorable que transcribo a continuación:

La hazaña del Pípila

Un joven del pueblo, Juan José de los Reyes Martínez, «El Pípila», barretero de la mina La Valenciana, con una losa en las espaldas para protegerse de las balas disparadas desde la azotea, incendió con una tea la puerta del edificio [la Alhóndiga de Granaditas, en Guanajuato]. El triunfo fue completo.

En unas cuantas palabras el redactor de este texto nos endora uno de los grandes mitos de la historia de la Independencia, aunque, a decir verdad, sus líneas inevitablemente obligan a la suspicacia: ¿acaso el Pípila era un ser monstruoso, pues tenía dos o más «espaldas»?, ¿la puerta de la Alhóndiga de Granaditas estaba tan seca o era de ocote y por ello bastó una sola tea para que cediera ante el fuego?, ¿era el Pípila el Sansón de los insurgentes? (pues cargar una losa no es algo de todos los días) y, por último, ¿qué hacía en tan incómodo lugar este personaje? El Pípila siempre despierta sospechas y su figura —sin duda mitológica— linda con lo inverosímil, por lo que es necesario cuestionarnos acerca del origen de este mito. Hasta donde tengo noticia, el primero que refirió la historia del Pípila fue Carlos María de Bustamante, quien le dedicó algunas líneas de su *Cuadro histórico de la Revolución mexicana de 1810*. Leamos lo que dice Bustamante:

> El general Hidalgo convencido de la necesidad de penetrar en lo interior de Granaditas, nada omitía para conseguirlo. Rodeado de un torbellino de plebe, dirigió la voz a un hombre que la regenteaba y le dijo… Pípila… La patria necesita de tu valor… ¿Te atreverías a prender fuego a la puerta de la Alhóndiga?… La empresa era arriesgada, pues era necesario poner el cuerpo en descubierto a una lluvia de balas; Pípila, este lépero, comparable

al carbonero que atacó la Bastilla en Francia, […] sin titubear dijo que sí. Tomó al intento una losa ancha de cuartón de las muchas que hay en Guanajuato; púsosela sobre su cabeza afianzándola con la mano izquierda […]; tomó con la derecha un ocote encendido […]. No de otra manera obraba un soldado de la décima legión de César reuniendo la astucia al valor, haciendo uso del escudo, y practicando la evolución llamada de la tortuga.

Los hechos narrados por Bustamante difieren en algunos detalles significativos de lo consignado en la versión oficial de los hechos: por ejemplo, la losa no era tan grande y no se la puso en la espalda; pero estas diferencias —que algunos podrían tachar de accesorias— no bastan para develar el mito del supuesto barretero. Por eso es pertinente volver a leer con mucho cuidado la historia de Bustamante, y sólo entonces encontraremos algunos datos insospechados: en ninguna de sus líneas el *Cuadro histórico*... menciona el verdadero nombre del Pípila y, curiosamente, el autor hace todo lo posible por equipararlo con algunos de los héroes del pasado: el carbonero de la Bastilla y el legionario de Julio César.

La falta de nombre es significativa, y ello nos obliga a hacernos una pregunta crucial: ¿quién fue Juan José de los Reyes Martínez? Averiguando un poco descubrí que este nombre apareció de manera milagrosa y que, extrañamente, no hay datos fidedignos sobre el personaje: la historia oficial dice que era minero y Bustamante lo convierte en un pobre de malas costumbres —«lépero», en aquellos tiempos, significaba «soez, ordinario, poco decente»—; los escritores gobiernistas han sostenido que era amigo del intendente Riaño, a quien traicionó sin remordimientos, mientras que la historia oficial lo muestra como un hombre pobre y alejado de las autoridades. Vamos, nadie sabe a ciencia cierta quién era el Pípila.

Pero la historia reclamaba un héroe popular para el levantamiento de los hijos de los españoles, un personaje mexicanísimo que convirtiera la lucha de Hidalgo en un asunto del pueblo. Precisamente por eso Bustamante, en un arrebato de retórica, creó al Pípila y logró que su narración de la batalla de Granaditas pudiera equiparar aquella carnicería con algunos acontecimientos de indudable heroísmo: la Revolución francesa de 1789 y las batallas de César. E incluso creó un hecho inverosímil para justificar su heroísmo: con una tea el Pípila encendió y acabó con la puerta que no habían podido derribar los cañones de los insurgentes; aunque, para colmo de nuestra desgracia, el historiador nunca nos explicó cuánto tiempo requirió el fuego para dar cuenta de la madera. La puerta incendiada, sin duda alguna, también es una patraña.

El Pípila es un mito, una historia que sólo puede dar lugar a comentarios jocosos, tal como lo hizo Jorge Ibargüengoitia, en *Viajes de la América ignota*, cuando señaló que gracias a la historia oficial se pierden todos los rasgos interesantes de Hidalgo:

> por ejemplo, su viaje a Guanajuato para pedirle al Intendente Riaño el tomo C de la Enciclopedia. Podemos imaginarlo abriendo este libraco en la anotación que dice: «Cañones. Su fabricación».
>
> También podemos imaginarlo, durante el sitio de Granaditas, llamando a un minero.
>
> —A ver muchacho, ¿cómo te llamas?
>
> —Me dicen el Pípila, señor.
>
> —Pues bien, Pípila, mira, toma esta piedra, póntela en la cabeza, coge esa tea, vete a esa puerta y préndele fuego.
>
> Es un personaje interesante, ¿verdad? Sobre todo, si tenemos en cuenta que el otro le obedeció.

No hay duda: me gusta más el Pípila de Ibargüengoitia que el de la historia oficial, aunque —en este caso— no importa si sólo existió en la imaginación de Carlos María de Bustamante.

Miguel Hidalgo, el Padre de la patria

A ti y a mí, querido lector, nos engañaron en la escuela: el verdadero padre de nuestra patria no es Miguel Hidalgo y Costilla... ese honor le pertenece a Matías Monteagudo, un hombre que casi nunca aparece en los libros de historia. Hidalgo, a pesar de que inició su guerra al amparo del estandarte de la Virgen de Guadalupe, fue fusilado el 30 de julio de 1811, apenas unos meses después de comenzada la rebelión, la cual estalló porque Fernando VII había sido depuesto del trono por Napoleón Bonaparte.

Incluso, Miguel Hidalgo, a diferencia de José María Morelos y Pavón, en los primeros momentos de la lucha no demandaba el rompimiento con la España monárquica: él se levantó en armas proclamando: «Viva la Religión. Viva nuestra Madre Santísima de Guadalupe. Viva Fernando VII. Viva América y muera el mal gobierno». En realidad, fue Agustín de Iturbide quien consumó la Independencia de México gracias al patrocinio político, económico y militar de Monteagudo —y por ende, de la Iglesia católica—, un hecho que ocurrió cuando Hidalgo ya tenía diez años de muerto.

Matías Monteagudo es el Padre de la patria. Él y un grupo de sacerdotes pertenecientes al altísimo clero fueron los que finalmente rompieron con España y lograron la independencia, y para ello contaron con el apoyo de latifundistas, magnates del comercio, militares de alto rango, distinguidos integrantes de la magistratura, criollos destacados, funcionarios y burócratas sobresalientes, todos ellos deseosos de conservar su patrimonio y sus privilegios políticos. Al pueblo se le concedería el crédito de haber promovido y logrado la independencia... aunque la verdad es que ésta se pactó en el interior de las sacristías, en particular en el templo de La Profesa, en una serie de reuniones celebradas en 1820...

En aquellas juntas, presididas por el doctor y canónigo Matías Monteagudo —conocido por su lealtad a la corona y por sus deslumbrantes títulos de rector de la Real Universidad Pontificia, director de la Casa de Ejercicios de La Profesa y consultor de la Inquisición cuando se sentenció a muerte a Morelos en 1815—, se reunían el regente de la Real Audiencia Miguel Bataller, el exinquisidor José Tirado y otras personalidades, quienes contaban con el apoyo velado del virrey Juan Ruiz de Apodaca. El objetivo de las juntas era preciso: crear una confabulación armada en contra de la España liberal, que sería llevada a cabo por el grupo más reaccionario de la sociedad, un conjunto de personajes fanáticamente adictos a la monarquía absoluta y a la Iglesia católica.

Para Monteagudo —al igual que para la alta jerarquía eclesiástica de la Nueva España— las disposiciones liberales de la Constitución de Cádiz eran inadmisibles, y por eso habían escandalizado tanto a la Iglesia católica de la Península como a la de sus colonias. Para ellos era inaceptable que desapareciera la Inquisición, que se aboliera el fuero eclesiástico, que se redujera el valor de los diezmos, que se subastaran los bienes del clero y que se permitiera la libertad de imprenta y de prensa —mucho menos la libertad de conciencia—. La Iglesia católica nunca aceptaría una disminución de sus ingresos y tampoco se resignaría a la pérdida de su influencia y del poder político y militar que había disfrutado durante los trescientos años de dominación española. Sin embargo, la preocupación de Monteagudo por conservar los bienes y el poder de la iglesia no era infundada: el 7 de marzo de 1820 Fernando VII había sido obligado a jurar la Constitución de Cádiz y el liberalismo amenazaba con convertirse en una realidad.

En la Nueva España se consideraba que la Constitución de Cádiz, en la parte relativa a la Iglesia católica, había sido redactada por Satanás, encarnado en diputado constituyente y, por lo tanto, ante la insistencia de la metrópoli de imponer en sus colonias semejantes leyes, tenía que organizarse la oposición echando mano de la violencia, o incluso promoviendo la independencia, para que ningún mandamiento de la Península afectara la paz y la concordia reinantes... Si tuviera que estallar un movimiento de rebeldía, éste habría de surgir como una respuesta del clero ante la posibilidad de perder sus privilegios y su sagrado patrimonio.

Monteagudo, como puede suponerse, se oponía a cualquier germen de democracia, a la representación popular, porque —según él— el poder dimanaba de Dios y recaía en un soberano, al que la iglesia coronaba para someterlo a sus designios. Por ello, antes de las reuniones celebradas a puerta cerrada, Monteagudo le propuso al virrey la anulación de la Constitución de Cádiz, pero Apodaca ya había decidido publicarla y ponerla en vigor. La situación política del virrey no podía estar más comprometida: si juraba la Constitución de Cádiz, como ya lo había hecho Fernando VII, se echaría encima a la Iglesia católica y al ejército, y si no lo hacía, sucumbiría ante la presión de los sectores liberales, como los masones y los comerciantes, entre otros grupos influyentes.

Matías Monteagudo optó por ignorar a la máxima autoridad virreinal y recurrir a su iglesia en busca de protección. No sería la primera ocasión en que el alto clero católico se impusiera a los virreyes reacios a aceptar su divina potestad. Así, el canónigo afirmó que la única manera de salvar a Nueva España de la contaminación liberal de la metrópoli consistía en cortar todo nexo con ella, es decir, había que proclamar la independencia.

Monteagudo no era ajeno a las lides políticas: ya había derrocado al virrey Iturrigaray y lo había encarcelado en 1808, cuando éste exigió la independencia al producirse la invasión francesa a España, y años después había ordenado fusilar a Morelos… Sólo que esta vez el ilustre canónigo había cambiado de bando. Precisamente Monteagudo, quien había ordenado perseguir, mutilar y matar (exigiendo que fueran tratados como herejes) a aquellos que insistieran en impulsar el movimiento de Independencia, ahora promovía el rompimiento definitivo con España, pero no por las razones republicanas y políticas de los heroicos insurgentes, sino para proteger a los de su clase y a la institución religiosa que él y sus interlocutores representaban por ministerio de Dios.

No debe perderse de vista que los ingresos de la Iglesia católica eran iguales o superiores a los del Estado español. Por ello Monteagudo subrayaba algunos aspectos inadmisibles de las nuevas leyes emitidas en la España liberal, como la expropiación de los bienes del Señor, la reducción de un convento de cada orden por cada población, la abolición de la Inquisición, la secularización de las instituciones de beneficencia y la desaparición de los fueros eclesiástico y militar. Así, Monteagudo propuso que la iglesia y los hombres más retardatarios de la Colonia se unieran al ejército para evitar la imposición de la Constitución de Cádiz. Incluso, el jerarca eclesiástico planteó que se excomulgara a quienes se atrevieran a jurar la Carta Magna de 1812. La postura del verdadero padre de nuestra patria puede resumirse en una sola frase de Iturbide: «La independencia de la Nueva España se justifica sólo para proteger a la religión católica».

Para Monteagudo, la independencia auspiciada por la jerarquía eclesiástica era más que posible: la Iglesia católica tenía una mejor estructura que el gobierno: diez diócesis, una más poderosa que la otra, mil parroquias y casi trescientos conventos y monasterios. Asimismo, la iglesia de Cristo, además de contar con policía secreta y con sótanos de tortura, controlaba los hospitales, las escuelas, los orfanatos y hasta las prisiones. También disponía de un ejército burocrático que administraba el Imperio de las Limosnas y un presupuesto varias veces mayor que el de la propia Nueva España.

De este modo, Monteagudo, quien en ningún momento se apeó de su papel de líder del distinguido grupo de eclesiásticos, condujo la reunión con tal maestría que llevó a los asistentes al objetivo que él anhelaba: la independencia, que garantizaría la continuidad de la posesión de la riqueza, del poder y de las prebendas de la Iglesia católica. Sin embargo, y a pesar de este primer acuerdo, aún quedaba un problema por resolver: ¿quién ejecutaría militarmente la Independencia?

Se barajaron varios nombres y diversas posibilidades, hasta que Monteagudo se sacó una carta de la manga y puso sobre la mesa el nombre del candidato para ser ungido como jefe de la Independencia: ¡Agustín de Iturbide! A muchos de los asistentes no les convenció esta propuesta: Iturbide había sido acusado de cometer fraudes en contra del ejército, y según algunos de los presentes era un hombre corrupto y sanguinario; resultaba imposible depositar en él su confianza. Incluso, el militar había sido acusado de ordenar fusilamientos innecesarios y saqueos salvajes en las poblaciones por donde había pasado en persecución de los insurgentes. Para colmo de males, Iturbide tenía como amante a la famosa «Güera» Rodríguez, lo cual sería sólo un pecado venial si no fuera porque, además, estaba casado con doña Ana María de Huarte, con quien había procreado varios hijos.

No obstante, Monteagudo volvió a la carga para mostrar los méritos de su candidato: Iturbide había derrotado a Morelos en el sitio de Valladolid; además —quizá se preguntó en voz alta—: ¿quién puede guardar las formas en una guerra y evitar los fusilamientos y el salvajismo? Luego señaló que el propio virrey —quien había destituido a Iturbide por supuestos actos de corrupción— no sólo lo repuso en su cargo, sino que le concedió uno de mayor jerarquía.

Una vez acordado el papel de Agustín de Iturbide, la decisión histórica fue tomada finalmente: ¡México rompería con España! La independencia era un hecho, y se consumaría con sólo un par de tiros. La participación de Vicente Guerrero, según Monteagudo, se justificaba para cubrir las apariencias y presentar algunas batallas con el fin de lograr públicamente la conquista de la libertad. El virrey Apodaca, en el fondo, apoyaba el movimiento y no se lanzaría en contra de Iturbide para atraparlo, encarcelarlo, juzgarlo, fusilarlo y decapitarlo, como había ocurrido con los primeros insurrectos, amantes de la libertad. Se haría de la vista gorda, muy gorda... pondría a Iturbide fuera de la ley sólo para cubrir las apariencias. Para todo efecto, la única realidad era que finalmente nos emanciparíamos de España y que la iglesia conservaría su patrimonio y sus privilegios.

Así, después de varios encuentros armados sin mayor trascendencia militar entre Iturbide y las tropas insurgentes encabezadas por Guerrero —como los de Tlataya y Espinazo del Diablo—, el futuro emperador de México, brazo armado del clero, decidió cambiar la estrategia militar por la diplomática. Iturbide se acercó a Guerrero, a Bravo y a Guadalupe Victoria a través de sus cabilderos. Ya no recurriría a las armas para imponerse, sino a los verbos y a los adjetivos. En un principio, Guerrero se negó a sostener conversaciones con un capitán realista. Guadalupe Victoria tampoco había sido derrotado en el campo de batalla, nunca se había rendido; y lo mismo ocurría con Nicolás Bravo. Sin embargo, luego de muchos esfuerzos, las conversaciones se llevaron a cabo y en ellas Iturbide se abstuvo de mencionar las condiciones impuestas en forma encubierta por el alto clero. Guerrero aceptó sus planes: se creó un ejército conjunto, se propuso la formación de un Congreso, se acordó el mantenimiento de los vínculos con España y se pactó la subsistencia de los privilegios eclesiásticos. Por supuesto, también se mantendría el fuero del clero y de los militares.

Iturbide no se detuvo en sus promesas: juró la absoluta independencia de España por razones que jamás le confesó a Guerrero y propuso la adopción de una monarquía moderada de acuerdo con una Constitución Imperial Mexicana, la cual se promulgaría en el futuro, e invitaría a Fernando VII o alguien de su dinastía para gobernar el nuevo país. Las instrucciones de Monteagudo se ejecutaron a la perfección. De esta manera, ambos líderes sellaron el histórico pacto con el Abrazo de Acatempan, mientras las tropas insurgentes y realistas arrojaban al piso los mosquetes y las espadas. México, finalmente, sería libre.

Las élites del nuevo país celebraron la independencia con bombo y platillo: el ejército, los comerciantes, el clero y la nobleza criolla y peninsular festejaron escandalosamente la firma del Plan de Iguala, pues en él se hacía constar la independencia y se establecía la exclusividad de la religión católica, «sin tolerancia de otra alguna». ¿El clero? Satisfecho, satisfechísimo. Ya sólo faltaba suscribir los Tratados de Córdoba el 24 de septiembre de 1821 y presenciar el desfile del Ejército Trigarante por las calles de la ciudad de México el día 27 de ese mismo mes, un ejército integrado principalmente por soldados realistas. ¿Y los rebeldes, los insurgentes? Claro que asistieron al desfile, pero obviamente su número era insignificante. Desfilaron y gritaron vivas por la libertad los mismos que estaban obligados a impedir con las armas el éxito de los rebeldes. Cualquiera hubiera entendido una marcha de insurgentes, ¿no?... pero ¿cómo aceptar un desfile encabezado por aquellos que habían fusilado a Hidalgo, a Allende y a Morelos? El ejército realista, enemigo de las causas republicanas y liberales, defensor a ultranza de la Colonia y de la dependencia de España, ¿festejaba el final del virreinato y celebraba jubiloso el nacimiento del México nuevo? ¿Qué estaba detrás de este enorme teatro?, pues un gran egoísmo para defender los privilegios y las riquezas de la Iglesia católica. Nuestra independencia política era lo de menos...

Los sacerdotes defendieron a los indígenas

La jerarquía católica siempre ha insistido en reescribir nuestra historia para así ocultar sus crímenes, sabotajes y atentados en contra de la República y de la sociedad: las acciones del Santo Oficio, la alianza con los ejércitos invasores, el financiamiento de tropas en contra de nuestra patria, la imposición o el derrocamiento de gobernantes, lo mismo que su inigualable avaricia y su siniestra participación política son páginas que aún están por escribirse. Y precisamente uno de los mitos más interesantes que ha creado dicha institución es el papel de salvadores que los sacerdotes jugaron durante los trescientos años de vida colonial.

En los libros de texto, supuestamente laicos, se afirma que *todos* los siervos de Dios hicieron hasta lo imposible por salvar a los indígenas de la crueldad de conquistadores y encomenderos, o que dedicaron sus esfuerzos a la educación y al auxilio de los necesitados. Esta generalización debe objetarse: no todos los sacerdotes católicos fueron gentiles protectores de los indígenas: si bien es cierto que algunos clérigos protegieron a los naturales del Nuevo Mundo (como De las Casas o Vasco de Quiroga), la mayoría contribuyó a su embrutecimiento, a su explotación y a infundirles terror a través de cualquier medio posible, con el único fin de engordar los bolsillos de la jerarquía, un hecho que los historiadores mercenarios trataron de ocultar creando diversos mitos.

Un rosario de horrores

Fray Juan de Zumárraga, el primer obispo de la Nueva España, escribía a Carlos V asegurando, a propósito de los primeros evangelizadores, que «se ha seguido muy poco provecho en lo espiritual; porque se ve a las claras, que todos pretenden henchir las bolsas y volverse a Castilla».

No olvidemos que el propio Zumárraga ejerció el cargo de inquisidor apostólico de 1536 a 1548, año en que murió, y que «estaba convencido —según señala Richard Greenleaf en *La Inquisición en Nueva España en el siglo XVI*— de que su Santo Oficio necesitaba castigar a los indígenas idólatras y a los brujos, y procedió a procesar a unos 19 indios herejes durante su ministerio». El caso más escandaloso, por el cual incluso se ganó la censura de la corte española, fue el de Carlos Chichimecatecuhtli, cacique de Texcoco, a quien se acusaba de realizar sacrificios humanos, aunque en realidad lo que hacía era fomentar un levantamiento en contra del gobierno virreinal. Por su parte, el sucesor de Zumárraga, Alonso de Montúfar,

> en sus cartas a Felipe II no ocultó sus sentimientos ante las actividades de los franciscanos y de otros que castigaban a los indígenas por idolatría, brujería y otras prácticas prohibidas [afirmando] que los religiosos ejercían poderes espirituales y temporales y gobernaban a los nativos como si fueran sus vasallos [...]

construían «edificios regios» para el uso de unos cuantos frailes y que en los establecimientos tenían muchos servidores indígenas [...] Habían creado todo un aparato judicial para castigar a los indios [...] Hacían sus propios autos de fe y aplicaban severos castigos a los indígenas, en especial a los jefes indios prominentes [...] Montúfar escribió que hacía unos tres meses un fraile había montado un aparato inquisitorial con la esperanza de atemorizar a unos indios herejes. Ató a cuatro indígenas a unos postes situados en la plaza y colocó una gran cantidad de leña alrededor de ellos. Se encendió una hoguera y el viento sopló sin control, muriendo quemados dos de los indígenas.

¿Dónde quedaba el horror español por los sacrificios humanos? ¿Qué cosa era esto que los nativos veían ocurrir en su propia tierra? ¿La civilización acaso?

Francisco Toral, primer obispo de Yucatán, se dirigió igualmente al rey, asegurándole que, más que ser instruidos en la fe, los indios tenían buenas razones «para renegar de nuestra fe, viendo las grandes molestias y vejaciones que por parte de los ministros de la iglesia se les han hecho», añadiendo que, al enterarse «de que alguno dellos volvía a sus ritos antiguos e idolatrías, sin más averiguaciones ni probanzas, comienzan a atormentar a los indios, colgándolos en sogas, altos del suelo y poniéndoles a algunos grandes piedras a los pies y a otros echándoles cera ardiendo en las barrigas y azotándolos bravamente».

En tono muy diferente, es decir, ya no quejándose, sino proponiendo directamente al rey «que se declaren esclavos a los indios insurrectos y los demás se repartan entre los encomenderos a perpetuidad», otro obispo, el de Oaxaca, aseguró al rey en 1545: «tenemos por experiencia que nunca el siervo hace buen jornal, ni labor, si no le fuere puesto el pie sobre el pescuezo». Con razón fray Juan Ramírez escribió, hacia 1595, que «el nombre de christiano entre los indios no es nombre de religión, sino aborrecible».

Ignaz Pfeffferkorn —jesuita alemán expulsado de Nueva España por órdenes de Carlos III— decía que los indígenas «muestran una rudeza y descortesía que va muy de acuerdo con su propia estupidez», y que su «forma de vida difiere muy poco de la de un animal irracional».

Juan Nentuig, en *El rudo ensayo,* también comparó a los naturales con bestias que no agradecían la nueva fe, pues se sublevaban contra los sacerdotes... ¡Cómo no iban a hacerlo, si los curas, los encomenderos y sus caciques sólo querían explotarlos, con la promesa de que Dios los recompensaría en la otra vida! Estamos ante un hecho que fue claramente descrito por Clarence Henry Haring en su libro *El imperio español en América*, en el que afirma que «los clérigos [y] los soldados se oponían a la liberación de los nativos», pues, «aunque las leyes prohibían el servicio personal, [...] los indios [...] eran objeto de todo tipo de exacciones. El magistrado español, el cura parroquial, el cacique nativo, cada uno quería su parte, y frecuentemente trabajaban coludidos».

Uno de los más célebres desmentidos de este mito —ya en el siglo XIX— lo debemos a Manuel Abad y Queipo, quien escribió en su pastoral del 26 de septiembre de 1812: «los españoles tienen título de dominio y soberanía sobre los indios mexicanos, y sobre toda la Nueva España, pues poseen el título de conquista, unido al del sometimiento de todos los habitantes del reino. Dios eligió a los españoles para civilizar a tantos pueblos idólatras y bárbaros».[1]

---

[1] Vicente Fuentes Díaz, *El Obispo Abad y Queipo frente a la Guerra de Independencia*, Alpino, México, 1985.

El mito comenzó a ceder conforme avanzaba el siglo XIX. Un diputado liberal (José María Castillo Velasco) dijo el 8 de julio de 1856, mientras se discutía la Constitución:

> Los indios regarán la tierra con el sudor de su rostro, trabajarán sin descanso hasta hacerla fecunda, le llegarán a arrancar preciosos frutos, y todo ¿para qué? Para que el clero llegue como ave de rapiña y les arrebate todo, cobrándoles por el bautismo de sus hijos, por celebrar su matrimonio, por dar sepultura a sus deudos. Dad tierra a los indios y dejad subsistentes las obvenciones parroquiales, y no haréis más que aumentar el número de esclavos que acrecienten las riquezas del clero.

Que quede claro: aunque es cierto que algunos sacerdotes defendieron a los indígenas, la mayoría de ellos colaboraron con los conquistadores y se convirtieron en los explotadores de sus fieles.

Las funestas consecuencias

Una prueba del modo en que estos hombres han utilizado su ascendencia sobre el indio se encuentra en las palabras del obispo de Querétaro en vísperas de la aplicación de la Constitución de 1917:

> Aparte de la gente que ha visto usted aquí en la ciudad —dijo el obispo— hay mucha en las sierras, indios muy adictos a su religión, que morirían contentos por ella. Con sólo que levantara yo el dedo, podría hacer que 25 000 de ellos arrasaran la ciudad y, aun sin más armas que sus propias manos, matarían a todos los persecutores que hay en ella. Y yo no soy el único obispo

que podría hacer eso y que sabe que podría. Nuestros enemigos viven por la inagotable tolerancia de Cristo. Ellos saben, tan bien como nosotros, que no se levantará el dedo, no importa cuánto nos hagan sufrir.[2]

El problema es que sí se ha levantado el dedo, y una muestra de ello nos la brinda el arzobispo Francisco Orozco y Jiménez, quien oculto en los Altos de Jalisco acaudilló y financió la llamada guerra cristera entre 1926 y 1929.

Imposible no incluir el siguiente párrafo, que refleja otro tipo de manipulación clerical, de corte moderno, sobre los pueblos indígenas:

Cuando la prensa norteamericana adicta a los petroleros habla del tan debatido artículo 27, jamás ha hecho alusión únicamente a los incisos que a ellos tocan. De otro modo: nunca han excluido los incisos II y III que exclusivamente hablan de las asociaciones religiosas denominadas iglesias, cualquiera que sea su credo, porque saben bien que el Clero tiene grandes inversiones en la industria petrolera desde la organización de las compañías que explotan los yacimientos que poseen en arrendamiento (no todas en propiedad) y cuyos terrenos pertenecen, algunos, a indígenas huastecos patrocinados por jerarcas mexicanos, que están o han estado en inteligencia con los abogados de esas compañías. ¿Se explica de algún modo la muy rara coincidencia de que en 1922 activara sus trabajos la famosa Asociación Protectora de los derechos petroleros norteamericanos en México, haciendo sus más grandes operaciones, y en el mismo año de 1922, fueran creados dos Obispados más, el de Huejutla y el de Papantla, los

---

[2] Francis Clement Kelley, *México: el país de los altares ensangrentados*, Ed. Polis, México, 1941.

dos muy inmediatos, ambos precisamente dentro de la zona petrolera y ambos con pocas iglesias, con escasos sacerdotes y con mínima jurisdicción, cuando existían las diócesis de Tampico, Veracruz, Tulancingo y San Luis? [...] Obsérvese que el inciso II del artículo 27, que en general discuten los magnates petroleros, previene que «las asociaciones religiosas denominadas iglesias, cualquiera que sea su credo, no podrán en ningún caso tener capacidad para adquirir, poseer o administrar bienes raíces...». Y los sacerdotes de la región petrolera tienen adquiridas acciones petroleras, poseen por interpósita persona terrenos petroleros y administran espiritualmente a los indígenas dueños de campos en plena actividad industrial petrolera [...] Por esto, por la defensa de los valores materiales, el Clero ha estado y está interesado en la defensa de los intereses norteamericanos colocados en la industria petrolera; porque en esas compañías tiene acciones y las acciones son intereses materiales.[3]

---

[3] Luis Balderrama, *El clero y el gobierno de México: apuntes para la historia de la crisis en 1926*, Ed. Cuauhtémoc, México, 1927.

Los antiguos mexicanos
no eran antropófagos

En 1944, el entonces secretario de Educación Pública, Jaime Torres Bodet, inició una de las campañas de alfabetización más importantes de nuestra historia, y en esa ocasión, quizá por vez primera, se vio la posibilidad de que cada niño contara con al menos un libro de texto. Sin embargo, los planes del poeta quedaron sólo en un cúmulo de documentos plenos de buenas intenciones. Quince años más tarde Adolfo López Mateos volvió a encomendar la SEP a Torres Bodet y se creó entonces la Comisión Nacional de los Libros de Texto Gratuitos; así, las ideas del autor de *El corazón delirante* se hicieron realidad y los escolares recibieron unos libros en cuya portada se veía la imagen de la patria creada por Jorge González Camarena: una mujer morena y recia que sostenía a la bandera.

Nadie podría oponerse a que los niños —sobre todo los más necesitados— recibieran los libros de texto de manera gratuita: en este sentido, los méritos de Torres Bodet y López Mateos son innegables; no obstante, estos libros —por lo menos los de historia— fueron pervirtiéndose, hasta llegar a ser un medio para divulgar las verdades a medias y las mentiras completas que favorecen sólo al gobierno en turno. Esto es lo que ha sucedido, por ejemplo, con la interpretación del México prehispánico: los indígenas muertos se convirtieron en un modelo a seguir, ya que —entre otras virtudes— eran valientes, vivían en sobriedad, practicaban la monogamia y, sobre todo, comían sanamente. En ninguna de las páginas de los libros de texto gratuitos —desde su primera edición hasta nuestros días— se habla de la antropofagia: oficialmente, el canibalismo nunca se practicó en el mundo prehispánico, aunque los hechos demuestren lo contrario.

Historias de caníbales

Hasta donde tengo noticia, todas las culturas prehispánicas —mesoamericanas o no— practicaron el canibalismo, ya fuera por motivos religiosos, en caso de hambrunas o en rituales de distinta índole. No hay duda: los antiguos mexicanos *se comieron entre ellos y también se almorzaron a sus vecinos y a sus enemigos.*

Es posible, querido lector, que dudes de mis palabras, pues los libros de texto te enseñaron otra cosa, pero los hechos me dan la razón: en 2007, el director del laboratorio de antropología física de la Universidad de Granada, Miguel Botella, presentó los resultados de una investigación que realizó junto con científicos de la UNAM y del INAH (la presencia de estas instituciones es importante, pues evita que Botella pueda ser acusado de insultarnos o de desprestigiarnos debido a su hispanismo). Luego de estudiar más de 20 000 restos óseos, Botella llegó a la conclusión de que el canibalismo era sistemático en nuestro país. Sus trabajos también comprobaron que después de los sacrificios en los que se ofrecía el corazón de la víctima a las deidades, el resto del cuerpo se cocía con maíz y se repartía entre todos los asistentes al ritual, no sólo entre los sacerdotes. Asimismo, en esa investigación se rescataron algunas recetas para cocinar carne humana —gracias a dichas recetas, recogidas por los frailes españoles, nos enteramos de que los humanos nunca se asaban, que lo habitual era añadirlos ni más ni menos que al pozole—.

Por otra parte, también se han encontrado más de 2 000 herramientas fabricadas con huesos humanos —desde punzones y arpones hasta instrumentos musicales—, lo cual revela que en la época prehispánica hubo una industria artesanal que se abastecía de las carnicerías. Al igual que con el ganado que hoy aprovechamos para alimentarnos, ninguna parte de las personas sacrificadas se desperdiciaba: la carne se guisaba, los huesos se convertían en herramientas y la piel se entregaba a los sacerdotes para que se cubrieran con ella y danzaran en honor de sus dioses.

En el norte de nuestro país, debido a la extrema escasez de alimentos, los grupos prehispánicos también practicaron el canibalismo. Elsa Malvido, historiadora del INAH, descubrió que los naturales «desenterraban los restos humanos para molerlos e integrarlos al mezquitamal», el cual se hacía con la harina de los frutos del mezquite mezclada con los huesos y con maíz. Pero las manifestaciones de la antropofagia no se limitaban a la preparación del mezquitamal: los apaches y los comanches celebraban dos tipos de festividades caníbales: «una relacionada con la captura de enemigos durante periodos de guerra que se iniciaba al término de la cosecha, que se llamaba mitote, y otro relativo al consumo de cabezas humanas. En el caso del mitote, tras atrapar [a] los enemigos, los individuos que aún quedaban vivos eran desangrados y, después, un grupo de danzantes les iba mordiendo el cuerpo, en una festividad donde también se consumía peyote, el cual era considerado como una planta sagrada».[1]

El consumo de cabezas tenía su ritual: la «danza de la cabeza», que era practicada —además de los apaches y los comanches— por los grupos guarijíos, tarahumaras, tobosos y xiximes. La danza era espeluznante: durante la guerra mantenían enclaustrada a una mujer virgen, a quien, luego de regresar victoriosos, los guerreros le entregaban la cabeza de un enemigo a manera de trofeo. La mujer tomaba la cabeza y le hablaba con una ambigüedad de amor y odio, común a todos los sacrificios. El ritual culminaba con el cocimiento de los otros cautivos junto con frijoles y maíz, a manera de pozole.

El camino de la verdad

Reconocer el canibalismo entre los antiguos mexicanos no puede verse como algo morboso, en realidad es un acto que pretende mostrar la verdad que ocultan los libros de texto, y en la medida en que seamos capaces de admitir que en las raíces de nuestra cultura está presente la violencia, tendremos la posibilidad de superarla y de avanzar por otros caminos. Reconocer el pasado y pensar en un futuro mejor es algo que sin duda debemos hacer los mexicanos.

[1]

Toral: el asesino solitario de Álvaro Obregón

El 1 de julio de 1928 Álvaro Obregón fue reelecto presidente de la República —violando el principal postulado de la Revolución mexicana— tras haber padecido la gestión de su amigo Plutarco Elías Calles, a quien había impuesto en la presidencia y del que esperaba obtener la misma reciprocidad. Dos semanas más tarde, Obregón viajó a la capital para entrevistarse con Calles: sospechaba que éste se negaría a entregarle el poder, dada la rispidez de su trato en los últimos meses. A esas alturas resultaba candoroso desconocer las ambiciones políticas de Calles. Según el mito:

> el 17 de julio, mientras Obregón celebraba su triunfo en el restaurante La Bombilla, fue asesinado por el dibujante José de León Toral, un fanático religioso que había sido convencido por la abadesa Concepción Acevedo de la Llata, mejor conocida como la madre Conchita, para llevar a cabo el crimen. Ambos fueron procesados y condenados, Toral, autor material, a la pena capital, y la madre Conchita, autora intelectual, a veinte años de cárcel.[1]

---

[1] Íñigo Fernández Fernández, *Historia de México*, Pearson Educación, México, 2004.

Con este mito crecieron varias generaciones de mexicanos y muchos no se enteraron de la existencia de la madre Conchita, creyendo que Toral había actuado solo.

No obstante, De León Toral no fue un asesino solitario, pero como esta verdad hubiera significado la desgracia de elevados miembros de la jerarquía eclesiástica y de connotados políticos y el desenmascaramiento del origen criminal y traidor del régimen priista, fue mejor ocultarla, y así se mantuvo durante los últimos ochenta años, hasta la aparición de *México acribillado*, una obra de mi autoría.

Los hermanos cristeros

De León Toral, uno de los asesinos materiales del general Obregón, fue preparado espiritualmente por la madre Conchita para llevar a cabo el magnicidio. Detrás, o arriba de ella, se encontraban prominentes eclesiásticos: Francisco Orozco y Jiménez, arzobispo de Guadalajara; Leopoldo Ruiz y Flores, arzobispo de Morelia, y Miguel María de la Mora, obispo de San Luis Potosí, los tres vinculados, de modo diferente y por distintas razones, con el magnicidio: Orozco y Jiménez —quien no tuvo empacho en dirigir las operaciones de la guerra cristera en la región centro-occidental del país— era amigo de tres tíos y un primo hermano de De León Toral. Fue Salvador Toral Moreno quien el 9 de febrero de 1929, tras la ejecución del magnicida en Lecumberri, ¡le sustrajo el corazón al cadáver de su sobrino para retratarlo y obsequiar al arzobispo un bello recuerdo de los hechos criminales! Pero no fue éste el único homenaje dedicado al «asesino solitario»:

sus compañeros de fanatismo «lo exaltaron al pedestal del martirio, utilizando el lienzo empapado en su sangre para bordar la bandera del movimiento cristero».[2]

El arzobispo Ruiz y Flores financió la huida de Manuel Trejo Morales, buscado por la policía por facilitar la pistola homicida a De León Toral. Ruiz y Flores fue llamado a declarar en 1932 por el procurador Emilio Portes Gil, y días más tarde, expulsado del país:

> De conformidad con el artículo 33 de la Constitución General, el C. Presidente Substituto Constitucional de la República acordó la expulsión del señor Ruiz y Flores, que se hace llamar Delegado del Estado del Vaticano, fundándose en que dicho señor, como agente de un gobierno extranjero, venía desde hace algún tiempo provocando serias dificultades en el país. Tales actividades quedaron plenamente comprobadas por las autoridades judiciales que instituyen el proceso en contra de los autores y cómplices del asesinato perpetrado en la persona del señor General Álvaro Obregón.[3]

Y, finalmente, leamos un párrafo sobre el obispo Miguel María de la Mora:

> Ud. estorba para la reconstrucción nacional por las ideas que tiene y que siembra —le dijo el gobernador de Zacatecas durante la Revolución—, y si no, dígame: ¿qué juzga usted del divorcio? «Que mina la base de la familia...». Y de la escuela laica, ¿qué piensa? «Que es un semillero de criminales y de

---

[2] José Antonio Martínez, *Los padres de la guerra cristera*, Universidad de Guanajuato, México, 2001.
[3] En *El Universal Gráfico*, 5 de octubre de 1932.

impíos». ¿Ya ve usted cómo con esas ideas es un obstáculo para la reconstrucción nacional?

En efecto, fue un obstáculo, pero no sólo por sus ideas, pues entre 1926 y 1929, oculto en la ciudad de México, De la Mora fue director de la Revolución Católica de Occidente. Según afirmó el abogado de la madre Conchita:

> días antes de que se llevara a efecto el jurado [...] estuvieron a verlo en su despacho unas personas [...] enviadas del arzobispo de San Luis Potosí, Dr. Miguel María de la Mora [...] para sugerirle que sus esfuerzos como defensor de la abadesa, debían de tender, antes que todo, a salvar a la Iglesia y para el efecto, buscar la manera de inutilizar a la Madre Concha a efecto de interrumpir en esta forma la averiguación y que no se siguieran conociendo más detalles.

Ellos no fueron los únicos sacerdotes que participaron en el crimen: se ha ocultado la intervención del padre José Aurelio Jiménez Palacios, el encargado de bendecir la pistola que usó José de León Toral, y de afianzar en éste, en su calidad de confesor, la obsesión de acabar con la vida de Obregón. Según escribió la madre Conchita, «hubo quien se asombrara de la energía puesta por el padre Jiménez en la bendición de la pistola, aunque después dirá que acaso la bendijo». Detenido en 1932, procesado y sentenciado (tardíamente) como autor intelectual del crimen, dicho sacerdote, quien lleva el mismo apellido del arzobispo de Guadalajara, dijo en su defensa:

> Por la imagen sagrada de Cristo mi Rey, cuya imagen no está en este salón, pero que traigo aquí en mi bolsa (sacando un crucifijo), a los doce minutos para las dos de la tarde de este día cuatro de

diciembre de 1935 juro por Dios y por su madre santísima la Virgen de Guadalupe, Patrona de México, juro solemnemente que no tuve ni la más insignificante participación, ni directa ni indirectamente, en el asesinato del general Álvaro Obregón.[4]

Sin embargo, bendijo la pistola, sacó a Toral de su casa días antes del crimen, le dio alojamiento para impedir que se arrepintiera y lo acompañó en su cacería del caudillo para evitar cualquier titubeo «espiritual». Como señaló el ministro Ángeles, quien votó en contra del amparo que se concedió a este criminal: «aisladamente significan poco estos indicios, pero reunidos, concatenados y analizados constituyen en mi conciencia la convicción de la responsabilidad del padre Jiménez».

Jiménez abandonó la prisión en 1940 y siguió combatiendo al régimen ateo de la Revolución. Su religión había sido vengada y atrás quedaban las humillaciones, los ataques y las vejaciones del general Obregón:

> El que excomulgó a Hidalgo y a Morelos [habría dicho el caudillo en 1915] y aplaudió sus asesinatos; el que maldice la memoria de Juárez; el que se ligó a Porfirio Díaz para burlar las Leyes de Reforma; [...] el que tuvo 40 millones de pesos para el execrable asesino Victoriano Huerta es el que hoy no tiene medio millón para mitigar en parte el hambre que azota despiadadamente a nuestras clases menesterosas [...] Esta es hora de impartir limosna, no de implorarla [...] La División que con orgullo comando ha cruzado la República del uno al otro extremo entre las maldiciones de los frailes y los anatemas de

---

[4] En *La Prensa*, 5 de diciembre de 1935.

los burgueses. ¡Qué mayor gloria para mí! ¡La maldición de los frailes entraña una glorificación![5]

Según algunas voces: «la prolongación de su gobierno habría sido tal vez el hundimiento del catolicismo en una cloaca de indigna conformidad».[6]

Regresemos al 17 de julio. El cadáver de Obregón fue conducido a su casa, ubicada en la avenida Jalisco —hoy Álvaro Obregón—, donde poco después se presentó Calles, «quien acercando su rostro a treinta centímetros del de Obregón, dibuja una tétrica sonrisa» y

> se dirige a la Inspección general de Policía, donde ya se encuentra el magnicida [...]. Cuando Calles preguntó a Toral quién le mandó matar al general Obregón, el asesino guardó un absoluto mutismo, no obstante lo cual el presidente se dirigió a la puerta y, apenas traspasándola, «declaró a la prensa que el asesino había aceptado ya haber obrado por instrucciones del clero». «Es usted quien lo afirma», dijo entonces Topete. Orcí, quien era el otro obregonista allí presente, coincidió en afirmar que fue el general Calles quien desvió sobre el clero la atención de la opinión pública, «que sospechaba de otros grupos».[7]

Los obregonistas gritaban que el asesino no era un fanático católico, sino un miembro del partido laborista enviado por el peor enemigo de Obregón, Luis Napoleón Morones, quien había sentenciado: «Obregón saldrá electo,

---

[5] Alfonso Taracena, *La verdadera Revolución mexicana*, Porrúa, México, 1972.
[6] Carlos Pereyra, *México falsificado*, Ed. Polis, México, 1949.
[7] En *La Prensa*, 7 de diciembre de 1935.

pero me corto el pescuezo si toma posesión de su puesto»; al llegar esto a oídos del Manco, éste replicó: «Muy bien, le cortaremos el pescuezo».[8]

Antonio Ríos Zertuche, obregonista designado por Calles para seguir las averiguaciones, ordena la detención de Morones, pero cuando Calles se entera

> manda llamar al Inspector de Policía quien, en su presencia, sostiene que «según la opinión de juriscunsultos obregonistas y no obregonistas», está comprobada la responsabilidad de Morones. Calles replica que está convencido de que el crimen es de origen religioso [...] y advierte que la aprehensión de un miembro de su gabinete hará recaer responsabilidades sobre su gobierno y sobre él mismo [...] Más tarde se presentan de la Presidencia con unas declaraciones que Ríos Zertuche debe firmar y dar a la prensa y en las que se arroja toda la responsabilidad de la muerte del general Obregón al clero y los católicos, sin mencionar para nada a Morones y a la CROM.[9]

Al día siguiente, «el general Antonio Ríos Zertuche, al llegar por la noche al Hotel Regis, halla rotas las chapas de su petaca. Busca los papeles que se refieren a la responsabilidad de Morones en el asesinato de Obregón, y ve que han desaparecido».[10]

Entretanto, en la inspección declaran varios miembros de la célula guerrillera de la madre Conchita, quienes reconocen, a través de retratos, a Samuel O. Yúdico, un fiel servidor de Morones, como la persona que asesoraba detrás

---

[8] Cárdenas, 1995.
[9] *Ibid.*
[10] Taracena, *op. cit.*

de una puerta a la monja asesina en el momento de las resoluciones.

> Fueron a dar cuenta de todo esto al general Ríos Zertuche, quien paseándose nerviosamente por su oficina se detuvo de pronto frente a ellos y exclamó: Señores: lamento sinceramente no poder hacer nada con estos informes, pues tengo órdenes superiores que no puedo hacer del conocimiento de ustedes y que me impiden obrar como yo quisiera.[11]

La conspiración diseñada para poner fin a la vida de Obregón había triunfado. El 15 de agosto se da a conocer el certificado de la autopsia, pero «se sospecha que el tal certificado [...] sea falso de toda falsedad».

Así, mientras los diarios anuncian que «Un Gran Partido se fundará en el país», Calles, decidido a terminar su obra de simulación e hipocresía, da garantías para el desarrollo del famoso juicio de Toral y de la madre Conchita, en el que se desahogan numerosos testimonios públicamente, pero con el detalle de que el órgano colegiado que dicta la sentencia está compuesto en su gran mayoría por miembros del partido laborista... ¡subordinados de Morones! Nunca se inició un juicio federal por la naturaleza del delito, sino uno civil, que Calles pudiera controlar, de ahí que los encargados de condenar a muerte a Toral fueran unos humildes empleados del sur de la ciudad...

Durante el juicio, el abogado de Toral, Demetrio Sodi, formula a su defendido

---

[11] Taracena, *op. cit.*

una última pregunta. Usted declaró ayer que el primer disparo al señor Obregón lo había hecho de esta forma [...] Dijo usted ayer que violentamente se pasó el dibujo de la mano derecha a la izquierda [...] mete usted la mano a la pistola, dispara usted al señor Obregón a la cara [...] ¿Cómo es entonces [...] que el proyectil entró del lado contrario y salió por aquí? Porque usted, si disparó en esta forma, debió haberlo herido en la mejilla derecha, ¿no es así? O en el cuello o en la parte derecha; y aparece herido por este lado y el proyectil por aquí. ¿Está usted seguro de que usted disparó en esa forma?[12]

En ese momento, ante la amenaza de un tumulto entre los asistentes, el juez suspende la audiencia. ¿Y cómo no, si el cadáver del general Obregón estaba literalmente cocido a tiros? Pero esto no se supo sino muchos años después, cuando un documento revelador hizo fugaz acto de presencia en el periódico *Excélsior*:

> el documento es copia fiel del original; es auténtico, verdadero, y está firmado por un funcionario militar de aquella época [...] Documento que, junto con el de la necropsia [...] no se dieron a conocer públicamente y permanecieron en misterioso anonimato oficial [...] El documento [...] está fechado en la ciudad de México el día 17 de julio de 1928, y firma el mayor médico cirujano adscrito al Anfiteatro del Hospital Militar de Instrucción, Juan G. Saldaña. Es nada menos que el «Acta de reconocimiento de heridas y embalsamamiento del general Álvaro Obregón» [...] que certifica que el cadáver del divisionario presentaba diecinueve heridas,

---

[12] Juicio por Jurado popular, 1928.

siete con orificio de entrada, de 6 milímetros; una de ellas con orificio de salida y el mismo proyectil que la causó volvió a penetrar y dejó un segundo orificio de salida; otra herida con orificio de entrada de 7 milímetros, una más de 8 milímetros; otra de 11 milímetros, con orificio de salida, y seis «con orificio de entrada de proyectiles» que [...] fueron causadas por proyectiles calibre 45 [...] Lo anterior, en buena lógica, quiere decir que hubo seis o más tiradores, incluyendo a León Toral; pero descartado este último por ser el único conocido y por haber pagado con su vida el crimen, ¿quiénes fueron los otros...?[13]

Nada más falso que Toral haya sido el único que disparó sobre Obregón. Hubo al menos seis tiradores más. Y en cuanto a la autoría intelectual, ya hemos visto la lista de patriotas que, a pesar de estar claramente implicados en el asesinato, quedaron, como suele ocurrir en México, en la más cínica impunidad.

Las consecuencias

Los llamados «Arreglos de la cuestión religiosa», con los que se dio fin a la guerra cristera, cristalizaron en una fórmula siniestra de desobediencia e incumplimiento de la ley, a la que cínicamente se llamó *modus vivendi*: acomodo indignante que ayuda a explicar la permanencia del PRI en el poder durante siete décadas y el enriquecimiento de la iglesia en ese mismo periodo. Con cuánta razón escribió el

---

[13] En *Excélsior*, 20 de mayo de 1947.

arzobispo Ruiz y Flores «que era muy común en México el que las leyes quedaran escritas sin aplicarse, pues que a ciencia y paciencia del Gobierno se desobedecían, como pasó con las mismas Leyes de Reforma».

La primera cláusula (implícita) de los arreglos fue no hablar más del asesinato...

El cura Hidalgo no gritó «¡Viva Fernando VII!»

El Grito de Dolores siempre ha sido visto como el momento fundacional de nuestra patria... y precisamente sobre ese tema, la tentación de asomarme a un libro de texto escrito por un historiador oficial y oficioso es irresistible... Casi al azar tomo un volumen y rápidamente encuentro la versión *oficial* del acontecimiento que nos convocó por primera vez a abrazar la libertad. Permíteme compartir contigo, querido lector, estas líneas, escritas con letras de oro en el volumen intitulado *México, un pueblo y su historia*:

> Alertados por la Corregidora de que la conspiración había sido descubierta, Miguel Hidalgo inicia la lucha de Independencia. Convocaron a sus seguidores y les avisaron que se levantarían en armas para luchar contra el gobierno.
>
> La madrugada del 16 de septiembre de 1810 los habitantes oyeron las campanas de la parroquia del pueblo de Dolores que llamaba a misa. Las personas se reunieron en el atrio de la iglesia. Bajo los gritos de «¡Viva México!, ¡Viva la Virgen de Guadalupe! ¡Mueran los Gachupines!», la población fue convocada a luchar para cambiar el gobierno, obtener la libertad de los habitantes

de la Nueva España y se unió al movimiento que organizaba Miguel Hidalgo, cura del pueblo de Dolores.

Además de los evidentes problemas de redacción que muestran, los dos párrafos anteriores están plagados de mentiras que deben ser denunciadas: el aviso de doña Josefa tenía otras intenciones y Miguel Hidalgo, con toda seguridad, pronunció otras palabras, pues muchos historiadores convienen en que la versión más probable de su arenga fue: «¡Viva la religión! ¡Viva la Virgen de Guadalupe! ¡Muera el mal gobierno! ¡Viva Fernando VII! ¡Viva América! ¡Mueran los gachupines!».

La historia oficial no sólo ha mentido sobre el verdadero contenido del Grito de Dolores, sino que también ha ocultado lo que escribieron los contemporáneos sobre el acontecimiento, quienes veían al cura Hidalgo de una manera muy distinta a como lo hacen los historiadores al servicio del Estado.

Una historia negada

Servando Teresa de Mier, uno de los padres de la nación mexicana, escribió —con el pseudónimo de José Guerra— una obra intitulada *Historia de la Revolución de Nueva España*. En ese libro, don Servando nos ofrece una versión totalmente distinta del Grito de Dolores, leamos sus palabras:

> [el cura convocó al pueblo y lo arengó]: No hay remedio: está visto que los europeos nos entregan a los franceses: veis premiados a los que prendieron al virrey y relevaron al arzobispo porque nos defendían, el Corregidor porque es criollo está preso; ¡adiós

religión!, seréis jacobinos, seréis impíos: ¡adiós Fernando VII!, seréis de Napoleón.

A esta prédica, según Mier, los indios respondieron: «No, padre, defendámonos: ¡Viva la Virgen de Guadalupe! ¡Viva Fernando VII!». E Hidalgo simplemente les dijo: «Vivan pues y seguid a vuestro cura, que siempre se ha desvelado por vuestra felicidad».

Don Servando no fue el único historiador que criticó al llamado Padre de la patria. Carlos María de Bustamante, en su *Cuadro histórico de la Revolución mexicana* (publicado por vez primera en 1823), también tenía una pésima opinión sobre Hidalgo. Veamos lo que escribió: «diose por las circunstancias del momento el grito terrible [una arenga que] fue impolítica, y tanto más, cuanto obraba sin programa o plan formado anticipadamente y que fue causa de robos y asesinatos». Bustamante sostenía que Hidalgo sólo aprovechaba las circunstancias del momento —la invasión napoleónica a España—, que carecía de un proyecto libertario y que sólo levantó al pueblo para darle rienda suelta a la muerte y al robo.

Las opiniones de Mier y Bustamante no son las únicas, en el *Ensayo histórico de las revoluciones de México*, de Lorenzo de Zavala, apenas se da cuenta de la arenga de Hidalgo: sólo hay vestigios del viva a la Virgen de Guadalupe: «Viva la señora de Guadalupe, era su única base de operaciones». Zavala no paró aquí con sus críticas, pues según él, Hidalgo no hizo otra cosa que poner una bandera con la imagen de la virgen y correr de ciudad en ciudad con su gente, sin haber indicado siquiera qué forma de gobierno quería establecer.

Por lo antes dicho, podría suponerse que Hidalgo fue un personaje de la peor calaña y que su grito sólo fue un llamado a los desmanes, pero esa es una interpretación poco patriótica que ha sido divulgada por los historiadores neoconservadores, quienes pretenden reescribir el pasado para hacernos olvidar nuestro nacionalismo. Por ello, habría que examinar las cosas con calma y revisar los trabajos de otros historiadores que tienen una opinión mucho menos apasionada y más cercana a la verdad.

Patricia Galeana, en su libro *Miguel Hidalgo y Costilla*, sostiene una tesis muy diferente que revela a plenitud la personalidad del sacerdote: si bien es cierto que Hidalgo inició el levantamiento con el grito de «¡Viva la religión! ¡Viva la Virgen de Guadalupe! ¡Viva Fernando VII! ¡Viva la América!», también es verdad que el sacerdote estaba convencido de la imperiosa necesidad de luchar por la independencia. Si él lanzó un viva a Fernando VII fue por influencia de Ignacio Allende y por la certeza de que «al pueblo se le había inculcado la idea de que el rey era su protector», de modo que a los indígenas y a los mestizos «no se les podía desaparecer su imagen de un plumazo»; asimismo, si incluyó en su arenga a la guadalupana, esto se debía al nacionalismo criollo y a la posibilidad de contar con un símbolo que diera cohesión a sus tropas.

Incluso, según comenta Galeana, el viva a Fernando VII permitiría a los rebeldes, cuando menos en los primeros momentos de la lucha, «pasar inadvertidos». No hay duda: la independencia era el objetivo de Hidalgo y las críticas a sus ideas políticas también son infundadas, pues no olvidemos que no existen «las revoluciones ordenadas»... los idearios se construyen en el camino. Es cierto: Hidalgo, tras el primer llamado, nunca volvió a lanzar un viva al rey Borbón y poco a poco fue creando instituciones y leyes para la nueva nación: los decretos de abolición de la esclavitud, de restitución de tierras y el fin de las gabelas dan muestra de ello. Incluso, quienes le critican su «¡Viva la América!», en vez de un «¡Viva México!», faltan a la verdad, pues durante los primeros años de la lucha, desde Hidalgo hasta Iturbide, siempre se habló de la independencia de la América.

De esta manera, aunque sí lanzó un viva a Fernando VII, un hecho que siempre se ha tratado de ocultar, Hidalgo fue el iniciador de nuestra guerra de Independencia y algunas de sus ideas pronto fueron retomadas por otros insurgentes, como José María Morelos, quien además de refrendar la abolición de la esclavitud dio su propio grito de independencia:

> Valgámonos del derecho de guerra para restaurar la libertad política [...] si los gachupines no rinden sus armas ni se sujetan al gobierno de la suprema y soberana junta nacional de esta América, acabémoslos, destruyámoslos, exterminémoslos sin envainar nuestras espadas hasta no vernos libres de sus manos impuras y sangrientas.[1]

Hidalgo inició la Independencia y, sin duda alguna, fue un personaje de claroscuros, pero esto no debe impedir que lo reconozcamos como uno de los padres fundadores de nuestra patria.

---

[1] Proclama de Morelos del 8 de febrero de 1812, en *La independencia: textos de su historia*, Instituto José María Luis Mora, México, 1985, p. 295.

Huerta: el único
asesino de Madero

Al comenzar el año de 1913 el golpe de Estado ya era un secreto a voces. La traición que se cometería en contra de Madero —en la que estaban involucrados varios extranjeros— era esperada por una buena parte de la sociedad. En esos momentos casi nadie estaba dispuesto a defender al gobierno de Madero: los zapatistas habían roto con él tras la promulgación del Plan de Ayala; las fuerzas armadas, deseosas de volver a disfrutar de los beneficios del *ancien régime*, obviamente le dieron la espalda; el clero, históricamente opuesto a la democracia, estaba decidido a recuperar sus privilegios materiales y políticos; la libertad de prensa llegaba al libertinaje... Los inversionistas extranjeros tampoco lo respetaban y no estaban dispuestos a permitir la supervivencia del régimen democrático: ellos —los extranjeros y ciertos mexicanos— añoraban la tiranía porfirista, en particular la impunidad, por las ventajas que representaba en el mundo de los negocios.

¿Pensó Madero en la posibilidad de ser traicionado? Por supuesto que sí, aunque también creyó que podía convencer a los traidores a través del diálogo y de la aplicación de las leyes. Sólo que su candor le impidió ver que a sus enemigos les tenían sin cuidado tanto la ley como el diálogo. Los políticos candorosos, invariablemente, terminan con un tiro en la cabeza. Benito Juárez y Porfirio Díaz no habían sido ingenuos: no terminaron sus días ni ahorcados ni asesinados.

Madero cometió algunos errores imperdonables: primero, se opuso a la toma violenta de Ciudad Juárez, como si Díaz fuera a renunciar espontáneamente; luego, dejó que Francisco León de la Barra, un consumado porfirista, ocupara provisionalmente la presidencia de la República, y aceptó que el Congreso, el ejército porfirista y los hacendados continuaran operando bajo el supuesto de que le serían leales: «Usted ya echó a perder la Revolución», alcanzó a espetarle Pancho Villa.

Así, mientras los militares tramaban el golpe de Estado, los legisladores neoporfiristas conspiraban y el clero trababa alianzas inconfesables en las sacristías. Finalmente, en el interior de la embajada estadounidense se diseñó el golpe de Estado: Madero caería víctima de una conjura castrense y diplomática. La sociedad, como siempre, asistiría apática a la decapitación de sus más caras esperanzas.

El cierzo invernal de 1913 llegó acompañado de voces de muerte. Gustavo Madero, el hermano del presidente, ya intuía la conjura, y seguramente pensaba que Francisco soñaba demasiado... Gustavo, no lo olvidemos, había dedicado su talento y su fortuna a financiar la Revolución, al extremo de que, cuando se agotaron sus fondos, entró en contacto con petroleros norteamericanos para que, a cambio de la concesión para extraer crudo cuando Francisco accediera a la presidencia, le adelantaran 500 000 dólares oro (la operación no llegó a consumarse: Díaz renunció tras la toma de Ciudad Juárez).

Pero no sólo Gustavo alertó al presidente sobre los riesgos, también su madre, en una carta, le advertía: «No andes con contemplaciones, Pancho. Imponte un poquito con el mismo De la Barra porque si no tendremos que batallar [...] Hay que quitar a Huerta [...] A Blanquet hay que mandarlo lejos: están haciendo la contrarrevolución [...]».

El 15 de septiembre de 1912 Victoriano Huerta, un hombre de aspecto sombrío que pasaba la mayor parte del tiempo borracho, había regresado por sus fueros, pues no hacía mucho el nuevo ministro de Guerra lo había destituido. Sin embargo, poco tiempo después Madero lo elevaba al rango de general de división. ¿Cómo explicar esto? Ese era Madero.

En aquellos momentos Henry Lane Wilson, el embajador norteamericano, distorsionaba ante su gobierno la realidad mexicana, al tiempo que apoyaba a Huerta y se entendía con Félix Díaz. Wilson, sin duda alguna, creaba las condiciones para que los Estados Unidos vieran a México como un país inseguro para la inversión extranjera y por ello solicitaba la intervención militar... Así, ese 15 de septiembre de 1912, gracias a Wilson, Washington cursó a Madero una enérgica protesta, culpándolo de discriminar a sus ciudadanos y sus empresas y de haber impuesto un gravamen al petróleo crudo... Acto seguido, Wilson propuso al presidente W. H. Taft y al secretario de Estado, P. C. Knox, apoderarse de una parte del territorio mexicano o derrocar a Madero. Según relata Lorenzo Meyer:

> el presidente Taft había estado dispuesto a hacer ambas cosas, pero Knox, el secretario de Estado, se había opuesto a la idea de ocupar el territorio mexicano. Los tres acordaron, entonces, subvertir el gobierno de Madero. Para este fin utilizarían la

amenaza de intervención [y] promesas de puestos y honores y soborno directo en efectivo a los principales protagonistas.[1]

Por su parte, en enero de 1913, como bien lo señala Francis Patrick Dooley en su libro *Los cristeros, Calles y el catolicismo mexicano*: «la jerarquía católica de México» se sumó y bendijo a los golpistas, pues «declaró unánimemente que era lícita la rebelión en contra del gobierno constituido».

El 9 de febrero de 1913 comenzó la Decena Trágica: una guerra falsa de diez días, una guerra en que «los atacantes no atacaban y los defensores jugaban naipes en el interior» de la Ciudadela, una guerra que horrorizó a los capitalinos, que probó la ineficiencia del gobierno y que dio paso al golpe final contra Madero.

Durante la lucha, Lauro Villar, un comandante leal a Madero y encargado de la defensa del Palacio Nacional, cayó víctima de la metralla. Sólo faltaba que Madero se diera el tiro de gracia... y lo hizo: contra los consejos de familiares y colaboradores, nombró como jefe de sus tropas nada menos que a Victoriano Huerta. Semejante decisión implicó no sólo su derrocamiento y su muerte prematura, sino la pérdida de cientos de miles de vidas, así como la destrucción del país. Grave error que pagaríamos interminables generaciones de mexicanos...

El 10 de febrero Wilson informó a Washington sobre las negociaciones entre Félix Díaz y Victoriano Huerta. El embajador prometió a Huerta que la Casa Blanca reconocería a cualquier gobierno que fuera capaz de establecer la paz y el orden. Además, convocó a los representantes de

---

[1] Lorenzo Meyer, *México y los Estados Unidos en el conflicto petrolero, 1917-1942*, El Colegio de México, México, 1981.

Inglaterra, Alemania y España para formar la comitiva que osó pedirle al presidente su renuncia al cargo a fin de evitar el derramamiento de sangre... La respuesta de Madero fue la de un estadista: sin miramientos, rechazó las «sugerencias» de los extranjeros.

Las traiciones continuaron: los carabineros de Coahuila fueron sustituidos por el batallón que capitaneaba Aureliano Blanquet, un esbirro de Huerta. Los cadetes del Colegio Militar fueron acuartelados hasta nueva orden y los rurales maderistas fueron enviados, a pecho descubierto, a tomar por asalto la Ciudadela: los soldados leales al presidente murieron masacrados, ante el regocijo de Huerta y de Blanquet.

Las traiciones se dieron en los cuarteles y en las embajadas, no en Palacio Nacional: Gustavo Madero y Jesús Urueta sabían que Huerta encabezaba la conjura. Gustavo llevó al traidor ante el presidente, pero Madero desoyó las acusaciones y liberó a Huerta.

Al día siguiente, Gustavo y Francisco estaban en Palacio Nacional. Huerta llegó a rendir cuentas e invitó a Gustavo a comer, con el pretexto de intentar la reconciliación. Durante la sobremesa Huerta recibió una llamada telefónica, se levantó y salió..., cuando regresó le dijo a Gustavo que debía acompañarlo y le pidió prestada su pistola... Gustavo se la entregó ingenuamente. Huerta cruzó la puerta y un piquete de soldados aprehendió al hermano del presidente.

El hermano del presidente es trasladado a la Ciudadela, donde los soldados lo reciben entre mofas y risas. No dejan de burlarse del Ojo parado. Cecilio Ocón, la máxima autoridad en la Ciudadela, decide hacerle un «juicio»... Gustavo trata de defenderse, pero es inútil... lo golpean salvajemente. En la noche, un desertor del batallón 29, de apellido Melgarejo, después de acercarle una linterna para identificar cuál de sus ojos es el de vidrio, le pincha el sano con un picahielo. Gustavo grita en su dolorosa ceguera total y en medio de las burlas de los soldados. Ocón decide ejecutarlo sin más. Intenta sujetar a Madero, pero éste lo empuja instintivamente y a cambio recibe veintisiete puñaladas.

Ese día, mientras Huerta comía con Gustavo, el teniente coronel Jiménez Riveroll, el mayor Izquierdo, el ingeniero Enrique Cepeda y varios soldados del batallón de Blanquet ingresaron a Palacio Nacional: se detuvieron ante la puerta del despacho de Madero y, siguiendo las instrucciones de Huerta, entraron a bayoneta calada y con el cartucho cortado para arrestar al Jefe de la Nación, quien fue detenido por el propio Blanquet. «¿Qué van a hacer conmigo?, cualquier atropello que se haga no será a mí, sino al primer magistrado de la nación», se le escuchó decir al presidente. La Decena Trágica llegaba a su fin.

Luego de la muerte de Gustavo y de la aprehensión de Francisco, Wilson respondió a las súplicas de Sarita, la esposa del presidente, diciendo que él no podía hacer nada para salvar la vida de su marido; sin embargo, le garantizó que no le harían ningún daño. Huerta, con el apoyo de Wilson, ya era la máxima autoridad del país.

Francisco, preso en Palacio Nacional, no dejaba de pensar en Gustavo. Cuando su madre lo visitó en la cárcel, Francisco le preguntó si era verdad... Ella le confirmó la muerte de su hermano. Madero lloró como un niño. Hincado, comenzó a pedirle perdón.

El 21 de febrero por la noche, Madero y Pino Suárez —después de haber renunciado a la presidencia y a la vicepresidencia de la República a cambio de un salvoconducto para abandonar el país— fueron sacados a empujones de Palacio Nacional por el mayor Francisco Cárdenas y obligados a abordar un automóvil que partió con rumbo desconocido. Llegaron a un costado de la penitenciaría de Lecumberri y ahí se les ordenó descender del vehículo. Madero pensó que se trataba de un cambio de cárcel... pero cuando se encaminaba hacia la puerta central de la penitenciaría, Cárdenas desenfundó su pistola y le disparó a quemarropa, en la nuca. El presidente cayó como un fardo. Su cabeza ensangrentada rebotó contra el piso.

Despavorido, Pino Suárez trató de huir. En su intento tropezó y cayó en una zanja: tenía una pierna rota y el hueso expuesto, suplicaba que lo dejaran vivir. Se cubrió con sus manos para resistir el impacto de las balas. Ocón, un experto asesino, acalló a disparos las súplicas del prócer tabasqueño.

La siguiente noche continuaron las felonías: en la embajada de los Estados Unidos, ante la mayoría del cuerpo diplomático, se suscribió el Pacto de la Embajada. Después de convencer a Félix Díaz, el ambicioso sobrino de don Porfirio, de que Huerta, y no él, ocuparía la presidencia de la República, el embajador Wilson presentó al nuevo titular del Poder Ejecutivo ante el cuerpo diplomático. Nadie aplaudió. El nuevo presidente estaba ebrio (tres años más tarde la cirrosis acabaría con él, su hígado tendría el tamaño de una nuez).

La sociedad, adormecida y anestesiada como siempre, convalidó con su silencio y su inacción el magnicidio. Muy pocos levantaron la mano para defender al presidente. Sin embargo, el clero no tardó en homenajear al nuevo dictador ofreciendo un *tedeum* en la Catedral Metropolitana... Ahí, sentado en una silla verde de respaldo alto, Huerta, junto al altar, vestido regiamente con traje de gala, escuchó la misa y elevó sus plegarias, hincándose y persignándose devotamente. Su rostro reflejaba la imagen del mejor de los cristianos, del más respetuoso de los mexicanos. Un hijo privilegiado de Dios.

Huerta no era el único asesino, brindaba eufórico con el embajador Wilson…

La iglesia, una institución pobre

En *El nombre de la rosa* —la novela de Umberto Eco dedicada a la Edad Media— se narra una escena fascinante: los franciscanos acaudillados por William de Baskerville insisten en discutir con el Papa si el taparrabo que usaba Cristo era o no de su propiedad. El Papa se niega a tratar el asunto y amenaza a los clérigos con la excomunión si persisten en su necedad... A primera vista podría pensarse que el Papa se negaba por razones de pudor o de moral, pero la verdad es que no aceptaba esa discusión porque ponía en entredicho las riquezas de la Iglesia católica: si Jesús no tuvo propiedades y vivió en la pobreza, la iglesia tampoco podía ser dueña de grandes propiedades ni de las mayores riquezas de Occidente. Eco puso el dedo en la llaga: si la Iglesia católica siguió las enseñanzas del hombre que llamó bienaventurados a los pobres del mundo, ¿cómo fue que se convirtió en una de las corporaciones más ricas del planeta?; si Jesús expulsó a los mercaderes del templo y los llamó «raza de víboras», ¿por qué la iglesia funciona como una empresa que vende la gloria eterna al mejor postor?

La riqueza eclesiástica

La acumulación de la riqueza eclesiástica se inició durante la Edad Media: desde esa época la Iglesia católica es la mayor latifundista y la principal institución financiera. La venta de indulgencias, los diezmos, las primicias, las misas, los préstamos, el patrimonio arrebatado a los judíos ricos, las donaciones que se hacían para alcanzar la paz eterna eran, junto con el apoyo que otorgaban a los reyes a cambio de oro y de poder, la inagotable fuente de ingresos que permitió esa acumulación de capitales.

Desde la Edad Media hasta el momento en que la iglesia se transformó en una corporación bursátil, lo cual se evidenció tras el asesinato de Juan Pablo I, sus bienes fueron considerados como de «manos muertas»: ni los obispos, los abades ni los priores podían enajenarlos, pues si mermaban el patrimonio del Vaticano no sólo eran suspendidos *ad divinis,* sino también excomulgados. Su función no era mermar el patrimonio de la iglesia, sino incrementarlo.

La idea de las manos muertas —como lo señala Callahan en su libro *Iglesia, poder y sociedad en España*— fue bien recibida por la monarquía española y llegó al Nuevo Mundo para aumentar los caudales de la iglesia. En Nueva España, la jerarquía eclesiástica se llenó los bolsillos gracias a las limosnas, los diezmos, las primicias, las oblaciones, las obvenciones, las donaciones, los legados y los préstamos a comerciantes, mineros y agricultores. Además de esto, los sacerdotes contaban con otra fuente de riqueza: los indígenas que trabajaban en sus latifundios no cobraban ni un centavo, su salario se reducía a ser catequizados. Así, la iglesia novohispana se convirtió en la institución más poderosa y próspera de la Colonia.

La obtención de estas riquezas no necesariamente era lícita, y ya la *Recopilación de las leyes de Indias* alertaba a las autoridades virreinales sobre un hecho vergonzoso:

> Si algunos indios ricos o en alguna forma hacendados están enfermos, sucede que los curas y doctrineros, clérigos y religiosos procuran y ordenan que les dejen a la iglesia toda o la mayor parte de sus haciendas, aunque tengan herederos forzosos [...] Mandamos a los Virreyes, Presidentes y Audiencias que provean y den las órdenes convenientes, para que los indios no reciban agravio y tengan entera libertad en sus posesiones.

Contra lo que pudiera suponerse, los caudales de la iglesia no fueron mermados por la Independencia: debido a que Iturbide aceptó una religión de Estado, la iglesia continuó aumentando su riqueza hasta límites escandalosos.

> El principal propietario de haciendas, casas, hospitales y muchos otros bienes similares era la iglesia —afirma Alicia Villaneda González en su libro *Valentín Gómez Farías*—, que hacía aparecer esa propiedad como «espiritualizada y del Señor»; esos bienes los poseía de manera perpetua e inalienable y sin tributarle al fisco; así, no había forma de que el Estado y la sociedad se vieran beneficiados por medio de su compra-venta; también, esta situación condenaba a muchos de estos bienes a la improductividad. En esos años el clero tenía paralizados en bienes improductivos casi 180 millones, de los cuales la mitad la consumía en diez obispados y 177 canónicos. Debido a esto la nación se encontraba empobrecida, pero no así la iglesia.

Los señalamientos de Villaneda son escalofriantes: a la jerarquía eclesiástica no le importó que los mexicanos murieran de hambre, que su gobierno afrontara una incesante crisis financiera a causa de los impuestos que no pagaba y que por ello —como ocurrió en la intervención francesa— el país se cubriera de sangre. A la jerarquía sólo le importaban sus caudales: la patria y los mexicanos sólo le interesaban en la medida en que podía extraerles más dinero. Una manera de valorar la cuantía de sus bienes nos la muestra Lucas Alamán, un autor conservador, quien señaló que la iglesia era dueña del 52 % de la propiedad inmobiliaria de México, y que descubrió que un arzobispo ganaba ¡cuatro veces más que el presidente de la República!

La Iglesia católica, dirigida por hombres de negocios llamados sacerdotes, continuó siendo la institución más rica de nuestro país, esto a pesar de que las Leyes de Reforma ordenaron la desamortización de sus bienes, pues la jerarquía —reacia a acatar las leyes que lesionaran sus negocios— no dudó en utilizar a un sinnúmero de prestanombres para ocultar sus propiedades, y cuando fue necesario recurrió a la guerra, en este caso a la de Reforma, siendo fiel a otro Estado: el Vaticano.

Durante el porfiriato, gracias a la alianza del dictador con la iglesia, la fortuna de los sacerdotes aumentó hasta límites incuantificables, y cuando llegó la Revolución las cosas cambiaron muy poco: en 1912 el obispo de Michoacán —previendo las desgracias que podría traer «la bola»— depositó en un banco de Canadá 15 millones de dólares, mientras que el obispo de Chiapas, Francisco Orozco, era considerado uno de los más prósperos empresarios de la región. En 1926, poco antes de que se iniciara la guerra cristera, David Yáñez —el entonces apoderado del clero— declaró que el capital de la iglesia mexicana era de casi mil millones de pesos, ¡una suma que hacía palidecer los recursos gubernamentales! Otra forma de valorar la riqueza de la iglesia la ofreció Plutarco Elías Calles, quien señaló que una tercera parte de la riqueza nacional era «poseída por el pueblo» y que por lo menos «el 70 % de ella» iba a dar «a manos de las entidades religiosas», lo cual permitía que la cifra dada a conocer por Yáñez se incrementara a costa de la pobreza de los mexicanos. La iglesia, hasta antes de la expropiación de la industria petrolera, era una de las instituciones más ricas de México y su patrimonio competía con el del gobierno.

Hoy la iglesia es una de las corporaciones más ricas de México: no sólo posee las fortunas que se depositan en los cepos y las millonadas que se pagan por servicios que deberían ser gratuitos, también es dueña de una buena cantidad de planteles educativos, de asociaciones filantrópicas que reciben subsidios del gobierno, de propiedades inmobiliarias y de una gran cantidad de recursos con los que especula en las bolsas de valores. La iglesia sigue siendo riquísima, mientras que más de la mitad de los mexicanos viven en la miseria. Nada nuevo: iglesia rica, pueblo pobre.

La Iglesia católica también es una de las principales responsables de nuestra pobreza: ella, con dolo, llama a sus fieles a desprenderse de sus riquezas y a entregar sus bienes a la alta jerarquía... Su objetivo no es salvar las almas, sino adueñarse de la mayor cantidad de bienes, ignorando los propósitos de Jesús y sus votos de pobreza. Los jerarcas de la iglesia, que hoy viajan a bordo de automóviles de lujo, con chofer, viven en residencias suntuosas, vuelan en aviones supersónicos, portan cruces pectorales valiosísimas y emplean helicópteros para trasladarse, ¿no tendrán miedo a aquello de que es más fácil que pase un camello por el ojo de una aguja a que un rico entre en el reino de los cielos...?

El clero no financió la Guerra de Reforma

La nueva historia oficial le concede cada vez menos importancia a la llamada Guerra de Reforma: el 150 aniversario de la primera Constitución liberal mexicana, cuya promulgación detonó la guerra promovida por el clero católico, pasó prácticamente inadvertido en nuestro país. Asimismo, la figura de Benito Juárez —víctima también de este olvido— resulta cada vez más incomprensible a los ojos del ciudadano común, quien escasamente percibe la erosión de la memoria liberal de México y la imposición de una «neocontrarreforma» opuesta a nuestras leyes. No obstante, la verdad es que la alta jerarquía eclesiástica le hizo la guerra al gobierno mexicano entre 1858 y 1861 porque éste, compuesto por primera vez por personas capaces de oponer al omnímodo poder del clero las armas de la República, obligó a la iglesia a vender sus inmensos latifundios, que mantenía improductivos en perjuicio del desarrollo nacional.

Más aún, después de promulgarse la ley de desamortización de los bienes del clero, en noviembre de 1855, se legisló sobre asuntos que la iglesia consideraba de su exclusiva competencia. De esta suerte, la Ley Juárez de

1856 creó el registro civil y le retiró el fuero, ciertamente injustificado, a los sacerdotes. Finalmente, el 5 de febrero de 1857 se promulgó una nueva Carta Magna que reivindicaba la autoridad del Estado en materia educativa, consideraba inviolable la libertad de escribir y de publicar escritos sobre cualquier materia, declaraba inexistentes en el país los títulos de nobleza y las prerrogativas u honores hereditarios, y —especialmente— establecía que en la República mexicana «nadie puede ser juzgado por leyes privativas ni por tribunales especiales. Ninguna persona ni corporación puede tener fueros».

Por estas razones, en 1858 la alta jerarquía católica le declaró la guerra al gobierno. Sólo que la historia oficial, amañada y mercenaria, prefirió ocultar la verdad, creando una cortina de humo tras de la cual únicamente se distinguen el llamado partido conservador y la identidad de algunos de sus dirigentes más importantes, como Félix María Zuloaga, Miguel Miramón y Leonardo Márquez, entre otros personajes de muy triste recuerdo.

El clero católico ha hecho enormes esfuerzos por desprestigiar la labor histórica de hombres de la talla moral de Melchor Ocampo, Juan N. Álvarez, Francisco Zarco, Guillermo Prieto, Jesús González Ortega, Ignacio Ramírez e Ignacio Manuel Altamirano, entre otros más, los cuales seguramente habrían sido quemados con leña verde, en una pira instalada en el Zócalo, de haber existido todavía la Inquisición.

¿Por qué razón se prolongó la guerra durante tres años, ensangrentando la totalidad del territorio nacional? ¿Quién hizo la guerra al Estado mexicano que estaba fundando la auténtica patria, luchando en el campo del honor en contra de los ejércitos clericales?

El padre Francisco Javier Miranda y Morfi, quien presumía de haber matado a «más de veinte chinacos con un rifle», y quien había encabezado todas las conspiraciones destinadas a derrocar al gobierno emanado de la Constitución de 1857, dirigió personalmente la sublevación que culminó con la caída del presidente Comonfort, el fatídico 11 de enero de 1858, día que marca el comienzo de una de nuestras más devastadoras guerras civiles. Así reportaba los sucesos *El Monitor Republicano*:

> Los sucesos de ayer. Son verdaderamente raros y, como la mayoría de nuestros colegas, creemos que es imposible apreciarlos, a lo menos hasta las horas en que escribimos estas líneas [...] En la madrugada se ha pronunciado la brigada Zuloaga en la Ciudadela, San Agustín y Santo Domingo, desconociendo al Sr. Comonfort porque no ha llevado a efecto el Plan de Tacubaya [...] El Sr. Comonfort quiso entrar esta mañana a Santo Domingo y a San Agustín y le negaron la entrada [...] Se asegura también que el Sr. Comonfort quiere llamar al partido puro y entregar el poder al Sr. Juárez [...] Se dice que el jefe del movimiento en Santo Domingo ha sido un eclesiástico.

Al día siguiente quedarían aclaradas todas las dudas:

> Los pronunciados de Santo Domingo [decía *El Monitor*] han extendido su línea ocupando la aduana, San Lorenzo, la Concepción y Santa Catarina Mártir [...] Las fuerzas del Sr. Comonfort tienen Palacio, la Catedral, la Diputación, la Profesa, la Santísima, la Merced, San Pablo, la Acordada, San Fernando, San Pedro y San Pablo y todo el resto de la ciudad [...] En la línea de Santo Domingo tiene el mando el Sr. Pérez Gómez, coronel que fue de los guías de S[u]A[lteza]S[erenísima]. Se le han unido muchos

españoles, varios eclesiásticos y gran número de jefes y oficiales reaccionarios que han formado una legión sagrada […] Se asegura que el Sr. Juárez ha salido de la capital acompañado del Sr. Licenciado D. Manuel Ruiz. Se afirma que el padre Miranda es en Santo Domingo el director del movimiento.

En efecto: el padre Miranda —un padre de la Iglesia católica y no un militar como Zuloaga o Miramón— fue el director de la Revolución, y posteriormente, con el establecimiento de un gobierno conservador en la ciudad de México —mientras que el gobierno legal y liberal de Juárez se encontraba en Veracruz—, ejerció desde el ministerio de Justicia y Negocios Eclesiásticos la verdadera presidencia de la República; gobierno, hay que decirlo, que se puede jactar de ser el más totalitario en la historia del México independiente: detuvo a sus opositores, cerró la universidad, asesinó a estudiantes, cerró periódicos, persiguió a periodistas, impuso préstamos forzosos a toda la población, declaró el estado de excepción y el toque de queda, ejecutó a inocentes por crímenes denunciados por España como condición para reanudar relaciones diplomáticas y, por supuesto, restituyó a la iglesia sus bienes con un decreto que declaraba nula la legislación reformista derivada del Plan de Ayutla.

¡Cuán totalitario no habrá sido este gobierno que aquellos a quienes —en todo caso— podemos llamar miembros del partido conservador, ensayaron sin éxito —dada su misma debilidad y casi inexistencia— un golpe de Estado contra el padre Miranda en la Navidad de 1858! ¡Y es que el padre había llegado a amenazar con hacer público el origen de sus riquezas si no se garantizaba una absoluta incondicionalidad a la causa clerical! Posteriormente, aunque el padre Miranda abandonó el ministerio, no dejó de ser el hombre más relevante del gobierno conservador, y por lo tanto los bienes del clero seguirían respaldando los préstamos con que dicho gobierno hacía la guerra al Estado mexicano. De ahí que Juárez se viera orillado a dictar, el 12 de julio de 1859, la famosa ley de nacionalización de bienes eclesiásticos, la más radical de toda la legislación reformista inaugurada en 1855, y lo hizo:

Considerando: Que el motivo principal de la actual guerra promovida y sostenida por el clero es conseguir el sustraerse de la dependencia a la autoridad civil [...] Que dilapidando el clero los caudales que los fieles le habían confiado para objetos piadosos, los invierte en la destrucción general, sosteniendo y ensangrentando cada día más la lucha fratricida que promovió el desconocimiento de la autoridad legítima [...]

He tenido a bien decretar lo siguiente:

Artículo 1. Entran al dominio de la nación todos los bienes que el clero secular y regular ha estado administrando con diversos títulos, sea cual fuere la clase de predios, derechos y acciones en que consistan, el nombre y aplicación que hayan tenido [...]

Artículo 3. Habrá perfecta independencia entre los negocios del Estado y los negocios puramente eclesiásticos. El gobierno se limitará a proteger con su autoridad el culto público de la religión católica, así como el de cualquiera otra [...]

Artículo 5. Se suprimen en toda la República las órdenes de los religiosos regulares que existen, cualquiera que sea la denominación o advocación con que se hayan erigido, así como también todas las archicofradías, cofradías, congregaciones o hermandades anexas a las comunidades religiosas, a las catedrales, parroquias o cualesquiera otras iglesias.

Artículo 6. Queda prohibida la fundación o erección de nuevos conventos de regulares; de archicofradías, cofradías, congregaciones o hermandades religiosas, sea cual fuere la forma o denominación que quiera dárseles. Igualmente queda prohibido el uso de los hábitos o trajes de las órdenes suprimidas.

Artículo 7. Quedando por esta ley los eclesiásticos regulares de las órdenes suprimidas reducidos al clero secular, quedarán sujetos, como éste, al ordinario eclesiástico respectivo, en lo concerniente al ejercicio de su ministerio.

Y diecinueve artículos más, destinados todos a devastar de raíz el viejo régimen clerical que no habían podido mermar la guerra de Independencia ni los esfuerzos de Valentín Gómez Farías en 1833 y 1847, cuando, durante la intervención militar de los Estados Unidos, el clero no sólo se negó a aportar lo que con justicia adeudaba al país, sino que, en el colmo de su venalidad, se alió al invasor norteamericano para acelerar el triunfo de este último.

Y aun después de las leyes reformistas de Veracruz continuó la guerra, al grado de que el entonces obispo de Michoacán, Clemente de Jesús Munguía, uno de los reaccionarios de mayor prestigio en la historia de la derecha mexicana —pues, como lo asienta su biógrafo José Ugarte, fue personalmente a Miramar a brindarle garantías a Maximiliano, y posteriormente fue el redactor de la protesta con que el clero se quejó de las leyes liberales del emperador—, pudo decir en agosto de 1860, a más de un año de haberse dictado las leyes de Veracruz: «No señores, el Estado no da la paz, la pide…».

El clero, finalmente, fue derrotado por el ejército liberal que comandaba el general Jesús González Ortega, y Juárez pudo entrar victorioso a la ciudad de México en enero de 1861. El padre Miranda, sin embargo, incansable conspirador y ejecutor de planes tenebrosos en defensa del poder clerical («tenemos el sagrado deber de conservar el poder», dijo en una ocasión), al no soportar la derrota de los ejércitos clericales, se trasladó, junto con otros reaccionarios, a Europa, se reunió con Maximiliano, se reunió con Napoleón III, regresó a preparar el arribo de la armada francesa, volvió a Europa a ofrecer formalmente la corona a Maximiliano —en compañía de otros vendepatrias autodenominados «diputación mexicana»— y al retornar a México, su antiguo servidor e incondicional, el expresidente Félix María Zuloaga, lo nombró, el 21 de febrero de 1862, a nombre del «Gobierno de Tacubaya»: «ministro de Relaciones Exteriores e Interiores», «ministro de Justicia» y «Apoderado del Ejército Nacional» —nada más—, cargos todos estos que el padre Miranda se negó a aceptar por la sencilla razón, como tuvo el descaro de escribir él mismo al mes siguiente, «de que el gobierno de Tacubaya ya no existe y [...] por lo demás, nunca estuvo dotado de legalidad alguna [y en suma] Nada entre nosotros ha sido legal».

Por lo anterior, es un mito que el partido conservador, encabezado por Miguel Miramón y Félix María Zuloaga, haya hecho, en forma aislada, la guerra al gobierno constitucional entre 1858 y 1861. ¡Fue la jerarquía eclesiástica, comandada por Pelagio Antonio de Labastida y Dávalos y Clemente de Jesús Munguía, la que a través del padre Miranda promovió, dirigió y financió la llamada Guerra de Reforma!

Vasconcelos, el demócrata

Desde mediados de los años veinte del siglo pasado, José Vasconcelos es visto como uno de los principales caudillos culturales de la Revolución mexicana: su participación en el Ateneo de la Juventud al lado de los «siete sabios mexicanos», su labor como rector de la universidad, su ambiciosísimo programa editorial que puso al alcance de los mexicanos los clásicos de la literatura y, sobre todo, su gestión como primer secretario de Educación Pública del régimen revolucionario son buenas razones para otorgarle ese mérito. Fue, además, uno de los escritores más destacados del siglo XX mexicano. Daniel Cosío Villegas, en su ensayo *La crisis de México*, se refirió a él en los siguientes términos:

> José Vasconcelos personificaba en 1921 las aspiraciones educativas de la Revolución […] En primer término, Vasconcelos era lo que se llama un intelectual, es decir, hombre de libros y de preocupaciones inteligentes; en segundo, había alcanzado la madurez necesaria para advertir las fallas del porfirismo […] En tercero, Vasconcelos fue el único intelectual de primera fila en quien confió el régimen revolucionario, tanto que a él solamente

se le dieron autoridad y medios para trabajar. Esa conjunción de tan insólitas circunstancias produjo también resultados inesperados: apareció ante el México de entonces una deslumbrante aurora que anunciaba el nuevo día. La educación no se entendió ya como una educación para la clase media urbana, sino en la única forma en que en México puede entenderse: como una misión religiosa, apostólica.

Quizá por entenderse así la educación pública ha fracasado rotundamente en México, pero Cosío Villegas da en el clavo al calificar la mística educativa de Vasconcelos como «una misión religiosa, apostólica», pues —más allá de aquellos méritos— el caudillo cultural siguió hasta las últimas consecuencias la última voluntad de su madre, la mujer que, según se lee en el *Ulises criollo*, pronunció el apotegma definitivo: «Díganle a Pepe que no se olvide de nuestra fe».

Por esta razón, es necesario que nos adentremos en el otro Vasconcelos, en el hombre que se unió a las fuerzas de la reacción, a la Iglesia católica, al militarismo que tanto fustigó y, finalmente, al nazismo, con lo que México regresaría a los tiempos del hispanismo intolerante y del poder absoluto de la jerarquía eclesiástica, con todas sus históricas consecuencias.

Vasconcelos, el otro

Desde 1910 Vasconcelos fue un activo revolucionario: militó abiertamente en las filas del maderismo, sufrió la persecución de la dictadura porfirista, fundó la Universidad Popular y, luego de que Venustiano Carranza le encomendara la dirección de la Escuela Nacional Preparatoria, renunció al cargo y se incorporó al gobierno de la Convención de Aguascalientes. Tras el asesinato de Carranza, Adolfo de la Huerta lo nombró rector de la Universidad y Álvaro Obregón lo designó para ocupar la Secretaría de Educación Pública. Sin embargo, el 30 de junio de 1924, Vasconcelos, quien no pudo tolerar asesinatos como el del senador Francisco Field Jurado ni compartir las decisiones contenidas en los Tratados de Bucareli, que traicionaban lo dispuesto en la Constitución de 1917 en lo relativo al patrimonio nacional, renunció a su cargo y se lanzó como candidato para la gubernatura de Oaxaca, su estado natal, con resultados verdaderamente desastrosos: muy a pesar de las promesas hechas por Obregón, éste impuso al general Onofre Jiménez en ese puesto.

Según señala Pilar Torres en su biografía de nuestro personaje, *José Vasconcelos*: «haber perdido las elecciones estatales [...] significó para Vasconcelos la separación definitiva del sistema, en la que abandona el poder para nunca más recuperarlo», a pesar —añadimos nosotros— de sus infructuosos y desquiciados intentos por hacerse otra vez de él. Tras la derrota electoral en su estado natal, Vasconcelos quedó convencido de que la Revolución no había servido para nada y se asumió como una suerte de mesías cuyo fin era rescatar a la patria de los excesos de los alzados. Luego del asesinato de Obregón y del anuncio de Calles en el sentido de que nuestro país abandonaría el tiempo de los caudillos para dar paso a la época de las instituciones, Vasconcelos, quien vivía autoexiliado en los Estados Unidos, se convirtió en candidato a la presidencia de la República e inició su campaña en contra de Pascual Ortiz Rubio, candidato del PNR, y de Pedro Rodríguez Triana, del Partido Comunista.

En esta ocasión Vasconcelos sí consiguió el apoyo popular: las clases medias de las grandes ciudades se sumaron a sus fuerzas y —según narra el propio Vasconcelos en *El proconsulado*— a su proyecto también se adhirió un poderoso grupo de cristeros, con el que claramente se comprometió en Guadalajara, al hacerles saber:

> Díganle a su general que quiero que me mande decir cuánto tiempo puede sostenerse en pie de guerra, pues no quiero hacer lo que Gómez y Serrano, levantarme en armas antes de las elecciones; quiero que cuando ande en el campo sea un presidente electo y no un candidato quien encabece el movimiento [...] Díganle al general que después de las elecciones, escapo rumbo a su campamento.

Vasconcelos fue derrotado en la contienda presidencial a través de otro fraude escandaloso: el día de las elecciones el PNR distribuyó armas, barras de hierro y pulque a sus funcionarios de casilla, y acarreó a miles de personas en camiones y trenes para que votaran a favor de Ortiz Rubio. La estafa electoral fue evidente. Nunca se sabrá quién fue el verdadero triunfador.

Es cierto: Vasconcelos fue el candidato de los cristeros y de la jerarquía eclesiástica que, gracias a la sangre de sus fieles, negociaba la reinstauración de sus privilegios. Derrotado, el 1 de diciembre de 1929 publicó el Plan de Guaymas para llamar a la insurrección popular: sólo unos cuantos hombres tomaron las armas y pronto fueron derrotados y fusilados por el Ejército federal, mientras que Vasconcelos abandonó cobardemente el país, aunque volvería, según él, a hacerse cargo directo del mando tan pronto como hubiera «un grupo de hombres libres armados que estén en condiciones de hacerlo respetar». No fue así: volvería en la década siguiente para convertirse en un promotor del nazismo.

Desde el exilio, Vasconcelos siguió conspirando, y el 1 de noviembre de 1933 recomendaba desde San Antonio, Texas: «En caso de un golpe de Estado o muerte súbita del presidente Cárdenas, el gobierno podría salvarse si un grupo de políticos y militares influyentes declara desaparecidos los poderes, reconociendo, en consecuencia, el Plan de Guaymas, que da el poder a quien de hecho obtuvo la mayoría de los votos en 1929».

> Pero el desprestigio máximo —según Alfonso Taracena— en que los torpes amigos suyos lo exhibieron fue cuando trataron de acercarlo con el general Calles, desterrado en California desde 1936 […] «General», le dijo. «Licenciado», contestó Calles. Querían hacer una revolución para derribar al general Cárdenas. «Usted será la popularidad y yo la fuerza», sentenció don Plutarco, quien al oír a Vasconcelos decir que se necesitaba dinero, replicó que él no lo tenía […] pero que el general Abelardo Rodríguez, sí. No obstante, le dio un cheque por aproximadamente 4 500 dólares. «Para infamarlo para toda la vida», comentó el ingeniero Federico Méndez Rivas.[1]

La etapa nazi

Desde la segunda mitad de los años treinta, el ministerio de propaganda de la Alemania nazi comenzó a realizar trabajos de difusión en el extranjero. En México, Arthur

---

[1] En *La verdadera Revolución mexicana*, Porrúa, México, 1972.

Dietrich apostó sus recursos a favor de las dos revistas más importantes de aquella época: *Hoy* y *Timón*.

Alberto Cedillo, en su interesante libro *Los nazis en México*, afirma que: «Sin lugar a dudas, José Vasconcelos fue el intelectual mexicano más importante que colaborara con el Tercer Reich [...] En *Timón* destacó siempre las fotografías de guerra tomadas por el ejército alemán y sus editoriales eran verdaderas apologías en favor de los nazis».

Itzhak Bar-Lewaw, biógrafo de Vasconcelos, con quien éste se había entrevistado en repetidas ocasiones, ocultándole hipócritamente su pasado nazi, aseguró —una vez que descubrió el engaño e investigó detalladamente la etapa nacionalsocialista del llamado Maestro de la Juventud— que:

> La Embajada de Alemania en la Ciudad de México buscaba febrilmente a un individuo o a un grupo de personas auténticamente mexicanos que gozaran de cierta fama y prestigio nacional, o si fuera posible continental, para explicar su punto de vista en esta parte del mundo. Lo encontró en la persona de José Vasconcelos [y concluye:] *Timón* era el órgano de Goebbels destinado a ayudar con la palabra escrita a la máquina militar nazi de aquella época.[2]

Basta con releer la presentación del número siete de dicha revista, en la que Vasconcelos aparece como su director general, para comprobar la línea editorial de la publicación fascista: «Todos los pueblos del mundo tendrán que agradecer a Mussolini y a Hitler haber cambiado la faz de la historia. El habernos librado de toda esa conspiración tenebrosa

---

[2] En *La revista* Timón *y José Vasconcelos*, Casa Edimex, México, 1971.

que, a partir de la Revolución francesa, fue otorgando el dominio del mundo a los imperios que adoptaron la reforma en la religión y la engañifa del liberalismo en la política».

En el editorial del número 8, bajo el título de «Hay que hacer limpieza», ya se abogaba por la expulsión de los judíos de la República mexicana. «México [decía el editorial] no puede transformarse en la cloaca máxima de todos los detritus que arrojan los pueblos civilizados».

En marzo de 1941 Lázaro Cárdenas ordenó la clausura de *Timón*, por lo que Vasconcelos quedó totalmente relegado del ámbito político. Pero no claudicó en su fascismo, e incluso visitó España a invitación del gobierno de Francisco Franco: «Toda la prensa de Madrid habló de su arribo […] dándole sin vacilar el mariscalato entre los pensadores del continente hispanoamericano», y pronosticando «que un día estarán vigentes en México un sistema mental y un sistema moral de política que gracias a él han sido planeados».

No se referían, seguramente, a la campaña educativa de 1920-1924, sino a otros *sistemas mentales y morales*, a los que Vasconcelos aludió en 1955 al proclamar el socialismo cristiano en México: «el destino de nuestra nación [dijo entonces], se acoge a vuestras almas. Forjadlo según el albedrío […] Recordando en cada caso, que sólo es fecundo el albedrío cuando se pone de acuerdo con Dios», y prescribiendo que: «debe enseñarse a los niños el temor a Dios y a guardar sus Mandamientos, y esto puede enseñarse, aun sin sectarismo, en las escuelas públicas».

Por eso no sorprende que sobre el lema que acuñara para la Universidad, «Por mi raza hablará el espíritu», dijera ya en la decadencia: «lo que en realidad quise decir fue que Por mi raza hablará el Espíritu… Santo». Por algo sus restos descansan, nada más y nada menos, que en la Catedral de México…

Tales eran las palabras del Maestro de la Juventud en el ocaso de su vida, cuando con máximo descaro, «a la que más culpaba del envilecimiento de México era a la juventud»,[3] olvidando, o más bien ocultando, que él se había transformado lentamente en un fanático religioso que soñaba con ser el Francisco Franco mexicano, y perpetuarse en el poder como dictador clerical de México si Hitler ganaba la guerra.

Por eso, por su alianza con los cristeros armados, por su cobarde Plan de Guaymas, por sus reiterados ataques a las instituciones republicanas y por sus innumerables conspiraciones para asaltar el poder, es un mito que Vasconcelos haya sido un demócrata.

Concluyamos con estas palabras pronunciadas por José Vasconcelos en 1929, al abandonar el país: «Este pueblo mexicano no merece que yo sacrifique una sola hora de mi sueño. ¡Es un pueblo de traidores y de cobardes que no me merece! Demasiado he hecho por redimirlo. No volveré a ocuparme de él».[4]

---

[3] Alfonso Taracena, *op. cit.*
[4] Roberto Blanco Moheno, *Crónica de la Revolución mexicana,* vol. 3, 1959.

Los gringos tienen la culpa

Por comodidad o por olvido, pero sobre todo como parte de una tranquilizadora indolencia, muchos mexicanos han aceptado el concepto relativo a que «los gringos tienen la culpa de todos nuestros males». Semejante aseveración se ha convertido en una muletilla tras la cual pretende aducirse una gratificante verdad, pero, como veremos a continuación, en realidad no pasa de ser un mito más que nos impide ver objetivamente nuestros problemas y evaluar con justicia nuestras propias responsabilidades. En otro capítulo me ocuparé con mayor detalle de esta traumática relación entre dos vecinos totalmente diferentes.

Tan lejos de Dios...

«Pobre México, tan lejos de Dios y tan cerca de los Estados Unidos»: he aquí una de las más populares maneras de expresar este auténtico prejuicio. No es la única, desde luego: el propio Benito Juárez dijo: «Entre México y Estados Unidos, el desierto», lo que prueba que tampoco se trata de una cuestión ideológica o de posturas políticas: existe y ha existido desde hace muchos años un claro prejuicio en nuestro trato con los norteamericanos, resabio de nuestra xenofobia virreinal, por un lado, y por el otro, producto de los más agrios capítulos de nuestra historia independiente, tales como la pérdida de Texas y su posterior anexión a los Estados Unidos, o como la guerra contra esta nación de 1846 a 1848, en la que fuimos despojados alevosamente de más de la mitad de nuestro territorio... Pero cabe preguntarse: ¿fueron estos y otros hechos funestos de nuestro pasado, culpa absoluta de los norteamericanos? Hagamos memoria.

Recordemos que Texas proclama su independencia en 1835 y la consolida en 1836 como consecuencia de la involución política a la que nos arrastró un funesto golpe de Estado cuyo objetivo consistía en imponer una República Centralista en lugar de la federal, vigente desde 1824, fecha de la promulgación de la Constitución. Recordemos también que fue Santa Anna quien, por salvar la vida y por temor a que lo lincharan los texanos, firmó los Tratados de Velasco, en los que se reconocía la independencia de Texas, la cual fue ratificada en Washington después de una agria entrevista con el presidente Jackson. En 1835 Santa Anna regresaría por mar a Veracruz, escoltado nada menos que por un comando militar norteamericano hasta la puerta de su hacienda. La traición estaba consumada.

Una década después, con ocasión de la guerra contra los Estados Unidos, es nuevamente Santa Anna quien negocia en secreto, desde Cuba, donde se hallaba exiliado, con James Polk, el presidente norteamericano, para acordar la derrota de las tropas mexicanas que otra vez se disponía a acaudillar. Por ello el cerco naval norteamericano que asfixiaba a Veracruz se abrió mágicamente para permitir el «inexplicable» paso del tirano vendepatrias, de modo que pudiera cumplir con sus inconfesables acuerdos.

Pero no lo hizo solo: la alta jerarquía católica, la eterna enemiga de México, también contribuyó a la victoria de los invasores. Así, con la guerra en puerta, el clero apoyó el infame golpe de Estado de Mariano Paredes y Arrillaga, mediante el cual trató, en el momento más inoportuno, de transformar a la República en una monarquía, en cuyo trono habría de sentarse, de nueva cuenta, nada menos que un príncipe español. ¡A buena hora! Así, con el territorio invadido por la frontera norte y por el Golfo de México, el arzobispo Irisarri financió el alevoso motín de los polkos, que impidió hacer llegar el apoyo necesario para la defensa del puerto de Veracruz —que terminó incendiado por completo— y desquició la defensa del norte del país. Finalmente, Vázquez Vizcaíno, obispo de Puebla, negoció con las tropas norteamericanas la rendición de Puebla, sin disparar un solo tiro, a cambio de que se respetara «la propiedad y la persona de los eclesiásticos». Por supuesto que esto le franqueó la entrada a la ciudad de México al ejército norteamericano, después de haber sido ovacionado en Puebla.

Recuérdese asimismo que, además de estos invaluables aliados en la guerra contra México, los norteamericanos se sirvieron de una gran cantidad de espías mexicanos agrupados en la famosa Mexican Spy Company, una de las mayores exhibiciones de falta de patriotismo de los mexicanos.

Desde luego, este no fue el único momento traumático de nuestra histórica relación. Hacia 1913 vemos al siniestro embajador Henry Lane Wilson conspirando para asesinar a Francisco I. Madero, en una de las más vergonzosas y no menos arteras maniobras diplomáticas que los Estados Unidos perpetraran en contra de México, con tal de defender sus intereses petroleros, entre otros más.

Pero ¿no acaso contaron los norteamericanos, en este caso, con nuestra más abyecta solidaridad? ¿No tiene relevancia la participación en estos hechos siniestros de un Victoriano Huerta, de un Félix Díaz y de un Mondragón? ¿No necesitaron dichos criminales de un Francisco Cárdenas, el infeliz sicario que se atrevió a consumar esta desgracia? Constatemos lo que él mismo dijo:

> El vicepresidente (Pino Suárez) fue el primero que murió, pues al ver que se le iba a disparar comenzó a correr, di la orden de fuego y los proyectiles lo clarearon hasta dejarlo sin vida, cayendo sobre un montón de paja. El Sr. Madero vio todo aquello y cuando le dije que a él le tocaba, se fue sobre mí, diciéndome que no fuéramos asesinos, que se mataba con él a la República. Yo me eché a reír y cogiéndolo por el cuello, lo llevé contra la pared, saqué mi revolver y le disparé un tiro en la cara, cayendo en seguida pesadamente al suelo. La sangre me saltó sobre el uniforme.

«¡Bendito sea Dios!», alcanzó a decir uno de los más notables escritores mexicanos de la época, Federico Gamboa, al enterarse del asesinato de uno de nuestros mejores hombres, perpetrado por uno de los peores.

¿Pero los gringos tienen absolutamente la culpa de todo? No está de más preguntarnos si los gringos tienen también la culpa de la explosión demográfica: en 1950 éramos 20 millones de mexicanos y en cincuenta años quintuplicamos la población. Preguntémonos también si son culpables de que tengamos una iglesia retardataria, voraz, anacrónica y salvaje; del analfabetismo y del fracaso educativo; de que hayamos aguantado setenta años de un régimen priista antidemocrático y venal, o de la mediocridad, de la resignación, de la irresponsabilidad, de la delincuencia y de la existencia de empresarios incapaces de crear los puestos de trabajo necesarios, o finalmente, de la horrorosa corrupción que padecemos, de la defraudación fiscal, del peculado, de la economía informal... ¿Son los gringos culpables del hecho de que en México sólo el 2 % de los delitos se aclaren y de que el sistema de impartición de justicia sea una de las causas más aberrantes del atraso mexicano?

¿Los gringos tienen la culpa de todo?

El clero nunca combatió con las armas en la mano[1]

Uno de los mitos de la guerra cristera (1926-1929) que la jerarquía católica mexicana ha difundido en las últimas décadas, a tono con el proceso de reescribir su propia historia, es el relativo a la «neutralidad» y al «heroísmo» del clero católico durante esta asonada. Se ha afirmado, incluso, que dicho levantamiento no fue provocado por la iglesia, sino que brotó «espontáneamente» en el ánimo de los fieles, quienes se rebelaron en contra del gobierno y empuñaron las armas en defensa de la «libertad religiosa».[2]

Ante tales presunciones, es necesario recordar que la jerarquía eclesiástica de la época —apoyada en las encíclicas del papa Pío XI y en la enseñanza moral de los doctores

---

[1] Agradezco a Laura Campos Jiménez la redacción concisa, documentada y detallada del presente mito, uno de los más patéticos de nuestra historia.

[2] El historiador jesuita Jesús Gutiérrez refiere que el movimiento armado «brotó espontáneamente en muchas partes, y fue adquiriendo importancia desde fines de 1926 [...] los levantados en armas fueron llamados 'Cristeros' por su grito de guerra, 'Viva Cristo Rey'. La Liga los llamaba 'defensores', y al ejército de los defensores, 'Guardia Nacional'». En José Gutiérrez Casillas S.J., *Historia de la Iglesia en México*, Porrúa, México, 1973.

de la iglesia institucional— no sólo justificó teológicamente la lucha armada, sino que la apoyó y la bendijo, sin medir las consecuencias sociales, políticas y económicas que acompañaron a esta revuelta.

La justificación teológica esgrimida por el Comité Episcopal fue la figura de la «guerra justa», en donde ciertamente se mata: «Es lícita la resistencia contra un poder tiránico e injusto y, en determinadas circunstancias, puede ser lícita y hasta obligatoria la rebelión armada para desposeerle del mando».[3]

En este tenor, el Comité Episcopal publicó la tercera «Carta Pastoral Colectiva», fechada el 12 de septiembre de 1926, en la que conminaba abiertamente a los fieles católicos a «dar su sangre y, por ningún motivo, abandonar el combate»:

> Su Santidad y el Episcopado, y con ellos el mundo entero, admiran vuestro heroísmo, entereza y decisión por defender a todo trance la santa causa de Dios [...] Esta actitud de la Nación ha sido, para vuestro clero y vuestros pastores, motivo de grande consuelo y esperanza: ha merecido la aprobación y el aplauso del Romano Pontífice y, atraerá, no lo dudéis, sobre la patria las bendiciones de Dios.
>
> El Papa, empero, el Episcopado y el mundo esperan de vosotros que no desfallezcáis [...] Mas, si por vergonzosa cobardía desertáis de las filas, o cesáis en el combate, humanamente hablando estamos perdidos, y México dejará de ser un pueblo católico.[4]

---

[3] Antonio Royo Marín, *Teología moral para seglares*, tomo I, BAC, Madrid, 1996.
[4] Lourdes Celina Vázquez Parada, *Testimonios de la revolución cristera*, El Colegio de Jalisco, México, 1999.

Pío XI, en vísperas del alzamiento cristero, se pronunció sin rodeos a favor de los sediciosos. El 18 de noviembre de 1926 publicó la encíclica *Iniquis Afflictisque*, en la que bendijo a los jerarcas católicos y al clero, «deseosos de sufrir duras pruebas y contentos con ellas».[5] Estas belicosas declaraciones no dejaban duda acerca de que el Papa saludaba y aplaudía la lucha armada contra el gobierno mexicano.

José María González y Valencia, arzobispo de Durango y presidente de la comisión de obispos mexicanos en Roma durante el conflicto cristero, dio a conocer a sus fieles las palabras aprobatorias del papa Pío XI respecto del levantamiento armado:

> Qué consuelo tan grande inundó nuestro corazón de prelado al oír con nuestros propios oídos las palabras del Jefe Supremo de la Iglesia [...] Le hemos mirado conmoverse al oír la historia de vuestra lucha [...] aprobar vuestros actos y admirar todos vuestros heroísmos [...] Él, pues, el Sumo Pontífice, os anima a todos, sacerdotes y fieles, a perseverar en vuestra actitud firme y resuelta [en la lucha armada]. Os anima a no temer a nada ni a nadie, y sí sólo temer el hacer traición a vuestra conciencia.[6]

González y Valencia redactó una carta pastoral desde Roma —fechada el 11 de febrero de 1927— en la que daba su bendición episcopal a los sublevados:

---

[5] Federico Hoyos, *Encíclicas pontificias. Colección completa: 1832-1959*, tomo I, Guadalupe, Buenos Aires, 1958.

[6] Andrés Barquin y Ruiz, *José María Valencia. Arzobispo de Durango*, Jus, México, 1967.

> Puesto que en nuestra arquidiócesis son muchos los católicos que han recurrido a las armas y piden la opinión de su obispo, creemos que nuestro deber pastoral consiste en afrontar esta cuestión: [...] Este movimiento [armado] existe y nosotros debemos decir a nuestros hijos, a los católicos, que han tomado las armas [...] después de haber reflexionado largamente ante Dios, después de haber consultado a los teólogos más sabios de Roma, que vuestras conciencias estén en paz y recibid nuestra bendición.[7]

Lo malo no está en matar...

A partir de la publicación de las encíclicas pontificias de Pío XI y las cartas pastorales del episcopado mexicano, muchos sacerdotes católicos incitaron a sus feligreses a la rebeldía armada. Para ello se valieron del púlpito, de los confesionarios y de la promesa de indulgencias a quienes se dieran de alta en el «ejército liberador». Se requerían muchos voluntarios, candidatos a «santos mártires», para esta empresa.

En la labor proselitista que obispos y sacerdotes emprendieron para persuadir a sus fieles de unirse a la milicia cristera se tomaron pasajes de la historia eclesiástica y de la hagiografía del santoral católico. Luis Rivero del Val, quien fue combatiente cristero, relata algunas de las justificaciones:

> La defensa armada no sólo se considera lícita, sino encomiable y heroica: se recuerda el ejemplo de santos que cuando fue necesario recurrieron [a] las armas. Está en los altares San Bernardo, que

---

[7] *Ibid.*

reclutó soldados y los llevó a las cruzadas; San Luis IX, rey de Francia, que él mismo se armó cruzado contra los detentadores del Santo Sepulcro. El papa León IX emprendió frecuentes expediciones militares y fue canonizado. San Pío V que organizó la armada que hundió en Lepanto el poder de la media luna y tantos otros, cuya virtud proclamó que lo malo no está en matar, sino en hacerlo sin razón y sin derecho.[8]

Roberto Planchet, en su obra *¿Es lícita la defensa armada contra los tiranos?*, retoma algunos de los argumentos propalados por el clero de la época:

No han faltado en el transcurso de los siglos Obispos y Romanos Pontífices que en caso ofrecido han llevado al terreno de la práctica la doctrina que permite combatir y derrocar a los gobiernos tiránicos [...] Lícito, pues, será empuñar las armas en las contiendas de la Iglesia y el Estado.[9]

Los preceptos bíblicos de «No matarás» y «Amarás a tu prójimo como a ti mismo» estuvieron ausentes en los discursos y sermones de los dignatarios religiosos durante la rebelión cristera. En este sentido, es conveniente recordar que en ninguna de las guerras religiosas encabezadas por la Iglesia católica se han ponderado dichas enseñanzas.

En las Cruzadas, en la persecución de los disidentes (judíos, protestantes, cátaros...), en la violencia de la Inquisición, en la hoguera para los herejes, etcétera, todos los combatientes que mataron y murieron por defender los intereses eclesiásticos en aquellas empresas, recibieron la

---

[8] En *Entre las patas de los caballos*, Jus, México, 1989.
[9] Citado en Lourdes Celina Vázquez Parada, *op. cit.*

bendición del obispo de Roma en turno, y no fueron excomulgados a pesar de haber matado. La «defensa de la vida desde la concepción hasta la muerte natural» es letra muerta para la jerarquía católica cuando se trata de salvaguardar sus terrenales intereses.

A los asesinos que han participado y acaudillado estas «guerras santas» se les ha premiado con indulgencias, y cientos de ellos han sido elevados a los altares como beatos o santos, reconociéndolos como «héroes de la fe».

Religiosos sanguinarios

Pese a que los defensores de los cristeros han tratado de restar importancia a la participación en la guerra de sacerdotes armados, abundan los testimonios al respecto. Está documentado, por ejemplo, que muchos religiosos intervinieron activamente en la rebelión cristera induciendo a sus fieles a rebelarse contra el gobierno y auxiliando a los combatientes en tareas de organización, aprovisionamiento y propaganda.

Algunos sacerdotes fueron capellanes castrenses en las tropas cristeras: celebraban misa, bendecían sus armas y «rogaban» a la «Virgen de Guadalupe» por el triunfo, «presidían los juramentos de los combatientes por defender los derechos de su Iglesia aun a costa de perder la vida».[10] Con éstas era legitimado el levantamiento armado del «ejército liberador».

Otros de ellos empuñaron las armas y capitanearon a miles de campesinos que, enardecidos y estimulados por

---

[10] Lourdes Celina Vázquez Parada, *op. cit.*

las encíclicas del papa Pío XI, por las cartas pastorales de los obispos mexicanos y por los sermones incendiarios no dudaron en perseguir y asesinar a los que identificaban como enemigos de su fe.

El más célebre de esos sacerdotes armados fue José Reyes Vega, a quien se apodaba «el Pancho Villa de sotana», por su carácter exaltado e impulsivo, «por sus amoríos y por la facilidad con que fusilaba a los prisioneros federales»,[11] además de ser «capaz de matar a cualquiera de su tropa por desobedecerlo».[12]

Antiguo cura de Arandas, Jalisco, y luego general de los cristeros,[13] Reyes Vega participó, en compañía de Miguel Gómez Loza y otros sacerdotes, en el sanguinario asalto al tren de La Barca, cerca de Guadalajara, el 19 de abril de 1927. En ese atentado muchos de los pasajeros fueron muertos a tiros o pasados a cuchillo por los atacantes, quienes incendiaron los vagones donde soldados y pasajeros que habían quedado heridos murieron carbonizados.[14]

Reyes Vega asesinó a personas inocentes (mujeres y niños), algunas de las cuales fueron quemadas vivas. Testigos de ese suceso refieren que «con una mano daba la absolución *in articulo mortis* a los heridos, y con la otra y su propia pistola, les asestaba el tiro de gracia a quien se le enfrentaba.[15] Reyes Vega murió durante la batalla de Tepatitlán, Jalisco, entre cristeros y federales, que tuvo lugar el 17 de marzo de 1929. En ese enfrentamiento recibió

---

[11] Jean Meyer, *La cristiada*, FCE-Clío, México, 2007.
[12] Andrés Curiel, *Héroes cristeros*, Amat, México, 2004.
[13] Edgar González Ruiz, *Los otros cristeros*, BUAP, Puebla, 2004.
[14] En *El Universal Gráfico*, 21 de abril de 1927.
[15] Cristóbal Rodríguez, *La Iglesia católica y la rebelión cristera en México (1926-1929)*, La Voz de Juárez, México, 1960.

un balazo en la cabeza que le disparó un francotirador cuando el cura soldado dio un paso, pistola en mano, fuera de la esquina de una casa de adobe donde se había guarecido. El joven cristero Heriberto Navarrete, quien también sería jefe del Estado Mayor del general Enrique Gorostieta, y que al terminar la guerra se convertiría en sacerdote jesuita, relató que, a pesar de tener la cabeza perforada, Reyes Vega

> conservó la lucidez el tiempo suficiente para hacer una confesión general durante media hora, con el señor Cura de la parroquia. Siempre he creído que [...] algún valor debieron tener delante de Dios ciertos hechos en la vida de Vega, que no se pueden explicar sino concediéndole la posesión de un gran espíritu de fe y subido amor de Dios.[16]

Además del cura José Reyes Vega, en el asalto al tren de La Barca participaron los sacerdotes Aristeo Pedroza y Jesús Angulo.[17]

Aristeo Pedroza fue general de brigada cristero. Con su pistola al cinto organizó a la gente de su parroquia, llegando a tener a su disposición 5 000 combatientes.[18] Intervino en

---

[16] Heriberto Navarrete, *Por Dios y por la Patria. Memorias de mi participación en la Defensa de la Libertad de Conciencia y Culto, durante la Persecución Religiosa en México de 1926 a 1929*, Tradición, México, 1980.

[17] Véase *El Universal Gráfico*, 22 de abril de 1927; Alfonso Taracena, *La verdadera Revolución Mexicana (1925-1927)*, Porrúa, México, 1992, p. 263. El Archivo de la Liga Nacional de Defensa de la Libertad Religiosa, a cargo del Centro de Estudios sobre la Universidad (CESU), conserva un parte oficial, del 20 de abril de 1927, en el que se señala la participación de esos religiosos en el asalto al tren y la consiguiente masacre.

[18] Andrés Curiel, *Héroes cristeros*, Amat, México, 2004.

el ataque que efectuó conjuntamente con Lauro Rocha el 5 de abril de 1929 en las inmediaciones de lo que hoy es la colonia Cuauhtémoc. El general Enrique Gorostieta lo nombró jefe de operaciones militares de la región de los Altos de Jalisco. Entre los testimonios acerca de cómo se comportaba Pedroza, destaca el de un descendiente de una de sus víctimas:

> Mi abuelo paterno fue asesinado por órdenes del padre Aristeo Pedroza, tan sólo porque se negó a financiar parte del movimiento, lo acusó de hereje y lo colgaron en un mezquite del patio trasero de su propia casa, frente a todos mis tíos que eran niños; tan sólo por decirle que Dios decía: No matarás.[19]

Aristeo Pedroza fue responsable también de la ejecución de uno de sus más populares correligionarios, el guerrillero Victoriano Ramírez, el Catorce, a quien el cura y general cristero mandó ejecutar para introducir entre la tropa una «absoluta seriedad y disciplina», que eran rotas por las actitudes rebeldes de dicho personaje.[20] Pedroza murió el 3 de julio de 1929.

Jesús Angulo, sacerdote de San Francisco de Asís, en Los Altos, se dedicó a visitar las rancherías para motivar a la gente a levantarse en armas contra el gobierno. Celebró una misa el 9 de enero de 1927, donde dijo las siguientes palabras: «El que tenga calzones y no enaguas, que se lance

---

[19] «México de fiesta: Otros 13 mártires rumbo a los altares», en www.aciprensa.com. El descendiente en cuestión se llama Sergio Karim Valtierra.

[20] Heriberto Navarrete, *op. cit.*

a tomar Atotonilco. Aquí se quedan las mujeres y los que tengan miedo».[21]

Angulo fue uno de los sacerdotes que participó en el sanguinario asalto al tren.[22] Al término de la guerra cristera permaneció oculto en distintos pueblos y cambió de identidad. Fue trasladado en secreto, por orden de sus superiores, a la ciudad de México y posteriormente a Villahermosa, Tabasco, donde bajo el seudónimo de «José del Valle» se le consagró obispo.[23] En su diócesis siguió luchando contra el Estado laico.

Al sacerdote Miguel Pérez Aldape, quien fue capellán en los regimientos cristeros de San Julián, «le gustaba defender la 'santa causa', acompañado de sus carrilleras cruzadas al pecho, su crucifijo, su rifle 30-30 y una alforja donde portaba su estola».[24] Este sacerdote Pérez Aldape «tenía vicio para echar balas, para matar, y le entró al pulque...».[25]

Enrique Ochoa, canónigo de Colima, se enroló con su grey armada, «con su buena arma al cinto y su cruz al pecho».[26] El cura Leopoldo Gálvez se unió a los cristeros de San José de Gracia (Michoacán) y combatió con ellos.[27] El sacerdote Francisco Carranza, párroco de Tlachichila, se levantó en armas al frente de ocho soldados. En una de sus primeras acciones apresaron a un telegrafista militar,

---

[21] www.atotonilco.gob.mx/index.php?option=comcontent&view=section&layout=blog&id=15&Itemid=109&fontstyle=f-larger&limitstart. En esa página oficial del gobierno municipal de Atotonilco se hace apología de Pedroza y de Angulo.

[22] En *El Universal Gráfico,* 21 de abril de 1927.

[23] Lourdes Celina Vázquez Parada, *op. cit.*

[24] Andrés Curiel, *op. cit.*

[25] Jean Meyer, *op. cit.*

[26] Andrés Curiel, *op. cit.*

[27] Jean Meyer, *op. cit.*

que fue ejecutado, pero no sin antes ser confesado por el propio religioso.[28] J. Jesús Anguiano, quien tomó parte en muchas acciones de armas, fue rector del Seminario de Texcoco en el Estado de México.[29]

«Dignidades eclesiásticas»

En el contexto de la asonada cristera hubo otros sacerdotes que, teniendo una activa participación en la lucha armada, a la postre ocuparían dignidades eclesiásticas dentro de su iglesia. En el caso del asalto al tren —como lo señala Moisés González Navarro—, habría participado también el futuro arzobispo de México, Miguel Darío Miranda, «con el grado de general cristero».[30] La autoría intelectual de este atentado fue atribuida al arzobispo de Guadalajara, Francisco Orozco y Jiménez.[31]

El general Cristóbal Rodríguez, quien combatió a los cristeros en Aguascalientes, infiere que «algunos de aquellos famosos cabecillas cristeros eclesiásticos escalaron altas dignidades, como [Miguel Darío] Miranda y Gómez y el padre Angulo, que es obispo de una Diócesis».[32]

---

[28] Heriberto Navarrete, *op. cit.*

[29] Cristóbal Rodríguez, *op. cit.* Existen más nombres de sacerdotes católicos enrolados en las tropas cristeras y con las armas en la mano: Gabriel González, Enrique Morfín Carranza, José Espinosa, Clemente García y Miguel Guízar Morfín, J. Jesús Anguiano, José María Martínez, Uribe...

[30] Moisés González Navarro, *Cristeros y agraristas*, tomo III, El Colegio de México, México, 2000.

[31] *Ibid.*

[32] Cristóbal Rodríguez, *op. cit.*

Otro caso emblemático es el de José Garibi Rivera —a quien llamaban Pepe Dinamita,[33] y quien sería el primer cardenal mexicano—, relacionado también con el asalto al tren y con el movimiento cristero.[34] «Mariano Reyes» era el seudónimo que en las sociedades secretas ultraconservadoras usaba Garibi cuando era secretario particular de Orozco y Jiménez durante el conflicto religioso.[35] El general Cristóbal Rodríguez relata que

> Muchos personajes de la curia [...] se cambiaron también los nombres, para no comprometerse, si se descubrían sus actividades cristero-subversivas. Algunos le entraron de lleno a la bola, ostentando en sus sombreros charros, tejanos o gorras vascas, barras, estrellas o águilas, hermanadas sacrílegamente con imágenes de santos. Se dieron grados de coroneles y generales de la Guardia Nacional Cristera a los de mayor arrastre o preponderancia.
>
> [Miguel] Darío Miranda y Gómez [...] como ayudante de confianza del arzobispo Orozco y Jiménez, al igual que el flamante cardenal Garibi, ostentaron el generalato de Cristo Rey y tomaron personal participación en acciones de armas, entre otras en el asalto al tren de Guadalajara. ¿Serían en premio de esas acciones meritorias por las que escalaron esas dignidades eclesiásticas?[36]

---

[33] En *La Jornada*, 5 de diciembre de 2005.

[34] Cristóbal Rodríguez, *op. cit.*

[35] Rogelio Álvarez, *Enciclopedia de México,* tomo VI, Secretaría de Educación Pública, México, 1987.

[36] Cristóbal Rodríguez, *op. cit.*

Seminaristas, dinamiteros y cómplices

Dionisio Eduardo Ochoa era general cristero y fue también seminarista y hermano del sacerdote Enrique Ochoa, capellán de esas fuerzas. Murió el 11 de noviembre de 1927, en su campamento, cuando se dedicaba, luego de asistir a misa y comulgar, a la fabricación de bombas de mano para exterminar a los «enemigos de Dios».

Edelmiro Traslosheros, dirigente de los Caballeros de Colón, quienes participaban en el bando cristero, dijo acerca de Ochoa que «puso al servicio de la causa católica todo su entusiasmo y energías, levantado en armas ganó buen número de combates. Al estar fabricando bombas de dinamita explotó una de ellas y lo hirió de muerte. A consecuencia de esto falleció, entregando su alma valiente y grande a Dios».[37]

Sin ser tan arrojados, otros religiosos, como el presbítero José Aurelio Jiménez Palacios, tomaban parte en la guerra apoyando acciones criminales, como el asesinato del general Álvaro Obregón por parte del joven católico José de León Toral, cuya pistola bendijo ese religioso.[38]

Además de Jiménez, la religiosa Concepción Acevedo de la Llata, la Madre Conchita, participaría en la preparación del asesinato de Obregón. Asimismo, el sacerdote Miguel Agustín Pro y su hermano Humberto —quien utilizaba el seudónimo de «Daniel García»—,[39] desarrollaron actividades de apoyo a los cristeros, al grado de verse involucrados en

---

[37] Edelmiro Traslosheros, *Historia del Estado de México de la orden de los Caballeros de Colón*, 1939; Archivo Palomar y Vizcarra, CESU, caja 26, exp. 183.

[38] Moisés González Navarro, *op. cit.*, tomo II.

[39] José Gutiérrez Casillas, *op. cit.*

un atentado dinamitero contra el general Obregón el 13 de noviembre de 1927.

Humberto Pro militaba en la Asociación Católica de la Juventud Mexicana, donde se justificaba el uso de la violencia, incluyendo el asesinato, para defender los intereses clericales. Cabe recordar que Humberto Pro y José de León Toral pertenecieron al mismo círculo (Daniel O'Conell) dentro de esa organización, donde se pregonaba el asesinato de Calles y de Obregón.[40]

Otros religiosos de diferentes jerarquías auspiciaban la masacre, ya fuera bendiciendo la guerra, haciendo labor política en contra del gobierno o recaudando fondos para encender la rebelión.

Uno de ellos fue el obispo José de Jesús Manríquez y Zárate, de Huejutla, Hidalgo, quien hacía colectas para comprar armas destinadas a los cristeros. Acerca de esas actividades, el 5 de septiembre de 1928, según registró Alfonso Taracena: «el obispo Manríquez y Zárate sigue de frente con las colectas de dinero para comprar 'juguetes', como llama a los proyectiles destinados a matar al prójimo...».[41]

En el caso de las «Brigadas de Juana de Arco» —mujeres que apoyaron la lucha cristera— sus labores no fueron solamente de propaganda, sino que se constituyeron en los agentes más activos del servicio de espionaje y contraespionaje, de aprovisionamiento, de proveeduría y hasta llegaron algunas de ellas a participar en la contienda con las armas en la mano.[42]

---

[40] Véase Luis Rivero del Val, *op. cit.*
[41] Alfonso Taracena, *op. cit.*
[42] Cristóbal Rodríguez, *op. cit.*

Conclusión

La guerra cristera no sólo le costaría a México un total de 70 000 vidas (de ambos bandos), sino que sobrevendría una caída fulminante de la producción agrícola (el 38 % entre 1926 y 1932), y la emigración de 200 000 personas. Fue, en palabras del historiador Luis González: «Una guerra sangrienta como pocas, el mayor sacrificio humano colectivo en toda la historia de México».[43]

El 22 de julio de 1929, tras los famosos arreglos con el gobierno de Portes Gil, la jerarquía católica reanudó los oficios religiosos y algún tiempo después cesó la rebelión de los cristeros. Cerca de 14 000 sediciosos católicos se entregaron a las autoridades.[44]

Ante esta vergonzosa página de nuestra historia, es claro que ningún religioso de la época queda exento de responsabilidad en ese aciago episodio. El papel que jugó la jerarquía en esta lucha armada, al permitir que se ensangrentara el país y se encornara el odio entre los mexicanos, en defensa no de la libertad religiosa sino de sus intereses políticos y económicos, es una amarga experiencia que no debe volver a repetirse.

---

[43] Enrique Krauze, *Biografía del poder. Plutarco Elías Calles*, tomo VII, FCE, México, 1987.

[44] J. Grigulévich, *La Iglesia católica y el movimiento de liberación en América Latina*, Progreso, Moscú, 1983.

El sindicalismo
y la Revolución ayudaron
a los trabajadores

La mayoría de los historiadores y de los políticos le han atribuido un profundo sentido obrero a la Revolución mexicana. Por ello parece imposible negar que la Revolución tuvo sus orígenes en las huelgas protagonizadas por los mineros de Cananea y los tejedores de Río Blanco; también resulta muy difícil cuestionar que el artículo 123 de la Constitución de 1917 fue un notable esfuerzo en favor de la justicia social, y lo mismo ocurre cuando vemos algunas de las instituciones creadas por el régimen de la Revolución —como el IMSS, el Fonacot y el Infonavit— o cuando evaluamos el papel que algunas centrales obreras y ciertos sindicatos han tenido en la vida política de nuestro país, tal como ocurrió (y ocurre) con la Confederación de Trabajadores de México (CTM), el sindicato de Pemex y el Sindicato Nacional de Trabajadores de la Educación (SNTE). A primera vista, el carácter obrerista de la Revolución parece un hecho indiscutible.

Sin embargo, dicho carácter es un mito y las supuestas conquistas sindicales han sido, en el mejor de los casos, un mecanismo que los caudillos y los políticos han utilizado para mantenerse en el poder, sin importar las consecuencias que sus acciones tuvieran para el país y para los trabajadores.

La Revolución y los trabajadores: una historia negra

Durante los primeros años de la Revolución las relaciones entre los alzados y los obreros no fueron buenas, y en más de una ocasión terminaron en graves enfrentamientos, como lo señala Ramón Eduardo Ruiz en su libro *La Revolución mexicana y el movimiento obrero*:

> la democracia maderista temía a los líderes obreros y a veces los mandaba al exilio; su órgano periodístico *Nueva Era* tildó a la Casa del Obrero Mundial de ser «un nido de anarquistas» que difundían «propaganda perniciosa» y conspiraban para derrocar al gobierno [por esta razón] Madero ordenó su clausura, la suspensión de su periódico, el arresto de los líderes mexicanos y el exilio de sus portavoces extranjeros.

Al contrario de lo que pudiera pensarse, el choque del gobierno maderista contra los obreros era casi predecible: los trabajadores de aquellos tiempos se negaron a participar en política y a dar su apoyo a cualquier régimen. La suya era una ruta independiente que no aceptaba transar con los poderosos. Pero cuando la Revolución inició una nueva etapa en 1913, uno de los caudillos descubrió que era fundamental pactar con los obreros para garantizar su apoyo y su sometimiento: ese hombre fue Álvaro Obregón.

Así, aunque Venustiano Carranza no estaba del todo convencido, el caudillo sonorense suscribió una alianza con la Casa del Obrero Mundial, por medio de la cual se crearon los Batallones Rojos y se estableció el compromiso de que los revolucionarios impulsarían ciertas medidas que permitieran el «mejoramiento de la clase obrera». En términos militares, este pacto tuvo una importancia marginal: las fuerzas obreras que participaron en el ejército constitucionalista fueron mínimas, pero Obregón logró la alianza con un grupo social numeroso y dispuesto a apoyarlo en sus futuras acciones.

De esta manera, no debe extrañarnos que, en 1919, cuando Obregón lanzó su primera campaña para conquistar la presidencia de la República, haya robustecido sus nexos con la clase obrera gracias a un pacto secreto con Luis Napoleón Morones, padre del sindicalismo mexicano y líder fundador de la Confederación Regional Obrera Mexicana (CROM), mejor conocido como el Marrano de la Revolución. Mediante ese pacto —según lo señala Marjorie Ruth Clark en su libro *La organización obrera en México*— se compraba el apoyo de los trabajadores a cambio de una serie de prebendas para sus líderes, como la creación de una Secretaría del Trabajo, que quedaría a cargo de uno de los dirigentes de la CROM, y la aprobación de una ley del trabajo que legitimara la cláusula de exclusión y la obtención de «todos los medios necesarios» para que esta central hiciera la «propaganda y la organización obrera de todo el país». La Revolución dejaba pudrirse en una cloaca norteamericana a Ricardo Flores Magón, el padre del obrerismo incorruptible, precisamente cuando se encumbraba a los Marranos...

El pacto secreto era una maravilla para Obregón y los líderes de la CROM: mientras el caudillo afianzaría su fuerza política, los dirigentes obreros formarían parte del gabinete, tendrían una ley que los facultaba para despedir del trabajo a quienes se les opusieran —gracias a la cláusula de exclusión— y, sobre todo, tendrían acceso a los recursos del erario para realizar sus labores sin tener que ser auditados, lo cual les permitiría engordarse los bolsillos gracias a los recursos públicos y a las cuotas de sus agremiados. Adicionalmente, los líderes obreros conformarían organismos encargados de ajusticiar, con absoluta impunidad, a sus enemigos, y a los enemigos del gobierno, organismos tales como el famoso Grupo Acción, responsable de ajusticiar al senador Francisco Field Jurado, entre muchos otros... incluido —lo que son las cosas— el propio Obregón. Ese tipo de acciones —y no otras— fueron las que los volvieron intocables.

Había nacido el uso político de los trabajadores, y los líderes de las centrales obreras se convirtieron en políticos dispuestos a vender a sus agremiados al mejor postor. Fue este un proceso que, sin duda alguna, llegó a su clímax durante el cardenismo, tal como lo señala Clara Guadalupe García en su biografía *Fidel Velázquez*:

> El corporativismo, es decir, la afiliación colectiva a un partido político [...] se inició en ese tiempo, [ya que] desde los primeros años de existencia de la CTM, se fueron armando los mecanismos que permitirían a los dirigentes [...] intervenir y decidir en la conducción de las relaciones laborales y políticas de sus agremiados [...], todas las decisiones importantes tenían que ser autorizadas por el Comité Nacional, en particular por el secretario general.

Las centrales obreras y los sindicatos más poderosos se convirtieron en órganos al servicio de los caudillos y de los presidentes, quienes pagaron generosamente por su apoyo sin restricciones: los líderes obreros se enriquecieron escandalosamente (como sucedió con los dirigentes del sindicato petrolero o el de electricistas o el de maestros, entre otros tantos más…) o se incorporaron al gobierno como funcionarios, como legisladores o como gobernadores; mientras que los obreros —dependiendo de su valor político— accedieron a «conquistas sindicales» que terminaron por quebrar a las empresas y a las instituciones en las que trabajaban: no olvidemos que una buena parte de las crisis económicas de Pemex y del IMSS se deben a las demenciales prestaciones que tienen sus trabajadores, o que se vinculan con la capacidad de sus sindicatos para entorpecer o vetar las decisiones que pueden convertirlas en rentables.

La Revolución, no hay duda, fue «obrerista», pero su compromiso con los trabajadores fue, en realidad, un contrato de compra-venta suscrito por sus líderes a cambio de dinero y de poder. Es cierto, el movimiento obrero fue vendido a los políticos como una prostituta cuyos favores se pagaron con la riqueza del país, y al cabo del tiempo sus costos sólo lesionaron a los trabajadores y a la nación. El mito del obrerismo, sobre todo el oficial, es una de las causas del atraso, del despilfarro y de la corrupción que tanto han dañado a nuestra patria.

Malinche, la gran traidora

La Malinche es el centro de uno de nuestros más grandes odios. Ella representa todo lo que no debe hacerse, lo que nunca debió ocurrir: oficialmente ella nos traicionó, se entregó al conquistador y colaboró en la destrucción de un pasado idílico que aún llena de orgullo a los corazones más patrioteros. La Malinche es el mal absoluto, el objeto predilecto de nuestra vergüenza y resentimiento. En *El laberinto de la soledad*, Octavio Paz nos legó una fascinante interpretación de este personaje:

> Si la Chingada es una representación de la madre violada, no me parece forzado asociarla a la Conquista, que fue también una violación, no solamente en el sentido histórico, sino en la carne misma de las indias. El símbolo de la entrega es doña Malinche, la amante de Cortés. Es verdad que ella se da voluntariamente al conquistador, pero éste, apenas deja de serle útil, la olvida. Doña Marina se ha convertido en una figura que representa a las indias fascinadas, violadas o seducidas por los españoles. Y del mismo modo que un niño no perdona a su madre que lo abandone para ir en busca de su padre, el pueblo mexicano no perdona su traición a la Malinche. Ella encarna lo abierto, lo

chingado, frente a nuestros indios estoicos, impasibles y cerrados. Cuauhtémoc y doña Marina son así dos símbolos antagónicos y complementarios. Y si no es sorprendente el culto que todos profesamos al joven emperador [...], tampoco es extraña la maldición que pesa contra la Malinche. De ahí el adjetivo despectivo «malinchista», recientemente puesto en circulación por los periódicos para denunciar a todos los contagiados por tendencias extranjerizantes.

La interpretación de Octavio Paz es precisa, certera: la Malinche es el mito que representa la entrega, la violación y la traición. Sin embargo, y a pesar de esta brillante descripción, es necesario cuestionarnos acerca de la trascendencia del mito: ¿en verdad doña Marina nos traicionó y, por una suerte de maldad o de amor mal entendido, contribuyó a la derrota de los indígenas? Adentrémonos en la historia y descubramos la verdad que se oculta tras el mito.

La verdadera historia de la Malinche

Aunque los imaginarios han otorgado una singular importancia a Malinche y en más de una ocasión la han convertido en protagonista de historias maravillosas o escandalosas, es bien poco lo que se sabe de ella antes de la mañana del 15 de marzo de 1519, cuando Hernán Cortés —quien era llamado Malinche por los indígenas—, luego de derrotar a los indígenas en los linderos del río Tabasco, recibió a los enviados del cacique de Potochtlán. Los naturales se rindieron y como prueba de ello le entregaron algunas riquezas al recién llegado: alhajas, textiles y una veintena de jóvenes mujeres que el conquistador repartió entre sus capitanes. El botín de guerra, como todos sabemos, inexorablemente incluía a las mujeres que se entregaban para placer de la soldadesca.

La mayoría de los cronistas de la conquista sostienen que las jóvenes no fueron «usadas por los soldados» de inmediato: éstos —como buenos católicos— esperaron a que Juan de Díaz, el sacerdote que los acompañaba, las bautizara antes de penetrarlas, pues no era correcto que ellos copularan con una infiel. Una de estas mujeres era la Malinche, que aquel día fue regalada a Alonso Hernández de Portocarrero, uno de los hombres más cercanos a Cortés. Según la *Historia verdadera de la conquista de la Nueva España*, de Bernal Díaz del Castillo, la Malinche nació en Painalla, una población cercana a Coatzacoalcos. Ella era de buena cuna, pues «desde pequeña fue gran señora y cacica de pueblos y vasallos», pero su buena suerte no duró mucho: su padre fue capturado por los aztecas por negarse a pagar tributo y, al parecer, fue ejecutado en Tenochtitlan. Esto explica el origen de su terrible resentimiento contra los aztecas, contra quienes luchó por medio de Cortés y de los conquistadores. Siguiendo aquello de que «los enemigos de mis enemigos son mis amigos», ella utilizó todas sus capacidades para derrotar a los aztecas y vengar el ultraje de los suyos y la muerte de su padre.

Para colmo de sus desgracias, su madre casó de nueva cuenta y tuvo un hijo varón que la desplazó de la heredad del cacicazgo de su pueblo. Malinche sólo era un estorbo, y por ello sus padres la regalaron a unos mercaderes de Xicalango, quienes la vendieron a los tabasqueños como una esclava que tenía algunas virtudes, pues ella —según Bernal Díaz— era «de buen parecer» y tenía un carácter «entremetido y desenvuelto».

Hasta aquí, la Malinche no ofrece ningún rasgo que la diferencie de las otras mujeres que fueron entregadas a los conquistadores, pero cuando las tropas de Cortés llegaron a Chalchiucueyecan, sus hombres hicieron un descubrimiento que transformó la vida de la Malinche: ella estaba platicando con otras indígenas en náhuatl. Cortés, al enterarse, la mandó llamar y comprobó que ella, además del maya, también dominaba la lengua de los aztecas. El hallazgo era digno de celebrarse: el conquistador tenía una traductora que le permitiría parlamentar con los caciques que padecían el dominio de los aztecas y con Moctezuma, el señor de Tenochtitlan. Así, gracias a la mancuerna formada por la Malinche y Jerónimo de Aguilar, el náufrago español que hablaba maya después de nueve años de vivir en el Mayab, Cortés tenía la posibilidad de entenderse con sus futuros aliados.

Tras estos acontecimientos, la Malinche —nos dice Ángel Gallegos— dejó «de ser una mujer más al servicio sexual de los españoles y se convierte en la inseparable compañera de Cortés, no sólo traduciendo, sino también explicando al conquistador la forma de pensar y las creencias de los antiguos mexicanos».[1] Ella no sólo se transformó en protagonista de la guerra, sino que también recibió la imputación de ciertos crímenes: según algunos cronistas, doña Marina aconsejó a Cortés que les amputara las manos a los indígenas en Tlaxcala, aunque otros señalan que únicamente reveló los planes en contra de los españoles y que Cortés, en solitario, fue quien dictó esas terribles medidas. En Cholula aconteció lo mismo: una anciana le hizo saber a la Malinche que los nobles planeaban asesinar a Cortés y a los suyos, por lo que el conquistador ajustició a la nobleza y a los jefes militares cholultecas. La Malinche hizo las veces

---

[1] En *Hernán Cortés y la conquista de México*, México Desconocido, México, 2003.

de espía y delatora, pero en ningún caso sugirió los castigos, cuya brutalidad estuvo a cargo de los españoles.

A primera vista podríamos pensar que ella fue una traidora; sin embargo, estoy convencido de que antes de endilgarle este calificativo es necesario comprenderla: la Malinche no fue una traidora, sólo ayudó al enemigo de sus enemigos, al hombre que podía —gracias a sus alianzas y a la guerra bacteriológica— vencer a los aztecas que dominaban y explotaban, por medio de la guerra y del tributo, a la mayor parte de las comunidades mesoamericanas. La Malinche, al igual que Cortés, sólo tenía un enemigo: los aztecas. Ella no traicionó a los mexicanos, pues aún no existíamos, ella —en el peor de los casos— sólo se enfrentó a los enemigos de su nación y eso difícilmente puede ser condenable. Claro que podría señalarse que ella no imaginó que los conquistadores convertirían en esclavos a los suyos, de la misma manera que tampoco previó que los de su raza serían privados de todos sus bienes y creencias, además de sojuzgados, subyugados y oprimidos hasta aplastar cualquier vestigio de su civilización, en condiciones que jamás se hubieran dado frente a sus históricos enemigos, los aztecas.

Tras la caída de Tenochtitlan a causa de la viruela importada de España y del asedio de los españoles y sus aliados indígenas, la suerte de la Malinche volvió a cambiar: tuvo un hijo, Martín, con Hernán Cortés. Unos cuantos años más tarde —en 1524 para ser precisos— el conquistador la repudió y la obligó a casarse con uno de sus hombres, Juan Jaramillo, con quien procreó una hija, a la que bautizó con el nombre de María. Malinche se separó definitivamente de Cortés después de que éste hizo traer a Catalina, su mujer, de España. Luego de estos sucesos sólo restaba que muriera, lo cual, al decir de Ángel Gallegos, ocurrió «misteriosamente en su casa de la calle de La Moneda, una madrugada del 29 de enero de 1529, quizá [...] fue asesinada para que no declarara en contra de Cortés en el juicio que se le seguía»,[2] un hecho del cual posiblemente fueron responsables los seguidores del conquistador, ya que en aquellos momentos Cortés se encontraba en España recibiendo el título de Marqués del Valle de Oaxaca.

El costo del mito

La Malinche nunca nos traicionó, pero el mito de sus agravios nos ha impedido aceptar nuestro pasado, abrirnos plenamente al exterior y dotarnos de una verdadera identidad. La Malinche, la madre simbólica del primer mexicano, tiene que dejar de ser la personificación de la Chingada, para mostrarnos nuestra esencia mestiza, tal como lo señaló Octavio Paz en su ya clásico ensayo:

> Nuestro grito es una expresión de la voluntad mexicana de vivir cerrados al exterior, sí, pero sobre todo, cerrados frente al pasado. En ese grito condenamos nuestro origen y renegamos de nuestro hibridismo. La extraña permanencia de Cortés y la Malinche en la imaginación y en la sensibilidad de los mexicanos actuales revela que son algo más que figuras históricas: son símbolos de un conflicto secreto, que aún no hemos resuelto. Al repudiar a la Malinche [...] el mexicano rompe sus ligas con el pasado, reniega su origen y se adentra solo en la vida histórica.

---

[2] Gallegos, *op. cit.*

México tuvo una sola revolución

Nuestro calendario cívico es muy extraño, pues otorga actas de nacimiento y partidas de defunción con argumentos asombrosos. Según su curiosa cronología, cada uno de los grandes periodos de la historia inicia o concluye en una fecha exacta que, las más de las veces, tiene muy poco que ver con la realidad. Veamos un par de ejemplos: oficialmente, la conquista terminó el 13 de agosto de 1521, cuando Hernán Cortés y sus aliados tomaron Tenochtitlan; sin embargo, este referente es cuestionable, pues la caída de la capital azteca no implicó la rendición de todos los pueblos de Mesoamérica y de Aridoamérica, ya que las guerras para someter a los indígenas se prolongarían hasta bien entrado el siglo XVIII, y en algunos casos —como el de los apaches— hasta el XIX.

Por su parte, la independencia, según su acta de nacimiento, comenzó el 16 de septiembre de 1810 y se consumó el 27 de septiembre de 1821. De nueva cuenta, ambas fechas son cuestionables: el Grito de Dolores sólo fue uno de los muchos movimientos en favor de la independencia que se iniciaron a partir de 1808, el año en que Napoleón invadió España y la jerarquía católica derrocó al virrey José de Iturrigaray; el caso de 1821 no difiere gran cosa, pues la independencia podría darse por consumada tras la firma de los Tratados de Iguala o los Tratados de Córdoba, o bien hasta 1836, cuando España reconoció formalmente la Independencia de México. ¿Cuál es la fecha válida finalmente?

Con la Revolución el problema es aún más complejo: aunque puede aceptarse que el movimiento maderista comenzó el 20 de noviembre de 1910, de acuerdo con lo señalado en el Plan de San Luis, la fecha de su conclusión es cuestionable: algunos suponen que terminó cuando Madero ganó las elecciones y llegó democráticamente a la presidencia de la República; otros sugieren el día de la publicación de la Constitución de 1917; unos más piensan que el movimiento se agotó después del asesinato de Obregón —cuando se volvió a imponer la no reelección— o bien tras la expropiación petrolera, a la cual consideran el último gran acto revolucionario. Incluso, unos más la prolongan hasta el ascenso al poder de Miguel Alemán, pues con él se iniciaron los gobiernos civiles; aunque también podría alegarse que terminó con el arribo de la diarquía Obregón-Calles y la imposición de la dictadura perfecta que duró setenta años. ¿Existe una mayor traición a la Revolución que la instauración de la dictadura perfecta del doble de duración que la porfirista?

Sin embargo, los problemas de este movimiento no se limitan a la fecha de su extinción: la historia oficial y el calendario cívico consideran que nuestro país sólo tuvo una revolución, que comenzó el 20 de noviembre de 1910 y terminó en una fecha imprecisa. Me parece que esta perspectiva —la unicidad de la revolución— es errónea, pues en aquellos años nuestro país vivió dos revoluciones: una en 1910 y otra en 1913.

Las dos revoluciones, que quizá son tres

La revolución maderista, la cual se inicia en noviembre de 1910 y concluye con la renuncia de Porfirio Díaz y la instalación de un gobierno electo en las urnas, nunca tuvo como fin la transformación absoluta de nuestro país. Para Francisco I. Madero —como homeópata, espiritista y empresario— era claro que el régimen de Díaz tenía contrastes: padecía el mal del caudillismo y la falta de democracia, pero también había logrado un importante desarrollo económico, como lo señala en *La sucesión presidencial en 1910*, donde asume que los mayores logros de la dictadura fueron «el gran desarrollo de la riqueza pública, la extensión considerable de las vías férreas, la apertura de magníficos puertos». Lo que más preocupaba a Madero era la democratización del sistema político, por ello no debe sorprendernos que Charles C. Cumberland, en su libro *Madero y la Revolución mexicana,* afirmara que:

> El plan revolucionario [de Madero] no era, como documento político, impresionante, ni intentaba serlo. Tenía muy poco de filosofía política o de doctrina filosófica, pues la mayor parte de los artículos se refería a los aspectos administrativos del movimiento. El Plan de San Luis Potosí no pretendía ser un programa de reforma a poner en práctica después del triunfo de la insurrección [...]. El plan era un reflejo de la persistente creencia de Madero de que la reforma política debía preceder a la reforma económica y social, de que era inútil hablar de mejorar la situación general del pueblo mexicano antes de haber producido cambios en la estructura política.

La revolución maderista era, esencialmente, un movimiento democratizador que no se propuso transformar la totalidad del régimen, sino cambiar su estructura autoritaria por una democrática. Por ello, uno de sus más graves errores consistió en no desmantelar el *ancien régime*, es decir, en permitir la existencia de un ejército amigo de la dictadura. Como todos sabemos, el gobierno maderista no llegó muy lejos: aunque el presidente logró vencer a muchos de sus adversarios políticos, el golpe de Estado fraguado por Huerta y el embajador estadounidense Henry Lane Wilson decapitó con su oprobioso asesinato las más caras esperanzas democráticas de México. En todo el siglo XX, salvo un par de excepciones, no volvimos a disfrutarla.

El golpe de Estado volvió a «soltar al tigre» luego de que Venustiano Carranza fuera rechazado por Victoriano Huerta como ministro de Gobernación. Así, el 26 de marzo de 1913, Carranza promulgó el Plan de Guadalupe y se levantó en armas contra el gobierno. En un primer momento podría aceptarse que la revolución carrancista sólo buscaba restituir el orden constitucional en el país y terminar con un gobierno de excepción; sin embargo, conforme las distintas fuerzas sociales se fueron manifestando —pienso en los zapatistas, los villistas, los obregonistas y otros grupos— la Revolución fue cambiando de rostro. No en vano el Plan de Guadalupe fue reformado el 12 de diciembre de 1914 y el 5 de septiembre de 1916, y pasó de ser un documento antihuertista a un proyecto de nación.

La segunda revolución —la iniciada por Venustiano Carranza en contra de Huerta—, a diferencia de la maderista, no se conformó con el ideal democrático que nunca alcanzó, sino que buscó la refundación del país para convertirlo en algo distinto del régimen de Díaz, el tirano. Un ejemplo indiscutible de este hecho se muestra en la Carta Magna de 1917, la cual —a pesar de la necia oposición de don Venustiano— incluyó ciertos preceptos que le dieron un nuevo rostro a la nación: la reforma agraria, el sentido obrerista de su artículo 123 y el control estatal de la propiedad señalado en su artículo 27 son algunos de los hitos de una nueva realidad, además de las garantías individuales.

Asimismo, durante el periodo que va del cuartelazo de Huerta a los asesinatos de Emiliano Zapata y Francisco Villa, también pudo ocurrir una tercera revolución: la que protagonizaron los ejércitos populares de Zapata y Villa contra las tropas carrancistas, a raíz de la Convención de Aguascalientes, una lucha que ganaron Carranza y los sonorenses, y cuya victoria impidió descubrir la viabilidad de los proyectos de nación de sus oponentes. La revolución de Zapata y Villa fue una revolución derrotada.

De esta manera, a contrapelo de lo que señalan el calendario cívico y la historia oficial, estoy convencido de que nuestro país vivió dos revoluciones absolutamente distintas: la de Madero, que buscó la democratización del país, y la de los constitucionalistas, que terminó por crear una nueva nación. Quizá por ello deberíamos celebrar en dos ocasiones: el 20 de noviembre a Madero y el 26 de marzo a los constitucionalistas.

Cárdenas creó riqueza gracias a la reforma agraria

En diciembre de 1934, cuando Lázaro Cárdenas llegó a la presidencia de la República, la situación del país era, como siempre, ciertamente compleja: las heridas de la guerra cristera aún no habían sanado por completo y la Iglesia católica seguía siendo, también como siempre, una poderosa enemiga; el país todavía no se recuperaba del brutal impacto de la crisis económica de 1929 y la miseria campeaba sin que nadie pudiera enfrentarla con éxito. Plutarco Elías Calles era el mandamás y, como podría esperarse, pretendía prolongar el maximato —es decir, su poder omnímodo— en el sexenio que recién comenzaba, de la misma manera que lo había hecho con Portes Gil, Ortiz Rubio y Abelardo L. Rodríguez.

Joaquín Cárdenas Noriega, en su libro *Morrow, Calles y el PRI*, afirma que

> después de las elecciones de 1934, don Lázaro sigue la costumbre de sumisión establecida —Portes Gil, Ortiz Rubio, Abelardo Rodríguez— y se traslada a Navolato, Sinaloa, a presentar sus respetos a quien lo puso en la presidencia, con la mala suerte que al llegar a la finca de Calles éste se encuentra engolfado en

una partida de poker con otros generales, por lo que lo hace esperar hasta que termina su juego.

En aquella coyuntura las bases sociales y políticas de Cárdenas eran insignificantes, no obstante ser el presidente electo, y por lo tanto resultaba temerario oponerse a la fuerza de las organizaciones callistas. Cárdenas, con gran talento político, decidió humillarse ante una autoridad superior incontestable.

En esos años el descontento de campesinos y obreros —ambos sepultados en la desesperanza al ser otra vez víctimas de promesas incumplidas, muy a pesar de la Revolución, mientras que el enriquecimiento de la clase política seguía su marcha galopante— amenazaba con desbordarse: las tomas de tierras y las huelgas estaban a la orden del día: según la Dirección General de Estadística del Gobierno Federal, las huelgas habían pasado de trece en 1933 a poco más de doscientas en 1934.[1] En esas circunstancias, si Cárdenas deseaba desmantelar el autoritario aparato callista para marcar el inicio del presidencialismo absoluto, necesitaba conseguir precisamente el apoyo de obreros y campesinos, e incluso, desde luego, el de ciertos militares, legisladores, jueces y magistrados, así como el de diversas organizaciones sociales y políticas. La tarea era faraónica; sin embargo —como bien lo señalan Samuel León e Ignacio Marván en su libro *En el cardenismo*— «el campesinado atravesaba por una situación similar a la de la clase obrera: su dispersión», además de la miseria y la marginación, las cuales tenían que ser solucionadas por aquel que aspirara a controlar el país.

---

[1] Jorge Basurto, *Cárdenas y el poder sindical*, Era, México, 1983.

El éxito de Cárdenas en cuanto a la organización y satisfacción de las demandas campesinas fue sorprendente. Su gestión resulta fundamental para explicar los siguientes sesenta años de dictadura priista: los hombres del campo se sumaron a las fuerzas del partido oficial e, incluso, se creó un sector específico que los representaba y garantizaba el acceso de sus dirigentes a los puestos públicos. El reparto agrario —que supuestamente sacaría a los campesinos de la miseria— muestra un desarrollo sin precedentes durante el sexenio de Lázaro Cárdenas:

Reparto agrario en México durante los gobiernos de Obregón, Calles y Cárdenas

Presidentes	Campesinos beneficiados	Superficie entregada
Álvaro Obregón	100 000 *aprox.*	1 200 000
Plutarco Elías Calles	220 000 *aprox.*	3 000 000
Lázaro Cárdenas	815 138	14 683 805

FUENTE: Michel Gutelman, *Capitalismo y reforma agraria en México*, México, Era, 1980.

Efectivamente, «en materia ejidal —nos dice Michel Gutelman— la política de Cárdenas fue todo lo contrario de la de sus antecesores», y como resultado de ello, el caudillo michoacano simboliza el reparto agrario, y el reparto agrario simboliza su persona. Así fue como se creó la extraña asociación que degeneró en un terrible mito que aún marca a nuestra patria: Cárdenas apoyó al campesinado, le otorgó tierras con el objetivo fallido de rescatarlo de la miseria... Un catastrófico error histórico que debe ser revelado a fin de evidenciar algunas de las causas del fracaso del campo mexicano que ha erosionado dramáticamente nuestra soberanía alimentaria, entre otras consecuencias no menos notables.

Cárdenas y el reparto agrario: la política

De la misma manera en que Calles sujetó en un puño a los obreros a través de la Confederación Regional Obrera Mexicana, Lázaro Cárdenas decidió controlar políticamente al campesinado con el propósito de afianzarse en el poder: los campesinos quedarían atados a él gracias a la Confederación Nacional Campesina (CNC), de acuerdo con la estructura del Partido de la Revolución Mexicana (PRM). En efecto, los hombres del campo habían sido utilizados históricamente, tanto por la Iglesia católica como por los diferentes gobiernos o dictaduras, para integrar ejércitos de cualquier bando, tal como aconteció en la guerra de Reforma, en la intervención francesa y en la guerra cristera, en las cuales la mayor parte de los ejércitos la constituían campesinos incorporados a la fuerza por las amenazas de excomunión o por la leva. En aquellas circunstancias, del control del campesinado dependía, en buena medida, el futuro de Cárdenas.

Así, cuando Cárdenas inició su política de reparto agrario y de organización de los campesinos tenía un objetivo preciso: desactivar la bomba que representaban estos hombres y fortalecer su gobierno, con la idea de evitar estallidos sociales provocados por aquellos que deseaban desestabilizar su administración arrebatándole el sector rural. Cárdenas se hallaba claramente influido por la Revolución agraria soviética y estaba convencido de que el ejido resolvería todos los problemas agrarios de México... de acuerdo, sólo que cometió un grave error a cambio de controlar a una fuerza social que le permitiría cimentar el presidencialismo.

De esta manera, Cárdenas y sus hombres más cercanos pusieron un gran empeño en lograr sus objetivos: para recibir la tierra, los campesinos debían organizarse, afiliarse al partido oficial y rendir pleitesía al gobierno que supuestamente los sacaría de su miseria a cambio de su lealtad... Por eso no debe extrañarnos el brutal crecimiento que tuvo el número de afiliados del sector campesino al partido oficial durante el cardenismo. Pero la jugada del caudillo michoacano iba aún más lejos: como la tierra a repartir pertenecía a los latifundistas —incluidos la Iglesia católica a través de testaferros y algunos caudillos revolucionarios—, la reforma agraria le permitió a Cárdenas destruir las fuentes de riqueza de algunos de sus enemigos más poderosos, y en consecuencia la creación de ejidos no sólo le dio el control de los campesinos, sino también —y gracias a los decretos de expropiación— lo dotó de un arma política que podía emplear sin ningún problema en contra de sus opositores. No olvidemos que Plutarco Elías Calles había declarado en 1930, a propósito del ejido y del agrarismo revolucionario:

> La felicidad de los campesinos no puede asegurársele dándoles una parcela de tierra si carecen de la preparación y de los elementos necesarios para cultivarla. Por el contrario, este camino nos llevará al desastre, porque estamos creando pretensiones y fomentando la holgazanería. ¿Por qué?; si el ejido es un fracaso, es inútil aumentarlo [...] Hasta ahora hemos estado entregando tierras a diestra y siniestra y el único resultado ha sido echar sobre los hombros de la nación una terrible carga financiera,

lo que tenemos que hacer es poner un hasta aquí y no seguir adelante en nuestros fracasos...

El reparto agrario respondió, en efecto, a un anhelo de justicia, pero simultáneamente ayudó a la instauración de un régimen presidencialista autoritario que en el largo plazo propició una interminable cadena de crisis políticas, sociales y económicas de consecuencias impredecibles. Lamentablemente para el país, la reforma agraria cardenista no sólo estuvo vinculada al surgimiento de un presidencialismo intolerante y corrupto, sino que demostró, una vez más el fracaso del campo mexicano, un problema que nadie ha podido resolver desde la ingeniosa creación del calpulli... Veamos por qué.

Cárdenas y el reparto agrario: el desastre agrícola

Nadie puede dudar de que durante el sexenio de Lázaro Cárdenas se llevó a cabo una impresionante distribución de tierras, a través de la cual se pretendió dar al ejido una mayor consistencia como unidad fundamental de la producción, pues en su apoyo —además del Banco Nacional de Crédito Agrícola— se fundó el Banco Nacional de Crédito Ejidal, con la idea de que los ejidatarios, analfabetos por lo general, dispusieran del financiamiento necesario. Asimismo, durante su régimen se exhumó la Ley Federal de Tierras Ociosas de 1920, con el fin de expropiar los terrenos que no se trabajaran o que pertenecieran a los enemigos políticos del ahora caudillo michoacano. A primera vista, parecería que Cárdenas hizo bien su trabajo, pues repartió la tierra y creó las instituciones financieras que permitirían hacerla productiva gracias a los créditos destinados a la siembra y a cierta mecanización rural, como ocurrió con la llegada de tractores a algunos ejidos.

Si bien estas medidas buscaban la productividad, la riqueza y la soberanía alimentaria al amparo de la CNC, también se ejercería un claro control político de los trabajadores del campo, ya que sólo a través de dicha confederación podían conseguirse tierras, créditos, semillas y aperos, además de garantizarse la comercialización de la producción. El crédito, de esta manera, no se utilizó solamente con fines productivos ni únicamente en beneficio de nuestra soberanía alimentaria, sino que fue dirigido a determinadas comunidades a las que era fundamental mantener como aliadas, sin preocuparse por la viabilidad de sus siembras, y para enriquecer a unos cuantos líderes campesinos, controlados, a su vez, por caciques regionales cuya existencia estaba reñida con las aspiraciones revolucionarias.

Asimismo, es necesario considerar que durante el cardenismo la unidad básica de la reforma agraria fue el ejido: una dotación de tierras que eran entregadas a un grupo de campesinos para que las aprovecharan de la manera más conveniente, sin necesidad de ajustarse a los dictados de la agronomía o del mercado, pues estos factores —cruciales para el desarrollo agropecuario— fueron ignorados por los planeadores agrícolas y por los campesinos que, en su mayoría, dedicaron sus tierras a la producción de maíz, aunque el terreno no tuviera vocación maicera y a la larga erosionara el suelo. Se ignoraron irresponsablemente las ideas juaristas de los pequeños propietarios vinculados al mercado nacional, una vez conocida la experiencia agrícola estadounidense, de resultados positivos incuestionables.

Pero la reforma agraria del cardenismo no sólo tuvo aquellas características, el fraccionamiento de los latifundios también contribuyó a la destrucción de la producción agrícola, pues en muchos casos —como sucede, por ejemplo, con el agave, el henequén y la ganadería— son necesarias grandes extensiones de tierra para que la producción sea rentable.

De esta manera, tenemos que aceptar que el reparto agrario, si bien constituyó una estrategia de buena fe para generar riqueza (el camino al infierno está poblado de buenas intenciones), también fue una herramienta política que, con tal de lograr el control y la derrota de los enemigos políticos y económicos, a la larga dio al traste con la producción agrícola de México: el cuerno de la abundancia que simboliza nuestro territorio se fue al cuerno gracias a Cárdenas; no en vano nuestro país, en vez de exportar productos agropecuarios, exporta braceros hambrientos.

Recordemos que por medio del Programa Bracero, en vigencia de 1942 a 1964, ingresaron casi 5 millones de mexicanos a los Estados Unidos, y que durante ese mismo periodo de veintidós años, ¡otros 5 millones lo hicieron de modo ilegal!, como indica el especialista Jorge Durand, quien añade que el centro de contratación de Monterrey llegó a contratar a 4 000 braceros por día en 1954, año en que se reportaron 885 000 aprehensiones de mexicanos en los puestos fronterizos, según señala Gustavo Verduzco, investigador de El Colegio de México.

¡Cárdenas, el gran héroe del campesinado mexicano, es el gran repartidor de miseria que provocó el fracaso de nuestra agricultura y propinó la estocada definitiva a nuestra soberanía alimentaria!

A Maximiliano lo trajo Napoleón III

El primero de enero de 1859, casi a la mitad de la Guerra de Reforma, el embajador de Francia en México aseguraba que una comisión mexicana formada por «la familia de Hernán Cortés», el conde del Valle de Orizaba, los duques de Hurtado de Mendoza, el marqués del Águila del Villar y el padre Francisco Xavier Miranda, entre otros,

> acaba de remitirme la comunicación anexa, destinada a S.M. el emperador […] Puede Usted observar, señor conde, que la segunda parte de la comunicación está firmada por el padre Miranda, ministro de Justicia, y por Fernández de Jáuregui, ministro del Interior bajo el general Zuloaga […] Son los dos hombres más importantes del gobierno que acaba de caer tan bruscamente […] El documento prueba hasta qué punto la sociedad y el país se sienten arrastrados irremisiblemente hacia el abismo.[1]

---

[1] En dicho documento, los firmantes solicitan: «El envío de fuerzas suficientes del exterior que, poniendo fin a los escándalos y desórdenes de nuestra desastrosa guerra civil, proporcionasen el establecimiento de una administración exenta de todo espíritu de partido, que constituyese a México bajo la forma política que él mismo quisiera darse, afirmando así para siempre su independencia y nacionalidad bajo el amparo de instituciones duraderas».

Y en efecto, ya desde entonces el clero, que veía venir una escandalosa derrota frente al ejército liberal, se dio a la tarea de conspirar una vez más a fin de proteger su patrimonio mediante la instauración de una monarquía en México, encabezada por un príncipe español y, por supuesto, católico.

Todavía con la guerra en marcha, en agosto de 1860 el arzobispo poblano Pelagio Antonio de Labastida y Dávalos escribía desde el exilio al padre Miranda, a quien había encargado la conducción clerical del movimiento armado en contra del gobierno de México: «Es inútil fatigarnos por adquirir la paz por nosotros mismos; se lucha pero sin fuerza suficiente. Sólo la intervención o mediación europea nos dará alguna tregua. Y bien ¿se verificará? No lo sé: la Europa está muy preocupada de su situación...».

En enero de 1861 Juárez entró victorioso a la ciudad de México. La guerra había terminado, pero como bien advirtió casi seis meses después el ilustre diputado liberal Ignacio Manuel Altamirano:

> hoy, pese a los optimistas, nos hallamos en plena revolución, hemos sufrido serios descalabros, la reacción es impotente, no vencerá, pero se bate con una fiereza horrible [...] Si pensáis que ese partido está débil, os equivocáis, carece de fuerza moral, es cierto, pero tiene la física. Se han quitado al clero las riquezas, pero no pueden quitársele sus esperanzas.[2]

Efectivamente, el clero, empeñado en conseguir la revocación de la legislación reformista, y ya derrotado militarmente por un ejército liberal, buscaba ardientemente

---

[2] Jorge L. Tamayo (selección y notas), *Benito Juárez. Documentos, discursos y correspondencia*, Secretaría del Patrimonio Cultural, México, 1971.

en las cortes europeas un candidato idóneo y lo halló en Maximiliano de Habsburgo, de quien el monarquista José Gutiérrez de Estrada, uno de los principales promotores del «proyecto», escribía en octubre de 1861:

> A las pocas horas de haberse partido U. de aquí se presentó el apoderado de Núñez (Maximiliano) venido expresamente para enterarse de todos los pormenores relativos al pleyto pendiente, y hace apenas un rato que me despedí de él […] Está ya firmado el convenio en Londres en los términos que U. ya sabe. Los ingleses mandan 800 hombres de desembarco, 1,200 Francia y España muchos más, como U. allí podrá saberlo.

Se refería, desde luego, a los preparativos de la intervención tripartita que allanaría el terreno a la llegada del emperador. Poco más de un mes después, este traidor volvía a tomar la pluma para escribir al padre Miranda, «diciéndole que está de acuerdo con él en sustituir la reunión de una *junta cualquiera* por una petición de la gente más granada de México para la intervención de las fuerzas europeas».

Días más tarde, el archiduque austriaco y futuro emperador de México escribía por fin a Gutiérrez de Estrada:

> Castillo de Miramar, 8 de diciembre de 1861
>
> He recibido la carta firmada por U. y por muchos de sus compatriotas, que U. me ha dirigido con fecha 30 de octubre último. Me apresuro a manifestar a U. y le ruego lo transmita a estos Señores, todos mis agradecimientos por los sentimientos que expresan hacia mí en su carta. La suerte del hermoso país de U. me ha interesado siempre vívidamente sin duda, y si en efecto, como parece que U. lo supone, estos pueblos aspiran a ver fundar

en su seno un orden de cosas, que por su carácter estable pudiese darles la paz interior y garantizar su independencia política, y me creen capaz de contribuir a asegurarles estas ventajas, yo estaría dispuesto a tomar en consideración los votos que me dirigieran con tal fin [...] No podría, pues, contarse con mi cooperación para la obra de transformación gubernamental de que depende, según la convicción de U., la salvación de México, a menos que una Manifestación Nacional venga a comprobar de una manera indudable el deseo del país de colocarme en el trono.

El padre Miranda se encargó de falsificar esta «manifestación nacional» echando mano de una estructura clandestina conformada por el elemento más retrógrada de la nación, denominada «Directorio Central Conservador», que dócilmente se prestó a la estratagema. Maximiliano, sin duda ignorante de la verdadera situación de México, insistía:

> Estoy a U. agradecido por las diversas cartas que se ha servido dirigirme últimamente y sobre todo por haberme comunicado la carta del Obispo de Puebla y la del General Santa Anna. Es permitido augurar el bien del porvenir de la causa monárquica en México, cuando se ve figurar a la cabeza de sus defensores los nombres de tan digno prelado y de tan eminente guerrero.

El memorable De Labastida y Dávalos, quien unos meses después se convertiría nada menos que en el regente del Imperio, se preguntaba en enero de 1862, después de entrevistarse con al archiduque:

> ¿Qué falta a este Príncipe? Hacíame yo esta pregunta varias veces durante las breves horas transcurridas y mi corazón y mi cabeza han respondido: nada, absolutamente nada [...] Inexplicable será

nuestra demencia si no sabemos apreciar el don que nos hace el cielo cuando todo parecía perdido [...] Grande es el sacrificio que van a hacer estos príncipes, pero grande será también su recompensa [...] ¡Dios se ha servido de juzgarnos dignos de poseerlos durante largos años! [...] ¡Bendito sea Dios por todos sus beneficios!

Para octubre de 1862 los monarquistas, temerosos de que Napoleón III les jugara una mala pasada (como finalmente ocurriría), se preparaban para la inminente ocupación de las tropas francesas: «Debemos sostener a todo trance [decían] los buenos principios y a los que los defienden, reducidos a esta simple fórmula: Religión y Monarquía con el Archiduque Fernando Maximiliano, apoyada por lo pronto por una fuerza estrangera». El visto bueno estaba dado.

El ofrecimiento de la corona

El 10 de abril de 1864 (día que debe guardarse en la memoria de todos los mexicanos) Maximiliano y Carlota recibieron en la sala de ceremonias del castillo de Miramar a la supuesta «diputación» mexicana presidida por Gutiérrez de Estrada (y no por ningún francés representante de Napoleón).

> Estaba S.A. el Archiduque en pie delante de una mesa cubierta con un magnífico tapiz encarnado sobre el cual se veían las innumerables actas de adhesión al Imperio que se habían levantado en México. Vestía el uniforme de vice-almirante austriaco, sobre el cual se veían el Toisón de Oro y la Gran Cruz de San Esteban. A la izquierda del Archiduque estaba su augusta esposa la Archiduquesa Carlota, también de pie. Llevaba un elegante

vestido color de rosa, adornado con encajes de Bruselas, diadema, collar y pendientes de diamantes, y el cordón negro de la Orden de Malta [...] En medio del salón los diez caballeros mexicanos de la Comisión formando un semicírculo, cuyo centro ocupaba Gutiérrez de Estrada. Espectacularmente apareció por una de las puertas del fondo, un abad austriaco con mitra y báculo, acompañado por el joven presbítero mexicano don Ignacio Montes de Oca, más tarde Obispo de San Luis. Maximiliano, de pie y puesta la mano sobre los Evangelios, hizo en voz alta ante el abad Mitrado el juramento de desempeñar bien el cargo de Emperador de México [...] Gritos entusiastas y emocionados de ¡Viva el Emperador Maximiliano! ¡Viva la Emperatriz Carlota!, resonaron en el salón, al mismo tiempo que la bandera imperial mexicana, izada en el castillo de Miramar, era saludada por el tronar de los cañones de los barcos de guerra.[3]

Estos son los nombres de los traidores vendepatrias de aquella coyuntura, que no debemos olvidar: el obispo Pelagio Antonio de Labastida y Dávalos, José María Gutiérrez de Estrada, José Manuel Hidalgo y Esnaurrízar, Ignacio Aguilar y Marocho, el padre Francisco Xavier Miranda, Joaquín Velázquez de León, Adrián Woll, Tomás Murphy, Antonio Escandón, Suárez Peredo y Ángel Iglesias Domínguez, además de Ignacio Montes de Oca y Obregón, quien sería el capellán imperial de Maximiliano.

---

[3] Armando de María y Campos, *Carlota de Bélgica (La infortunada Emperatriz de México)*, Ediciones REX, México, 1944.

La aventura mexicana

Antes de partir hacia México los emperadores visitaron al papa Pío IX en la Capilla Sixtina, donde éste se permitió recordarles:

> «He aquí —dijo al entregarles la Sagrada Forma— el Cordero de Dios que borra los pecados del mundo. Por Él reinan y gobiernan los reyes [...] grandes son los derechos de los pueblos, siendo por lo mismo necesario satisfacerlos; y sagrados son los derechos de la Iglesia, esposa inmaculada de Jesucristo [...] Respetaréis, pues, los derechos de la Iglesia, lo cual quiere decir que trabajaréis por la dicha temporal y por la dicha espiritual de aquellos pueblos» [...] Maximiliano manifestó al representante del Papa su resolución de reparar los daños hechos a la Iglesia por Juárez y sus amigos.[4]

En México escucharon algo similar con ocasión del cumpleaños de Carlota, pero esta vez de voz del arzobispo De Labastida y Dávalos, quien había sido ungido arzobispo de México como un reconocimiento personal del propio papa Pío IX: «Señores, no olvidemos que a la magnánima y generosa Francia, que nos ha cubierto con su glorioso pabellón, debemos el haber alcanzado la dicha de constituir un gobierno nacional conforme a la voluntad de la mayoría y apropiado a las circunstancias de nuestra patria...».[5]

El propio De Labastida ocuparía la regencia en espera del arribo de Maximiliano, por lo que su nombre, manchado de eterna vergüenza, encabeza el de los sacerdotes que han

---

[4] *Ibid.*
[5] Armando de María y Campos, *op. cit.*

gobernado a la nación, así haya sido por poco tiempo. En su caso lo hizo al amparo de las armas francesas.

Pero la desilusión que provocó la actuación liberal de Maximiliano, así como la ratificación que éste hizo de las leyes reformistas dictadas por Juárez, extremándolas en algunos casos, hizo estallar en pedazos la paciencia de la clerecía. De Labastida, quien en otro momento habría dicho «bendito sea Dios» a propósito de Maximiliano, abandonó el país.

En diciembre de 1864 hizo su arribo a México el nuncio apostólico Pedro Francisco Meglia, ya advertido del rumbo que estaba tomando el imperio. El Papa lo enviaba con las siguientes condiciones para la realización de cualquier concordato: anulación de todas las Leyes de Reforma; establecimiento de la religión católica como base y apoyo del Imperio mexicano; completa libertad a los obispos en el ejercicio de sus funciones pastorales; restablecimiento de las órdenes religiosas; entrega de la enseñanza tanto pública como privada a la superior vigilancia del clero, y otras igualmente retrógradas e inaceptables. Maximiliano no quiso ni hablar del tema con el nuncio. Carlota lo hizo, dejando para la posteridad esta breve descripción del evento:

> Nada me ha dado una idea más exacta del infierno que esta entrevista [...] Todo se deslizó sobre el Nuncio como sobre mármol pulido. Por último, me dijo que el clero había fundado el Imperio. —Un momento, le respondí, no fue el clero; fue el Emperador quien lo hizo el día que se presentó— [...] Nada hizo efecto, rechazaba mis argumentos como el que se sacude el polvo, los suplía con nada y me parecía complacerse en el vacío que creó en su alrededor y en la absoluta negación de toda luz. Ante todo le dije, levantándome: —Reverencia, suceda lo que suceda me tomaré la libertad de recordarle esta conversación;

no somos responsables de las consecuencias, hemos hecho todo para evitar lo que ahora sucederá.[6]

Pero lo que tenía que suceder sucedió: el Papa, y con él toda la iglesia mexicana, dio la espalda a Maximiliano, como también se la dio Napoleón III, temeroso de provocar un conflicto con los Estados Unidos, que recién ponían fin a su cruenta guerra de Secesión y que se hallaban listos para sostener su famosa doctrina Monroe.

¿Y los mexicanos? ¿Dónde estaban en ese momento los miembros de la «diputación» que pocos años atrás en el castillo de Miramar le ofrecieron la corona a Maximiliano de Habsburgo?

> Los señores Estrada, Almonte y otros muchos [escribió Carlota], que en Miramar nos ilusionaron con este país, no sólo no nos han acompañado, prefiriendo la vida muelle de Europa a esta barahúnda, sino que, encontrando que es poco para ellos el haberles devuelto las inmensas tierras que la República les confiscó, reclaman ahora cuantiosas indemnizaciones con que reparar los daños que la revolución causó en sus fincas.[7]

En honor de ellos, Maximiliano escribió un libro que tituló *Los traidores pintados por sí mismos.* Fue todo lo que pudo hacer en venganza al cruel engaño de que había sido víctima.

---

[6] Armando de María y Campos, *op. cit.*
[7] Carmen Moreno, *Carlota de Méjico,* Ediciones Atlas, Madrid, 1944.

Los indígenas fueron sumisos después de la Conquista

Escuchemos de boca del jesuita Benito María de Moxó una de las más acabadas formulaciones sobre este fantasioso mito:

> Poco a poco [se] borró del corazón de los Indios la memoria de los desastres acaecidos, de las batallas perdidas [...] y de las demás desgracias que les había ocasionado su porfiada resistencia a nuestras armas [...] Poco a poco [...] embelesados los Indios con las máximas y consejos de una Religión que sólo respira amor, perdón y olvido de las injurias, consintieron en dejarse civilizar por sus cariñosos padres, salieron de los bosques, fundaron pueblos, vinieron a vivir con nosotros y admitieron en su compañía a los mismos Españoles que antes tanto aborrecían.[1]

Pero la supuesta conquista e inmediata sumisión de la totalidad de los pueblos nativos de México a las armas españolas no resiste el menor análisis. ¡Falso y mil veces falso que todos los indios hayan sido condescendientes al

---

[1] En *Cartas mejicanas*, Genova: Tipografía Pellas, México, 1837.

dominio de los que, repugnando de los sacrificios humanos, levantaron en América la civilización de las hogueras! ¡Por supuesto que hubo rebeliones! Algunas de ellas, incluso, tuvieron un carácter particularmente grave.

> La comunidad de Titiquipa, perteneciente al grupo étnico de los Zapotecas, proclamó a mediados de 1547 el resurgimiento de tres señores [...] quienes tenían por objetivo restaurar la antigua organización precolombina. Alentados por este plan, los principales de Titiquipa empezaron a exigir el sometimiento de otros pueblos vecinos y el consiguiente pago de tributo [...] Los de Niaguatlán se rieron y dijeron que ellos estaban en servicio de su majestad y eran cristianos [...] «pues hágote saber —replicó el jefe indígena— que han nacido [...] un señor en México, otro en toda la Misteca y otro en Teguantepeque y estos tres señores han de señorear toda la tierra como la tenían antes que los cristianos».

Asimismo, en 1691, como parte de los preparativos del levantamiento del año siguiente, en la ciudad de México, según Carlos de Sigüenza y Góngora:

> se sacó, debajo de la acequia de Puente de Alvarado, infinidad de cosillas supersticiosas [...] muñecos o figurillas de barro [...] de españoles todas y todas atravesadas con cuchillos y lanzas que formaron del mismo barro, o con señales de sangre en los cuellos, como degollados [lo que era] prueba real de lo que en extremo nos aborrecen los indios y muestra de lo que desean con ansia a los españoles.[2]

---

[2] Carlos de Sigüenza y Góngora, *Relaciones históricas*, Ediciones de la Universidad Nacional, 1940.

De la lista de rebeliones ocurridas durante la Colonia, que Agustín Cué Cánovas reproduce en su *Historia social y económica de México*, destacaremos —a fin de desmentir por completo este mito— sólo algunas de ellas:

- Sublevación indígena en la región del Pánuco (1523)
- Rebelión de los indios zapotecas y mixes (1523)
- Sublevación de los indios de Chiapas (1528)
- Rebelión azteca en la ciudad de México (1531)
- Insurrección de los opilingos en Chiapas (1531)
- Insurrección de indígenas en Sinaloa (1538)
- Rebelión de los indios cascanes desde Nayarit hasta Zacatecas (1540)
- Rebelión de los indios zapotecas en Oaxaca
- Rebelión de los cuachichiles en Zacatecas (1570)
- Sublevación de los indios de Nueva Galicia (1584)
- Insurrección de los acaxes de Durango y Zacatecas (1590)
- Rebelión de los guasaves en la provincia de Sinaloa (1598)
- Insurrección de los indios de las minas de Topia (1598)
- Guerra contra los zuaques, tehuecos y ocoronis
- Insurrección de los yaquis dirigida por Lautaro y Babilonio (1609-1610)
- Rebelión de los indios de Tekax, Yucatán (1610)
- Sublevación de los xiximes de la Nueva Vizcaya
- Levantamiento de los nebomes en Sonora
- Rebelión del cacique Tzoo en Sinaloa (1625)
- Insurrección de los indios guaspares en Sinaloa (1632)
- Sublevación de los indios de Bakal, Yucatán (1639)
- Rebelión de los tarahumaras (1650)

- Insurrección de los indios de Tehuantepec (1660)
- Rebelión de los indios tobosos (1667)
- Alzamiento de indios en el Nuevo México (1680)
- Sublevación de indios en Oaxaca (1681)
- Rebelión tarahumara (1668)
- Tumulto popular en la ciudad de México (1692)
- Rebelión de los pimas en Caborca y Tubutama (1695)
- Sublevación de los indios de Tuxtla, Chiapas (1695)
- Rebelión de los pimas de Sonora (1697)
- Ataque de indios al pueblo de Acaponeta (1706)
- Rebelión de los indios del Nuevo Reino de León (1709)
- Insurrección de los indios tzendales en Chiapas (1712)
- Rebelión de los indios seris en 1724
- Rebelión yaqui contra las misiones jesuitas en Sonora (1735)
- Insurrección de yaquis y mayos de Ostímuri (1740)
- Alzamiento de los seris en Sonora (1748)
- Rebelión de los pimas altos, sobas y pápagos en el noreste de Sonora (1751)
- Rebelión de los seris de la Pimería Baja (1755-1759)
- Sublevación de los pimas bajos de Tecooripa, Suaqui y pueblos vecinos
- Insurrección de indios mayas en Yucatán dirigida por Jacinto Canek (1761)
- Alzamiento de seris y pimas y sububapas en el pueblo de Suaque, Sonora (1766)
- Guerra contra los seris en Hermosillo (1767)
- Sublevación el indio Juan Cipriano en Guanajuato (1767)
- Alzamiento de los indios sububapas (1770)
- Ataque de apaches al presidio de Tubac (1774)

- Rebelión de los indios de San Diego California (1775)
- Rebelión del indio Marian en Tepic (1801)

Esto prueba que la conquista nunca fue realizada por completo y que muchos pueblos se levantaron contra el yugo opresor y tiránico del conquistador desde el principio hasta el fin del virreinato, dando muestras de una valentía y una ferocidad que difícilmente podrían ser calificadas como sumisión. La sumisión se da casi por completo cuando los españoles recurren a una herramienta que utilizaron eficazmente para conquistar espiritualmente a los mexicanos: la alta jerarquía católica inventó a la Virgen de Guadalupe, otro mito del que ya me he ocupado en otro capítulo de esta edición. La idolatría concluyó y los aborígenes empezaron a creer en una deidad de extracción europea, absolutamente falsa, que finalmente les aportó la paz y la resignación que requerían para vivir...

Los gringos nos ganaron la guerra por superioridad militar

Cualquiera pensaría que en 1848 México perdió más de la mitad de su territorio tras una guerra sin cuartel en contra del invasor norteamericano, que mejor equipado, mejor armado, mejor vestido y mejor adiestrado que el nuestro, habría obtenido una victoria inobjetable. Desafortunadamente para los anales de nuestro efímero patriotismo, nada de esto es cierto. La injusta guerra que en 1848 se tradujo en la pérdida de más de la mitad de nuestro territorio se perdió, en gran parte, por la falta de patriotismo de la mayoría de los mexicanos, sin olvidar la alevosa y perversa alianza del clero católico con los invasores, lo que en conjunto provocó la dolorosa debacle, cuyo daño psicológico aún no hemos podido superar.

Traicionar: ejemplo presidencial

En orden de aparición, surge primero el general Paredes y Arrillaga, quien en lugar de cumplir militarmente con su alto cometido decidió levantarse en contra del gobierno del presidente J. J. Herrera el 14 de diciembre de 1845. En dicha ocasión, después de tres intentos fallidos por hacerse de la presidencia, Paredes justificó la intentona golpista con el argumento de que Herrera pretendía entregar parte del territorio a los Estados Unidos con tal de evitar un conflicto armado inminente.

Una vez más la ambición disfrazada de patriotismo irrumpió en el escenario político; sin embargo, es obligatorio aclarar que la sospecha no era del todo infundada, pues el embajador John Slidell, representante de la Casa Blanca, se encontraba en México precisamente para lograr el reconocimiento de la independencia de Texas y para hacer una oferta seria orientada a la adquisición de más territorio norteño… Sí, de acuerdo, sólo que el movimiento de Paredes en realidad escondía otros propósitos: «La revolución de Paredes, netamente reaccionaria —señala Alfonso Toro—, tendía a devolver al clero, al ejército y a los ricos todos los privilegios de que habían disfrutado desde la época colonial, y a constituir el país bajo la forma monárquica».[3]

Entregado, pues, a la instauración de una monarquía en México encabezada por un príncipe español, Paredes, con el país invadido, se olvidó de rechazar a los norteamericanos: antes bien, tuvo que combatir las sublevaciones que naturalmente estallaron en su contra. ¿Y la patria…?

Derrocado Paredes, y ya en plena guerra con los Estados Unidos, Antonio López de Santa Anna llega sospechosamente procedente de Cuba, donde había negociado con Alexander Slidell Mackenzie, un enviado del presidente James Polk,

---

[3] En *Compendio de historia de México. La revolución de independencia y México independiente*, Editorial Patria, México, 1978.

nada menos que la derrota de las fuerzas mexicanas a cambio de 30 millones de dólares:

> La inusual conversación —en La Habana— entre el enviado norteamericano y Santa Anna cubrió una gran variedad de temas; desde la restauración de Santa Anna en el poder y el acuerdo para terminar con la controversia de la frontera del Río Grande, hasta la compensación por las concesiones territoriales (que pondrían fin a la guerra); la parte más extraña de la conversación ocurrió cuando Santa Anna le indicó con lujo de detalle al enviado norteamericano, la mejor forma para enfrentar a su antiguo ejército. Fue así como el apretado bloqueo naval que cercaba las costas de México fue abierto por un momento para permitir a Santa Anna deslizarse a través de éste...[4]

La rebelión de los polkos

Santa Anna, una vez en México, se proclamó presidente, entre los alaridos desenfrenados del populacho, y salió supuestamente a combatir al enemigo... dejando en su lugar al vicepresidente Valentín Gómez Farías, excelso liberal que, de inmediato, se dio a la tarea de recaudar fondos para el financiamiento del famélico ejército. Gómez Farías cabildeó en el Congreso y consiguió la emisión de un decreto histórico, el 11 de enero de 1847, que en su parte sustancial establecía la enajenación de los bienes del clero para enfrentar la intervención armada yanqui: «Se autoriza al gobierno para proporcionarse hasta 15 millones de pesos,

---

[4] Vicente Fuentes Díaz, *La intervención norteamericana en México, 1847*, Imprenta Nuevo Mundo, México, 1947.

a fin de continuar la guerra con Estados Unidos, hipotecando o vendiendo en subasta pública los bienes de manos muertas, al efecto indicado».

El clero se rebeló en su contra —escribe Vicente Fuentes Díaz— desde la fecha misma de su expedición. Tan pronto como la ley fue votada en el congreso, el cabildo metropolitano dirigió una extensa protesta al Ministerio de Justicia, manifestando que el ordenamiento era nulo y de ningún valor, puesto que «la Iglesia es soberana y no puede ser privada de sus bienes por ninguna autoridad»...[5]

La respuesta de Gómez Farías fue la siguiente:

No concibe Su Excelencia cómo el venerable cabildo haya llegado a tal ceguera que se prometa ilusionar por medios reprobados una ley que ha venido a dictarse por la crisis preparada a la República por la denegación de recursos de parte del clero [...] La historia calificará esta resistencia, que ni aun en la Edad Media se habría creado prosélitos, y juzgará también al Gobierno de una República que no puede vivir si no tiene con qué satisfacer las urgentísimas necesidades de su Ejército, y esto cuando más lo necesita, por ya ver nuestro suelo hollado por la inmunda planta del fiero anglosajón, que amenaza destruir nuestros hogares. El Excelentísimo señor Vicepresidente no teme el fallo, y ya como cristiano, ya como gobernante, se cree en la estrecha obligación de cumplir y hacer cumplir en todas sus partes una ley que va a salvar a la vez nuestro territorio y nuestras creencias.[6]

---

[5] *Ibid.*
[6] *Ibid.*

Pero aun estas palabras no alcanzaron para convencer al clero, que fiero traidor, y olvidando que nuestro país se hallaba invadido y envuelto en una guerra que sería definitiva para nuestro porvenir, se dio a la tarea de derrocar a Gómez Farías, para lo cual financió y promovió la deleznable rebelión de los polkos, quienes

> acaudillados por el general don Matías de la Peña y Barragán, se sublevaron el 27 de febrero, al grito de: «¡Muera Gómez Farías! ¡Mueran los puros!» [...] desconociendo al gobierno y declarando nulos los decretos sobre ocupación de bienes del clero y el que autorizaba al gobierno para contratar $5 000 000 destinados para hacer frente a las necesidades de la guerra. Entonces se trabaron combates en las calles de la ciudad, a los que iban los Polkos cargados de medallas y escapularios, como si se tratara de una cruzada. El clero ayudó con su dinero a los sublevados, de tal suerte que el 9 de marzo, después de cubiertos todos sus gastos, tenían los pronunciados $93 000 en caja [...] Los combates en las calles de la capital duraron más de quince días, mientras los americanos atacaban a Veracruz, a la que se dejó perecer sin prestarle auxilio. El tiroteo sólo terminó a la llegada de Santa Anna (20 de marzo), a quien la mayoría del congreso había mandado llamar para que se encargara del gobierno, como lo hizo, suprimiendo la vicepresidencia, para excluir a Gómez Farías; y colocando en la administración a muchos personajes del partido moderado, autores de aquel asqueroso e indigno cuartelazo [...] El clero, para conseguir la derogación de las leyes de ocupación de bienes de manos muertas, entregó a Santa Anna $2 000 000 en calidad de préstamo.[7]

---

[7] Alfonso Toro, *op.cit.*

Guillermo Prieto, uno de nuestros más ilustres liberales, se encontraba en esos momentos en el bando de los polkos, desde donde narra uno de los sucesos que demuestran la pusilanimidad de los auténticos financiadores de esta absurda rebelión:

El señor Irisarri vivía en su casa de la Ribera de San Cosme, caserón escondido en una huerta, con grandes frescos sombríos, emparrados, estanques cenagosos y ruinas por todas partes [...] Penetré en aquella habitación y saludé respetuoso al prelado. Era un hombre pequeño, de tez blanquísima, manos delicadas y conjunto humilde y un tanto vulgar [...] Estaba sentado en su mesa, con el tintero enfrente, y detrás de él un Santo Cristo colosal entre dos velas de cera. Expuse mi misión a Su Ilustrísima, quien me escuchó con los ojos cerrados y como si estuviera en un profundo sueño. Cuando concluí me dijo:

—Realmente, mucho de lo que usted me dice no lo comprendo. Si usted me lo permitiera le suplicaría que no continuásemos hablando de este punto porque usted conocerá que se opone abiertamente a mi carácter.

—Yo no estoy para esas cuestiones; a mí me mandaron a inquirir de usted si cumple sus compromisos con los jefes de la Revolución.

—Yo no puedo tener compromisos mundanos, mi misión es de paz; y no puedo sino repetir: «amaos los unos a los otros».

—Ya lo he visto, señor; por eso han puesto ustedes las armas en la mano, para que nos matemos los unos a los otros.

—Es usted muy fogoso, joven; Dios tranquilice su espíritu.

—¿Y el dinero?

—La Iglesia está muy pobre y tiene muchos enemigos; diga usted a su general que le ayudaremos con nuestras oraciones para alcanzar el favor divino.

No quiero recordar todas las impertinentes palabras que se me ocurrieron en la hondísima impresión que me hizo aquella escena del tartufo clerical.[8]

Años después, Prieto escribiría: «Otro alegaría su poca edad, su inexperiencia, el influjo poderoso de entidades para mí veneradas. Yo digo que aquella fue una gran falta […] que reaparece más, más horrible a mis ojos, mientras más me fije en ella».[9]

Puebla se rinde

No obstante, esta no fue la única manera que halló el clero para acelerar el triunfo de los invasores, pues su presencia en territorio mexicano ciertamente le preocupaba: ¡se estaban llevando a cabo muchos matrimonios —no católicos, evidentemente— entre los soldados y las mexicanas que recogían en su camino! Por ello, el obispo de Puebla, Francisco Pablo Vázquez Vizcaíno, tras observar que los norteamericanos destruían a su paso las iglesias (como ocurrió en Monterrey, Veracruz y Perote), se apresuró a entrar en contacto con el general Scott para proponerle que:

«si me garantizas que serán respetados las personas y bienes eclesiásticos, yo te ofrezco que en Puebla no se disparará un solo tiro». «Aceptado», dijo el general americano. El obispo, para cumplir su palabra, hizo que sus agentes intrigaran en el Congreso del Estado para que fuese nombrado gobernador el hermano

---

[8] Vicente Fuentes Díaz, *op.cit,*
[9] Vicente Fuentes Díaz, *op.cit.*

de su secretario, D. Rafael Inzunza, y éste, luego que se encargó del gobierno del Estado, pasó una comunicación al gobierno general, en que le decía que no teniendo Puebla elementos con qué defenderse, no debía esperarse que aquella ciudad hiciera resistencia al ejército invasor. Hizo más aquel prelado: por su influencia, don Cosme Furlong, que era el comandante general, despachó a Izúcar de Matamoros todo el armamento y material de guerra que habían dejado en la plaza los cuerpos que por ahí habían transitado para atacar al enemigo en Veracruz y en Cerro Gordo. El general Santa Anna, que después de haber sido derrotado en ese punto con las pocas fuerzas que había logrado reunir en Orizaba, y seis piezas de artillería mal montadas, se dirigía a Puebla, creyendo encontrar allí restos de armamento y municiones, para armar con ello a la plebe y organizar la resistencia, nada encontró y tuvo que venirse hasta San Martín Texmelucan. Esto lo vi yo.[10]

Tal es la relación de los hechos que dejó escrita el ilustre patriota Anastasio Zerecero; pero esta no es, ni con mucho, la única prueba de tan vergonzosa traición:

Os ecshortamos muy de veras, amados hijos nuestros —escribió el obispo de Puebla en una pastoral, ante el inminente arribo de los norteamericanos—, a que dóciles como hasta aquí lo habéis sido, escuchéis la voz de la Iglesia para no ser tenidos por gentiles o publicanos, a que desechéis las persuasiones de quienes pretenden engañaros con falsas doctrinas, y a que no ofendáis al Señor dejándoos llevar tal vez de un celo obsesivo faltando a los deberes de la caridad cristiana que nos previene amar a

---

[10] Anastasio Zerecero, *Memorias para la historia de las revoluciones en México*, UNAM, México, 1975.

quien nos aborrece, bendecir a quien nos maldice, y hacer bien a quien nos hace mal. Si la presente tribulación es una prueba, suframosla con resignación para salir de ella purificados como el oro, y si es un castigo de nuestras culpas tratemos de enmendarlas eficazmente para que el Señor levante de sobre nuestras cabezas su formidable azote.[11]

Por ello no debe extrañarnos la siguiente proclama del general Scott:

El ejército americano respeta y respetará siempre la propiedad particular de toda clase y la propiedad de la iglesia mexicana, y desgraciado aquel que no lo hiciese donde nosotros estamos. Marcho con mi ejército para Puebla y México, no os lo oculto; desde estas capitales os volveré a hablar; deseo la paz, la amistad y la unión; a vosotros toca elegir si preferís continuar la guerra; de todos modos estad seguros de que nunca faltará a su palabra de general. Winfield Scott, Jalapa, 11 de mayo de 1847.[12]

Efectivamente, al día siguiente de la entrada de los norteamericanos a Puebla, donde —según refiere una crónica— se echaron a dormir plácidamente, el obispo Vázquez hizo una visita al general Worth, de cuya guardia «recibió honores de general y regresó a su palacio acompañado por el jefe de los invasores y sus ayudantes...».[13]

---

[11] *Ibid.*
[12] En *El Republicano*, 27 de mayo de 1847.
[13] Alfonso Toro, *op.cit.*

The Mexican Spy Co.

Pero no sólo fueron los vendepatrias de siempre los que colaboraron al pronto cumplimiento de los objetivos del enemigo, como puede verse en el siguiente resumen de una de las más claras muestras de falta de patriotismo de los mexicanos de entonces:

> A fines de junio el coronel Hitchcock, inspector general y confidente del general Scott, contrató 5 hombres de Domínguez con una paga de dos dólares al día y los envió a recolectar información. Hitchcock se dio cuenta de que necesitaría una mano de obra muchísimo mayor para completar la enorme tarea frente a él. Hitchcock necesitaba espías que trabajaran tan sólo para él, que fueran confiables, que estuvieran a la orden las 24 horas del día, los 7 días de la semana. Esta necesidad creó la «Mexican spy company» [...] En Puebla el 26 de junio, Hitchcock sacó a doce hombres de prisión para encontrarse con Domínguez. Ellos eran sus amigos y juraron lealtad eterna entre ellos y hacia los Estados Unidos. Hitchcock repartió 50 dólares entre ellos. Después hizo que Domínguez reclutara 200 criminales más.
>
> Éstos fueron formados en escuadrones y operaban directamente bajo el comando de Scott. Cada hombre recibiría 20 dólares al mes [...] En la época en la que todos los que entraran y salieran de la Ciudad de México se sometían a los más rigurosos cateos, los espías americanos entraban disfrazados de vendedores de manzanas, cebollas, etcétera. [...] La MSC investigaba rumores y reportes de fuerzas hostiles, y en el caso de hacer contacto, peleaban. El 3 de agosto de 1847 en los alrededores de Puebla hubo una batalla entre la MSC y un grupo de guerrillas. Esta última fue derrotada con una gran cantidad de bajas [...] El éxito de la MSC también creó unos problemas, los mexicanos estaban

furiosos e indignados ante el indignante empleo de nativos en una compañía de espionaje. Cuando alguno de estos traidores caía en las manos de sus compatriotas era ejecutado. Cuando el gobierno mexicano escuchó de la liberación de algunos prisioneros mexicanos entre las líneas norteamericanas sospechó que éstos serían utilizados por los norteamericanos. El gobierno ofreció un perdón a dos de los principales hombres. Sin saber que Domínguez estaba en la nómina del enemigo, los mexicanos le pidieron que entregara mensajes a estos hombres. En cambio, los mensajes fueron directamente al coronel Hitchcock. Santa Anna envió cartas a todos los poblanos (los hombres de la CS) invitándolos a regresar con su propia gente, Domínguez y el resto de la MSC no aceptaron.[14]

El cinismo

Para completar el cuadro, diremos que Moses Y. Beach, director del *New York Sun* y enviado secreto del presidente Polk para disuadir a la jerarquía eclesiástica de cualquier movimiento en falso, aseguraba que, gracias a sus instancias, los influyentes obispos de Puebla, Guadalupe y Michoacán «consintieron» en organizar la resistencia contra la ley de bienes eclesiásticos.[15] Y es que, citando una vez más a Zerecero, testigo presencial de los hechos:

> Ocurrieron después acontecimientos que dan motivo para creer que, en efecto, había existido el complot. Ocupada ya la

---

[14] A. Brooke Caruso, *The Mexican Spy Company: United States Covert Operations in Mexico*, Jefferson, McFarland, 1991.
[15] José Bravo Ugarte, *Historia de México*, Jus, México, 1951.

capital por Scott y habiendo emigrado el supremo gobierno de México para Querétaro, se cumplieron los plazos de esas libranzas [las relativas a la ayuda económica que la iglesia se había comprometido a dar al gobierno para el sostenimiento de la guerra, una vez destituido Gómez Farías]; el clero se negó a pagarlas, burlándose de sus firmas, y se publicaron circulares por el general americano, que probablemente era protestante, en que se citaban con énfasis los cánones y los capítulos de los decretales *De bonis Eclesioe non alienandies*...[16]

La iglesia ha tenido cien años para desmentir esta acusación... y no lo ha hecho.

A esta clase de sucesos se debió, en parte, la derrota de México, y no sólo, como engañosamente se ha dicho, a la superioridad militar norteamericana, pues salvo en los casos de las heroicas defensas de Monterrey y Veracruz, dicha superioridad apenas tuvo ocasión de mostrarse: en La Angostura, a pesar de que Santa Anna tenía a su merced al enemigo, ordenó sospechosamente la retirada, ante el asombro de su propio ejército; en Cerro Gordo el mismo generalísimo se negó a ocupar dicha posición estratégica porque, según dijo, «a ese cerro no suben ni los conejos»; sin embargo, al día siguiente, precisamente por ahí, el enemigo aplastó al ejército mexicano... Las palabras del general Anaya: «Si tuviera yo parque no estaría usted aquí» son inexactas: sí que tenía parque, pero —a semejanza de lo ocurrido en otros lugares donde se realizó «la defensa»— ¡las municiones enviadas por Santa Anna eran de un calibre diferente al de las armas que había en Churubusco, por lo que resultaron inservibles!

---

[16] Anastasio Zerecero, *op.cit.*

Tales fueron, en fin, los hechos que permitieron al fanático presidente norteamericano Polk declarar en su último discurso presidencial: «La gratitud de la nación hacia el árbitro soberano de todos los acontecimientos humanos debe estar de acuerdo con las infinitas bendiciones de que disfrutamos […] Paz, abundancia y satisfacción reinan dentro de nuestras fronteras y nuestro amado país presenta al mundo un espectáculo sublimemente moral».[17]

A pesar de que la superioridad era evidente, varias defensas fueron heroicas. Sin embargo, los discursos incendiarios lanzados desde los púlpitos, además del interminable repertorio de traiciones, hicieron más daño en las fuerzas mexicanas que las bombas disparadas por el invasor.

---

[17] Clenn W. Price, *Los orígenes de la guerra con México*, 1846-1848, FCE, México, 1986.

Díaz Ordaz: único culpable del 68

En efecto: bastó que el propio Díaz Ordaz declarara en 1969: «Por mi parte, asumo íntegramente la responsabilidad personal, ética, social, jurídica, política e histórica por decisiones del Gobierno en relación con los sucesos del año pasado», para que muchos se creyeran el mito de que el fanático presidente, de aborrecible memoria, fue el único culpable de la matanza del 2 de octubre y de la represión antipatriótica con que el gobierno respondió al movimiento estudiantil de corte democrático de 1968.

Ahí están todos los diputados, al unísono, aplaudiéndole de pie a Díaz Ordaz. ¿Y el senado? ¿Quién mandó publicar el 11 de septiembre de 1968 la siguiente inserción en los periódicos?: «ADVERTENCIA DEL SENADO A QUIENES SUBVIERTEN EL ORDEN. APOYO A DÍAZ ORDAZ PARA QUE USE LAS TROPAS SI ES NECESARIO. HOMENAJE A LAS FUERZAS ARMADAS POR SU PATRIÓTICA ACTUACIÓN». ¿Quién fue?, ¿quién? ¿También el asesino solitario…?

Ahí está el entonces secretario de Gobernación, Luis Echeverría, a quien tardíamente se ha pretendido hacer pagar —con éxito menos que insignificante— el terrible daño generacional causado.

Ahí están los funcionarios del gobierno, incapaces (con la salvedad de Octavio Paz, entonces embajador en la India) de renunciar a sus puestos para manifestar su inconformidad con un gobierno asesino que dirimía las diferencias sociales y políticas a balazos. ¿Cuántos muertos hubo a raíz del movimiento estudiantil del mismo año en París? «Destaca la ausencia de voces disidentes dentro del aparato o sistema, dentro de la familia política mexicana», escribió Arturo Warman. Y bien: ¿dónde están los miembros de esa familia política mexicana, la así llamada familia revolucionaria?

Ahí están —uno por uno— los soldados y los policías especiales que dispararon sobre los estudiantes en la Plaza de las Tres Culturas. Y los que los torturaron, y los que los persiguieron, y los que los acosaron durante años para alimentar los pesados archivos del Centro de Investigación y Seguridad Nacional (Cisen).

Ahí están los ministros de la Suprema Corte de Justicia de entonces, incapaces de levantar la voz ante la ofensa perpetrada por el gobierno en contra de las escuálidas instituciones de la República. ¿División de poderes? Sí, cómo no... Recuérdese bien: los mexicanos tuvimos la irresponsabilidad de abandonar el país a los estados de ánimo de Díaz Ordaz, no la presidencia de la República, sino el aparato político completo —así eran las reglas—, para que ejerciera a su modo su pequeña dictadura, con todas sus consecuencias.

Ahí están muchos, muchísimos medios de comunicación, y principalmente los grandes formadores de opinión, generando un ambiente netamente fascista contra los demonios comunistas y contra los extranjeros de ideologías exóticas que, según ellos, dirigían en lo oculto el movimiento.

La policía estableció plenamente [decía el *Sol de Puebla* el 28 de julio de 1968] y tiene pruebas concretas de que los sucesos ocurridos [dos días atrás], en que se perturbó el orden público y se atentó contra la integridad cívica, fueron obra de un grupo de extranjeros de ideologías políticas extremistas que se infiltraron en la masa estudiantil.[1]

En contraste, los periódicos se negaban a publicar los manifiestos donde los estudiantes exigían el restablecimiento del orden constitucional y el respeto a las garantías individuales, e incluso el cese de la campaña de desprestigio desatada en contra de la misma UNAM, como señaló Luis González de Alba en *Los días y los años*. ¿No acaso los medios también falsificaron la información sobre los sucesos del 2 de octubre al tergiversar las noticias sobre ellos? ¿Acaso no acataron el veto oficial sobre el tema durante muchos años? Se trataba del esplendor de la «dictadura perfecta...».

«En su oportunidad, nos solidarizamos con el orden, pues no podemos desarrollar nuestro trabajo en ningún otro clima», decía la Confederación de Cámaras Nacionales de Comercio a través de su presidente, meses antes de la matanza.

¿Y la iglesia? ¿Qué hicieron los arzobispos en protesta por esa terrible masacre? ¿Cuántas pastorales censurando estos hechos se dieron a conocer? Eso sí, como rescata Carlos Monsiváis en *Días de guardar*: «el obispo de Puebla llamó a los fieles a una enorme concentración guadalupana con estribillo de combate: *Cristianismo sí, comunismo no*». Por algo Díaz Ordaz pudo estirar su diestra: «para que los mexicanos decidan si se queda tendida en el aire o se ve

---

[1] En *Sol de Puebla*, 28 de julio de 1968.

acompañada de millones de manos que quieren restablecer la paz y la tranquilidad de las conciencias».

¿Y quién no recuerda la tragedia del 15 de septiembre de 1968 en San Miguel Canoa? Aquella vez el sacerdote Enrique Meza Pérez, contra toda ley civil y religiosa, contra toda razón, contra toda humanidad, llamó al pueblo a linchar a siete jóvenes universitarios tachados de comunistas que estaban de paso por el pueblo, logrando a medias su cometido al quitar la vida a cuatro de ellos. «Lo primero que les enseñan cuando entran a la Universidad es que no hay Dios», les decía a los alumnos de la escuela primaria de la localidad de Canoa el director del plantel, además de secretario de Su Ilustrísima, el párroco local Enrique Meza Pérez, quien arrojara a sus embrutecidos fieles sobre los universitarios sin Dios, al grito de «se quieren robar a *San Miguelito*»...

> Desde tres años atrás venía diciendo que un día iban a llegar los comunistas [...] decía desde el púlpito: «Cuando lleguen los comunistas [...] yo nomás se los voy a comunicar, pero ustedes tienen que saber lo que necesitan hacer». Hasta les decía a los niños: «Ustedes, con sus cuchillitos que usa su mamá pa' limpiar el nopal, ustedes lo train...». Y las mamás y los papás, ni modo: «es sacerdote, pos lo vamos a obedecer», decían.[2]

Ya tendría tiempo el padre Meza de presumir: «en Canoa todos me obedecían», y no sólo eso: «El señor procurador era amigo mío [...] el gobernador era Aarón Merino

---

[2] Declaraciones de Serafín Manzano, vecino de San Miguel Canoa, en Guillermina Meaney, *Canoa: el crimen impune*, BUAP, Cuadernos del Archivo Histórico, Puebla, 2000.

Fernández, también amigo mío».³ Y ahí está el FBI, cuyo jefe Hoover, en 1967,

> instruyó al agregado jurídico de la embajada estadounidense en la capital mexicana a proponer un plan de «reventamiento» de los grupos subversivos radicales más activos en la Universidad, advirtiéndole «ser muy cuidadoso de no interferir con los agentes de ninguna otra agencia de inteligencia de Estados Unidos operando entre los universitarios».⁴

En fin: algo tan horrible y tan bárbaro, tan bien organizado, tan eficazmente llevado a cabo al grado de que asusta pensar en el número de balas que se dispararon la noche del 2 de octubre: ¿habrá podido ser obra de un solo hombre? ¿Y Luis Echeverría Álvarez y Alfonso Corona del Rosal y Alfonso Martínez Domínguez y Marcelino García Barragán? Preguntémonos: ¿qué fue de estos auténticos conspiradores? ¿Fueron inocentes? ¿Su silencio fue conformidad o complicidad, o ambos cargos juntos?⁵

Y finalmente, ¿dónde está la vergüenza ante el ultraje de ver a las fuerzas encargadas del cuidado de los ciudadanos volcarse sobre éstos, inermes, para acribillarlos cobardemente? ¿Dónde está la justicia en este país? ¿Llegará a tanto nuestro paternalismo como para dejar en manos de Díaz Ordaz el juicio final sobre estos penosos sucesos, conformándonos con su «yo asumo la responsabilidad»?

---

³ Guillermina Meaney, *op. cit.*
⁴ Juan Miguel de Mora, *Tlatelolco T-68 ¡Toda la verdad!*, Edamex, México, 2007.
⁵ José Ignacio González Molina, «Muchos Tlatelolcos, como el de hace cuarenta años», en *La Opinión, Diario de la Mañana*, Puebla, 1º de octubre de 2008.

Y es que, claro: todo debe ser obra de un solo hombre. Pero ¿y nosotros?, ¿cuándo vamos a asumir nuestras responsabilidades ciudadanas? En México nunca hay culpables, o los culpables ya están muertos…

Las víctimas de Huitzilac eran inocentes

El 3 de octubre de 1927 un suceso sacudió salvajemente al país: Francisco R. Serrano, candidato a la presidencia de la República por el partido antirreeleccionista, fue brutalmente asesinado junto con trece de sus colaboradores más cercanos en un tramo de la carretera México-Cuernavaca, a la altura del poblado de Huitzilac, Morelos. El multihomicidio, perpetrado por un escuadrón militar al mando del general Claudio Fox, había sido ordenado por el presidente Plutarco Elías Calles, en total acuerdo con otro de los candidatos a la presidencia, nada menos que el general Álvaro Obregón, quien regresaría a la presidencia pisoteando la mayor consigna revolucionaria: Sufragio efectivo. No reelección.

Ahora bien, según el mito: «Cuando el 1 de octubre de 1927, el general Francisco Serrano viajó a Cuernavaca para comenzar las celebraciones de su cumpleaños, que era el día 4, cuentan que Obregón dijo: 'Hay que darle su cuelga' [y] el 3 del mismo mes fue aprehendido en Cuernavaca». El crimen fue, ciertamente, aborrecible, y no hay manera de justificarlo, pero llama la atención el hecho de que, en la mayoría de las crónicas, se oculte la verdad: ¡Serrano y sus acompañantes estaban a punto de dar un golpe de Estado a Calles y Obregón! ¿Una temeridad? Ya lo creo, tratándose de estos dos fundadores del régimen priista. No obstante, el mito insiste: «Puede ser que Serrano fuera hombre de notable sagacidad para enfrentar al régimen en las urnas, pero no era lo suficientemente idiota para levantarse en armas a lo pendejo, en particular cuando tenía enfrente al mayor estratega de la lucha armada de la revolución: Obregón».[1]

Lamentablemente para los apologistas de Serrano, el mito vuelve a errar en este punto...

La familia

Francisco R. Serrano, exsecretario particular del general Obregón, había intercedido ante Francisco Villa cuando éste estuvo a punto de fusilar a Obregón en 1915, y se dice además que Serrano, familiar indirecto cercano, había mecanografiado a Obregón su famoso libro: *Ocho mil kilómetros en campaña* —entre otros muchos favores personales—.

Durante la presidencia del caudillo, Serrano ocupó la Secretaría de Guerra, pero con el arribo de Calles al poder abandonó el país y radicó en Europa. A su regreso en 1926 se negó a aceptar la Secretaría de Gobernación que Calles le ofreció hasta entrevistarse con el general Obregón. Pero a éste parecieron no importarle las intenciones de Serrano, quien consecuentemente comenzó a moverse en pos de la

---

[1] Carlos Antonio Sierra, «Serrano en Huitzilac», en: http://casierra.blogspot.com/2003/03/serrano-en-huitzilac-la-historia-de.html. Consultado el 13 de enero de 2010.

presidencia, aceptando el gobierno del entonces Distrito Federal.

> ¿Conoce usted la firma del general Calles en este cheque por 100 000 pesos? (preguntó en una ocasión a un general amigo suyo). Esto es para que inicie mis trabajos políticos, y estoy autorizado para que todo lo que pueda cubrir, lo tome del Gobierno del Distrito... pues ¿qué me cree tan tonto que no sepa cómo se hace la política en México? Yo me lanzo porque me lanza el presidente de la República.[2]

Y así fue: Calles echó al ruedo a Serrano, consciente de que Obregón buscaría reelegirse y de que reprobaba completamente dicha candidatura: «hemos mandado a regenerar a Pancho a Europa —dijo una vez Obregón— y ha vuelto más vicioso [...] sería una juerga su Gobierno». Y en efecto, Serrano, a decir del historiador Carlos Pereyra, era «muy inteligente y muy crapuloso [...] regaba millones por los garitos y [...] en una noche de orgía arrojó desde un balcón a una mujer desnuda, que estuvo a punto de morir».[3] ¡Ese era el candidato presidencial!

Así pues, cuando el Manco decidió lanzar su candidatura, Serrano ya no pudo dar marcha atrás: «Ora sí, Panchito —le dijo Obregón en Sonora, descubriendo su juego siniestro—, contenderemos uno contra el otro. Pero te garantizo que llegaré nuevamente a la silla, aunque sea sobre cadáveres».[4]

---

[2] En *El Universal Gráfico*, 27 de junio de 1927.
[3] En *México falsificado*, Editorial Polis, México, 1949.
[4] Ernesto Higuera, *Humos del cráter*, México, 1962.

La campaña

De vuelta en México, Serrano, quien no pensaba rendirse ante las amenazas del caudillo, prorrumpió en un discurso público:

> Bastó la voracidad de unos cuantos cerdos agremiados en el Congreso de la Unión [...] para echar por tierra lo que creíamos haber cimentado con mezcla de metralla y sangre, y viene esa voracidad inaudita a apoyar un tránsfuga de la Revolución [...] Estos cerdos [...] vienen a remover con sus hocicos la tierra, matando la cimiente.

Calles, por su parte, había lanzado a su propio candidato, el general Arnulfo R. Gómez. El panorama, así —por el enorme arrastre de la candidatura de Obregón y por el respaldo presidencial de la candidatura de Gómez—, comenzó a nublarse para Serrano, quien viendo su causa perdida por la vía de las elecciones, empezó a planear un golpe de Estado.

El golpe

En el mes de septiembre Serrano comenzó a tener acercamientos con los cristeros, ya levantados en armas, y para el efecto recibió en su domicilio particular a Miguel Palomar y Vizcarra (jefe militar cristero), a quien prometió atender «las demandas de los católicos para cambiar la ley».[5] Sus intenciones, como se puede ver, eran claras, pero el colmo de

---

[5] José Antonio Martínez, *Los padres de la guerra cristera*, Universidad de Guanajuato, México, 2001.

la desesperación y de la candidez de Serrano llegó cuando, sintiéndose perdido, ¡puso a Calles al tanto de sus intenciones de derrocarlo mediante un golpe militar!

> El presidente de la República escuchó esta peregrina proposición lleno de asombro [...] «Es muy grave, Serrano», le dijo el presidente [...] «¿Cuenta usted con el Ejército?», «Sí, cuento con el Ejército» [...] ¿Y con qué generales cuenta usted, Serrano? Cuento con el general Eugenio Martínez y con toda la guarnición de la Plaza [y] siguió enumerando a todos los demás generales comprometidos [...] El presidente exclamó: «hay que pensar mucho ese asunto [...] Todo esto que me estás diciendo es muy grave, gravísimo». En cuanto Serrano sale del despacho, el presidente envía un telegrama urgente a Obregón, que se encuentra en Sonora y le pide que acuda a la capital de inmediato para acordar con él las medidas que debían tomarse. El caudillo se presenta en Chapultepec tan pronto como puede.[6]

La masacre

El plan de Serrano consistía en apartarse de la ciudad de México con el pretexto de celebrar su cumpleaños en una hacienda cercana a Cuernavaca. Ahí esperaría —según él— el éxito del golpe militar que llevarían a cabo en México las fuerzas militares que, al mando de Héctor Almada, se rebelarían justo en el momento de dar una exhibición en el campo militar de Balbuena, evento al que asistirían —supuestamente— el presidente Calles, el general Obregón

---

[6] Pedro Castro, *A la sombra de un caudillo*, Plaza & Janés, México, 2005.

y el secretario de Guerra, Joaquín Amaro. Los tres serían asesinados en el acto y Serrano volvería a la ciudad para asumir el poder.

Llegó el día indicado. Ni Calles ni Obregón asistieron al evento, «la fuerza pronunciada se disgregó en el camino de Texcoco, y Almada se perdió en el centro de México, para reaparecer sano y salvo en los Estados Unidos».[7] Calles, contando con la información que el propio Serrano le proporcionó, había tomado sus providencias y, para cerrar la pinza, envió a su secretaria particular a entrevistarse con el jefe militar de Morelos, implicado en la conspiración, para ordenarle la captura de Serrano, a lo que dicho jefe accedió luego de un titubeo.

Cuando Obregón supo de la sublevación, se trasladó inmediatamente al Castillo de Chapultepec, «en donde no durmió un solo instante y no abandonó por un solo momento al general Calles».[8] Tras discutir con Calles el asunto, Obregón mandó llamar al general Claudio Fox, que se encontraba en el patio dialogando con otros generales. Obregón sabía que, en una ocasión, Fox vio salir de su casa a Serrano, quien se entendía en secreto, obviamente, con su esposa. Un error imperdonable, más aún entre militares. Por lo que Obregón le habló al oído a Fox: «Tú tienes algo en contra de Pancho Serrano […] Hoy tienes la oportunidad de vengarte».[9] Y le extiende la orden siguiente:

---

[7] Ernesto Pereyra, *op. cit.*

[8] Helia D'Acosta, *La matanza política de Huitzilac,* Editorial Posada, México, 1976.

[9] Alfonso Taracena, *La verdadera Revolución Mexicana. Decimotercera etapa (1927-1928),* Porrúa, México, 1963.

Al C. General de Brigada, Claudio Fox, Jefe de las Operaciones Militares en Gro. Presente. Sírvase marchar inmediatamente a Cuernavaca acompañado de una escolta de 50 hombres del Primer Regimiento de Artillería, para recibir del general Enrique Díaz González, Jefe del 57º Batallón, a los rebeldes Francisco R. Serrano y personas que lo acompañan, quienes deberán ser pasados por las armas sobre el propio camino a esta Capital por el delito de rebelión contra el Gobierno Constitucional de la República; en la inteligencia de que deberá rendir el parte respectivo, tan pronto como se haya cumplido la presente orden al suscrito. Reitero a usted mi atenta consideración. Sufragio efectivo. No reelección. Castillo de Chapultepec, 3 de octubre de 1927. El Presidente Constitucional de la República, P. Elías Calles.

Serrano había sido detenido en Cuernavaca en compañía de sus cándidos amigos; se les dijo que serían trasladados a México, por lo que abordaron los vehículos respectivos. A medio camino el convoy fue interceptado por el general Fox. Serrano, al ver a Fox, exclamó: «¡Ahora sí la tenemos perdida! ¡Aquí viene este desalmado a recibirnos!». Minutos después, Serrano —el candidato presidencial y golpista frustrado— y sus amigos son ejecutados sin piedad alguna. Simultáneamente, a lo largo y ancho del país, son asesinados una decena de generales y, al día siguiente, ¡veintitrés congresistas pierden su curul y su fuero en una breve sesión de las cámaras![10]

Todo esto demuestra que Serrano no era un candidato inofensivo, una víctima más de la intolerancia obregonista.

---

[10] Francisco Javier Meyer, *La reelección del general Álvaro Obregón a través de los informes diplomáticos norteamericanos: 1926-1928,* tesis de licenciatura, UNAM, México.

Serrano pensaba levantarse en armas y de ninguna manera estaba celebrando su cumpleaños aquel 2 de octubre: su ambición y su desesperación, pero sobre todo su candidez, lo hicieron caer en la trampa que le tendió la temeraria diarquía Obregón-Calles.

Serrano era, pues, un iluso, y además un golpista. Sin embargo, al haber sido descubiertas sus intenciones debió haber sido juzgado por un tribunal militar, el cual, a través de un consejo de guerra, bien podría haberlo condenado a muerte, en lugar de matarlo como a un perro rabioso en un tramo de la carretera. ¿Dónde quedaron las garantías individuales consignadas en la recién promulgada Constitución, la máxima esperanza de todos los mexicanos?

El ataque a Columbus: una cuestión personal

El día 9 de marzo de 1916 las fuerzas villistas invadieron territorio estadounidense. Los habitantes de Columbus, una población insignificante cercana a la frontera, presenciaron un hecho nunca antes visto ni sospechado: la nación más poderosa del mundo era invadida por un grupo muy reducido de revolucionarios mexicanos.

Aquella madrugada, mientras Francisco Villa esperaba ansioso el resultado de la incursión militar en la hacienda de Palomas, del lado mexicano, la caballería, cumpliendo sus instrucciones, irrumpió en Columbus, disparando contra las casas y el cuartel:

> Cuatrocientos eran los que asaltaron Columbus. La guarnición norteamericana de la ciudad se componía de trescientos soldados […] Los villistas irrumpieron por las calles de la población gritando «¡Viva Villa! ¡Viva México!» […] Asaltaron e incendiaron el Hotel Comercial […] el edificio de Correos fue incendiado […] «¡Mueran los gringos!», gritaban con voz enronquecida los asaltantes. Y prendieron fuego a los más importantes edificios del barrio comercial, matando a todos los americanos de ambos sexos que se ponían a tiro de sus rifles […] Los asaltantes se

llevaron algún botín; treinta o cuarenta caballos, equipo militar y algunas muchachas norteamericanas, las cuales, en inglés, pedían socorro.[1]

No obstante, el ataque a Columbus no fue una victoria para las tropas de Villa, pues según Ricardo Orozco Ríos, casi una centena de sus hombres murieron, mientras que tan sólo diecisiete estadounidenses fallecieron en el enfrentamiento. ¿Por qué ordenó Villa el ataque a Columbus, ataque en el que, como ya se dijo, él se abstuvo de participar?

Las verdaderas razones del ataque a Columbus

Para comprender las razones de Villa y la verdadera magnitud del ataque a Columbus es necesario considerar algunos hechos que muestran las intenciones inconfesables de otras naciones, del capital extranjero y de una estrategia global teutona para conquistar el mundo.

Una de las razones no oficiales que explicarían el ataque a Columbus —según Elías L. Torres en su libro *Vida y hechos de Francisco Villa*, y Ricardo Orozco Ríos en su obra *Francisco Villa*— fue el hecho de que el káiser alemán diera a Villa 800 000 marcos a cambio de que invadiera a los Estados Unidos. Aunque Villa quizá hubiera realizado esta acción gratuitamente, pues estaba furioso en contra de la Casa Blanca por el apoyo otorgado a Carranza, el dinero no le venía nada mal: gracias a él podría volver a pertrecharse para enfrentar

---

[1] Pere Foix, *Pancho Villa*, Editorial Trillas, México, 1967.

a sus enemigos, ya que la División del Norte estaba muy mermada luego de las derrotas en Celaya. Las razones de la intromisión del káiser están más allá de la duda, e incluso han sido mostradas por historiadores de gran prestigio, como Friedrich Katz: el poderoso emperador alemán deseaba provocar una nueva guerra entre el Coloso del Norte y México, pues así los Estados Unidos tendrían que destinar por lo menos quinientos mil efectivos, que ya no podrían enviar al frente europeo, en caso de que el Tío Sam participara en la guerra que se desarrollaba en Europa. He aquí a Katz:

> 1) Alemania procuraba, por todos los medios, lanzar a Villa contra los Estados Unidos. 2) Hay muchos indicios probatorios de que los agentes villistas habían entablado conversaciones con Rintelen [encargado alemán de los asuntos de México] poco antes del ataque. 3) El gobierno alemán hizo cuanto pudo para mandar armas a Villa después de la acción; y 4) Los informes de agentes americanos de principios de 1917, advertían que Villa se esforzaba en no perjudicar con sus ataques los negocios y fábricas alemanes.[2]

El ataque a Columbus no era el primer intento del káiser por hacer estallar una guerra entre México y los Estados Unidos: lo había procurado en abril de 1914, al enviar a Huerta, en plena guerra contra el constitucionalismo, la cantidad de 15 millones de cartuchos y 500 cañones de tiro rápido, además de haberlo abastecido con casi un millón de marcos en oro en su exilio forzoso en Barcelona para convencerlo de sumarse a los planes germanos.

---

[2] «Alemania y Francisco Villa», en *Historia Mexicana*, El Colegio de México, Centro de Estudios Históricos, vol. 12, núm. 1 (45), jul-sep de 1962.

Y volvería a intentarlo en abril de 1917, cuando el secretario de asuntos exteriores del Imperio, Arthur Zimmermann, a través de su famoso telegrama, propusiera a Carranza «una alianza para declarar junto con Japón, la guerra a Estados Unidos, sobre la base de que el éxito militar le garantizaría a México la reconquista del territorio perdido en Nuevo México, Texas y Arizona».

El plan del káiser era claro en cuanto a Columbus: mientras los Estados Unidos dedicaban una buena parte de su poderío a posesionarse una vez más de México, ahora como respuesta al ataque a Columbus, Alemania se ocuparía de aplastar a Inglaterra y a Francia, mientras que el zar asistiría impotente al estallido de la Revolución rusa, detonada igualmente por el propio káiser a través de Lenin, con el objetivo de sacar a Rusia de la Primera Guerra Mundial... Así, mientras el káiser se apropiaba de Europa y los rusos se mataban entre sí, los Estados Unidos arrasarían a México. Acto seguido, los alemanes, dueños de medio mundo una vez absorbidas Europa y Rusia, verían la manera de declararle la guerra a los Estados Unidos, para finalmente apropiarse del planeta.

No obstante la inocultable participación del káiser, no es ésta la única razón que puede explicar el ataque a Columbus: en la biografía de Francisco Villa escrita por Ricardo Orozco Ríos se afirma que es «posible que hayan sido los capitalistas norteamericanos los que pagaron a Villa para crear un conflicto entre México y Estados Unidos, convencidos de que eso podía dar pie a que esa nación se apropiara de los territorios norteños» de México.

Por una razón o por la otra, el conflicto entre los Estados Unidos y México se volvió a dar, pero sólo a nivel de una reducida «expedición punitiva» al mando del general

Pershing, la cual se adentró en nuestro país para tratar de capturar, sin éxito alguno, a Francisco Villa.

Como epílogo, diremos que otro de los méritos de la arrebatada acción fue que las tropas del general abandonaran el país precisamente el día de la promulgación de la Constitución, en febrero de 1917. Es decir que gracias al asalto a Columbus nuestros diputados constituyentes redactaron nuestra máxima ley con la presencia de tropas estadounidenses en territorio nacional... Que no se olvide que una de las condiciones impuestas por las tropas invasoras para abandonar el país consistió en que no se atentara en contra de los intereses, fundamentalmente petroleros, a través de la nueva Carta Magna. ¿No habían invadido México para buscar a Villa por el asalto a Columbus?

Las Leyes de Reforma, causa de la guerra

Según un texto sin firma publicado en la página web de la Cámara de Diputados: «La Constitución de 1857 abrió el camino para romper con algunos de los resabios del orden colonial, pero la Guerra de Reforma fue el trámite necesario para imponer el concepto de modernidad de los liberales».[1] Este tipo de afirmaciones, ambiguas e imprecisas, han contribuido a arraigar la idea de que la Guerra de Reforma, una de las más sangrientas que hemos tenido, fue provocada por los liberales, quienes, ávidos de acabar con la religión —sigue rezando el mito—, se lanzaron sobre los bienes de la iglesia, provocando la respuesta armada de los conservadores y, consecuentemente, el estallido de la guerra.

Y es que, en efecto, el hecho mismo de llamarle Guerra de Reforma al baño de sangre que entre 1858 y 1861 presenció el país, parece sugerir que la causa fue la promulgación de las famosas Leyes de Reforma, cuando en realidad dichas leyes fueron emitidas en julio de 1859, año y medio después

---

[1] En http://www.diputados.gob.mx/museo/ssurg7.htm.

de comenzadas las hostilidades, con el claro objetivo de que dicha guerra terminara cuanto antes, pues al privar al clero de sus bienes se cortaba de tajo la fuente de financiamiento de sus ejércitos.

Así pues, el clero no desató la guerra en respuesta a las llamadas Leyes de Reforma, sino a la Constitución de 1857. Las Leyes de Reforma llegarán a su tiempo...

Nada nuevo bajo el sol

Recordemos que el clero combatió a la Constitución de Apatzingán de 1814, coronando exitosamente sus esfuerzos con la prisión, tortura y muerte de José María Morelos; posteriormente, se opuso a la Constitución liberal de Cádiz, para lo cual apresuró la consumación de la independencia en 1821; igualmente rechazó la Constitución federal de 1824, para cuya derogación apoyó sendos golpes de Estado militares. De esta manera, no fue nada sorpresivo que desde que el presidente designado por la triunfante Revolución de Ayutla, Juan N. Álvarez, en octubre de 1855 lanzara la convocatoria para la conformación de un Congreso que se encargara de elaborar una nueva Constitución, la iglesia se preparara para oponer una nueva resistencia armada.

Las armas de la ley

El gobierno interino de Álvarez dictó, además, algunas leyes que el clero calificó de inaceptables y que anunciaban ya el espíritu liberal de la próxima Constitución. El 23 de noviembre de 1855 el ministro de Justicia, licenciado Benito

Juárez García, publicó la Ley de Administración de Justicia y Orgánica de los Tribunales de la Federación, la famosa Ley Juárez, en cuyo capítulo de Disposiciones Generales establecía:

> Art. 42. Se suprimen los tribunales especiales, con excepción de los eclesiásticos y militares. Los tribunales eclesiásticos cesarán de conocer en los negocios civiles, y continuarán conociendo de los delitos comunes de los individuos de su fuero, mientras se expide una ley que arregle este punto […].

El 25 de junio de 1856, unos días después de que saliera a la luz el proyecto de Constitución, apareció el «Decreto sobre desamortización de fincas rústicas y urbanas que administren como propietarios las corporaciones civiles o eclesiásticas de la república», mejor conocida como Ley Lerdo, que en síntesis decretaba:

> Considerando que uno de los mayores obstáculos para la prosperidad y engrandecimiento de la nación es la falta de movimiento o libre circulación de una gran parte de la propiedad raíz, base fundamental de la riqueza pública; y en uso de las facultades que me concede el plan proclamado en Ayutla y reformado en Acapulco, he tenido a bien decretar lo siguiente […] Art. 1. Todas las fincas rústicas y urbanas que hoy tienen o administran como propietarios las corporaciones civiles o eclesiásticas de la República, se adjudicarán en propiedad a los que las tienen arrendadas, por el valor correspondiente a la renta que en la actualidad pagan, calculada como rédito al seis por ciento anual […] Art. 25. Desde ahora en adelante, ninguna corporación civil o eclesiástica, cualquiera que sea su carácter, denominación u objeto, tendrá capacidad legal para adquirir en propiedad o administrar por sí bienes raíces…

Antes de acabar el año, el 15 de diciembre de 1856, el papa Pío IX declaró indignado ante el proyecto de Constitución que había dado a conocer el Constituyente:

> Entre otros muchos insultos que ha prodigado a nuestra santísima religión, a sus ministros y pastores como al vicario de Cristo, [la Cámara de Diputados] propuso una nueva Constitución compuesta de muchos artículos, no pocos de los cuales están en oposición abierta con la misma religión, con su saludable doctrina, con sus santísimos preceptos y sus derechos. Entre otras cosas, se proscribe en esta Constitución el privilegio del fuero eclesiástico [...] se admite el libre ejercicio de todos los cultos y se concede la facultad de emitir libremente cualquier género de opiniones y pensamientos [...] Fácilmente deduciréis, venerables hermanos, de qué modo ha sido atacada y afligida en México nuestra santísima religión [...] Así es que, para que los fieles que allí residen sepan, y el universo católico conozca que Nos reprobamos enérgicamente todo lo que el gobierno mexicano ha hecho contra la religión católica [y] levantamos nuestra voz pontificia con libertad apostólica [...] para condenar y reprobar y declarar írritos y de ningún valor los enunciados de decretos y todo lo demás que allí ha practicado la autoridad civil [...]

Pero el gobierno no se arredró ante estas amenazas y aun dictó la Ley Orgánica del Registro Civil el 27 de enero de 1857, y la Ley para el Establecimiento y Uso de Cementerios el 30 de enero. El 5 de febrero, finalmente, fue jurada en el Congreso la nueva Constitución, que recogía el espíritu de las leyes que se habían venido dictando y que hemos descrito aquí, y según la cual, heréticamente, como bien señaló Pío Nono: «se admite el libre ejercicio de todos los cultos y se concede la facultad de emitir libremente cualquier género de opiniones y pensamientos...» ¡Horror!

Poco después, el 11 de abril, el ministro José María Iglesias lanzaría todavía el «Decreto del Gobierno sobre aranceles para el cobro de derechos y obvenciones parroquiales», según el cual:

> 8. Siempre que deniegue la autoridad eclesiástica, por falta de pago, la orden respectiva para un entierro, la autoridad pública podrá disponer que se haga. En los casos de bautismo y matrimonio, en que por dicho motivo se rehusare un cura o vicario al cumplimiento de sus deberes, los prefectos podrán imponerles la pena de diez a cien pesos de multa, y si se resisten a satisfacerla, la de destierro de su jurisdicción por el término de quince a setenta días [...]

Las instrucciones de Pío IX, sin embargo, eran claras: resistir a cualquier costo la aplicación de la Constitución. Y así se hizo: el clero fue de cuartelazo en cuartelazo, hasta que el 17 de diciembre de 1857 la brigada del general Félix María Zuloaga se pronunciaba enarbolando el famoso Plan de Tacubaya, según el cual «cesa de regir la Constitución» recién sancionada por el Congreso y jurada por los funcionarios públicos, incluido el presidente de la República, Ignacio Comonfort, quien bochornosamente resignó su puesto al sumarse, dos días después, al retrógrado plan antes mencionado. Juárez, a la sazón presidente de la Suprema Corte, fue hecho prisionero por el propio presidente en una habitación de Palacio, llevando hasta el extremo la paciencia de los reaccionarios, quienes nuevamente, a través de un golpe de Estado, desconocieron ahora al propio Comonfort (el 11 de enero de 1858). Este último altísimo funcionario, que había cambiado su título de jefe del Poder Ejecutivo por el de dictadorzuelo, liberó a Juárez, quien, de acuerdo con la Constitución, pasaba a ocupar la presidencia de la República: Benito Juárez se dio a la tarea de defender la Carta Magna en la guerra a muerte que la jerarquía eclesiástica llevó adelante contra el nuevo y promisorio régimen constitucional.

Las Leyes de Reforma

Tres años duraría la guerra contra la Constitución, la famosa Guerra de Reforma, caracterizada por la existencia de dos gobiernos, uno liberal en Veracruz, bajo el mando de Benito Juárez, y otro reaccionario en la ciudad de México, al mando (como hemos demostrado en otro capítulo de esta edición) de la jerarquía católica, representada por el padre Francisco Javier Miranda, entre otros encumbrados arzobispos.

Pero las Leyes de Reforma, las de verdadero fondo, aquellas mediante las cuales bien puede decirse que Juárez dio el vuelco decisivo al destino de México, no se promulgaron sino hasta julio de 1859, ya bien entrada la guerra; y, de hecho, como una medida orientada a descapitalizar a los ejércitos clericales, pues la jerarquía, ofreciendo sus incontables propiedades como garantía para la obtención de hipotecas, no cesaba de sostener la guerra fratricida contra el gobierno juarista, el legítimo.

Por fin, el 12 de julio de 1859, el gobierno liberal, con Juárez y Ocampo a la cabeza, y no sin estar fuertemente presionado por toda clase de intereses, decidió acabar con la fuente de recursos de la reacción clerical, para lo cual expidió la Ley de Nacionalización de Bienes Eclesiásticos, un golpe mortal a las finanzas del clero, con las cuales armaba al brazo asesino para tratar de exterminar a las fuerzas progresistas de México...

CONSIDERANDO: Que el motivo principal de la actual guerra promovida y sostenida por el clero es conseguir el sustraerse de la dependencia a la autoridad civil:

Que cuando ésta ha querido, favoreciendo al mismo clero, mejorar sus rentas, el clero, por sólo desconocer la autoridad que en ello tenía el soberano, ha rehusado aun el propio beneficio: Que cuando quiso el soberano, poniendo en vigor los mandatos mismos del clero sobre obvenciones parroquiales [...] el clero prefirió argumentar que se dejaría perecer antes que sujetarse a ninguna ley:

Que dilapidando el clero los caudales que los fieles le habían confiado para objetos piadosos, los invierte en la destrucción general, sosteniendo y ensangrentando cada día más la lucha fratricida que promovió en desconocimiento de la autoridad legítima, y negando que la República pueda constituirse como mejor crea que a ella convenga:

Que habiendo sido inútiles hasta ahora los esfuerzos de toda especie por terminar una guerra que va arruinando a la República el dejar por más tiempo en manos de sus jurados enemigos los recursos de que tan gravemente abusan, sería volverse su cómplice, y

Que es un imprescindible deber poner en ejecución todas las medidas que salven la situación y la sociedad [...]

Artículo 1º. Entran al dominio de la nación todos los bienes que el clero secular y regular han estado administrando con diversos títulos [...] 3º. Habrá perfecta independencia entre los negocios del Estado y los negocios puramente eclesiásticos. El Gobierno se limitará a proteger con su autoridad el culto público de la religión católica, así como el de cualquiera otra [...] 5°. Se suprimen en toda la República las órdenes religiosas regulares que existen [...] 6°. Queda prohibida la fundación o erección de nuevos conventos [...] Igualmente queda prohibido el uso de los hábitos o trajes de las órdenes suprimidas [...] 12. Los libros, impresos, manuscritos, pinturas, antigüedades y demás objetos pertenecientes a las comunidades religiosas suprimidas se aplicarán a los museos, bibliotecas y otros establecimientos públicos [...] 22. Es nula y de ningún valor toda enajenación que se haga de los bienes que se mencionan en esta ley [...] 23. Todos los que directa o indirectamente se opongan o de cualquier manera enerven el cumplimiento de lo mandado en esta ley serán, según que el Gobierno califique la gravedad de su culpa, expulsados fuera de la República y consignados a la autoridad judicial. En estos casos serán juzgados y castigados como conspiradores. De la sentencia que contra estos reos pronuncien los tribunales competentes no habrá lugar al recurso de indulto [...] Por tanto, mando se imprima, publique y circule a quienes corresponda. Dado en el Palacio del Gobierno General en Veracruz, a 12 de julio de 1859.- Benito Juárez.- Melchor Ocampo, presidente del Gabinete, ministro de Gobernación, Encargado del Despacho de Relaciones Exteriores y del de Guerra y Marina.- Lic. Manuel Ruiz, ministro de Justicia, Negocios Eclesiásticos e Instrucción Pública.- Miguel Lerdo de Tejada, ministro de Hacienda y Encargado del Ramo de Fomento.

Ésta fue la primera de las llamadas Leyes de Reforma; así pues, ¿por qué se ha llegado a decir que dichas leyes fueron la causa de la guerra?

El 23 de julio de 1859 se dicta la Ley del matrimonio civil [...] El 28 de julio de 1859 [...] la Ley orgánica del Registro Civil que determina la forma y términos en que debe llevarse el registro y constancia del nacimiento, matrimonio y defunción de las personas [...] El 31 de julio de 1859 se dicta el Decreto por el que cesa toda intervención del clero en los cementerios y camposantos [...] En otro Decreto, fechado en 11 de agosto de 1859, se establece el calendario oficial en que se determinan los días festivos y se elimina la asistencia oficial a los actos eclesiásticos [...] Finalmente, el 4 de diciembre de 1860 [se dicta] la Ley sobre libertad de cultos, conocida como Ley Fuente en honor de su autor Juan Antonio de la Fuente, piedra angular en este enjundioso movimiento emancipador [...] Restaurada la legalidad, despachando, ya, el presidente Juárez en Palacio Nacional, dicta [...] los decretos del 2 y del 26 de febrero, por los que se secularizan los hospitales y establecimientos de beneficencia y se extinguieron, en toda la República, las comunidades religiosas.[2]

No será sino hasta 1873 cuando, ya muerto Juárez, Sebastián Lerdo de Tejada logre elevar a rango constitucional las Leyes de Reforma, que a la larga pagaría con su derrocamiento en 1876. ¿Puede acaso ocultarse la mano siniestra del clero en este nuevo y alevoso golpe de Estado propiciado por Porfirio Díaz en contra de las instituciones de la República? ¿Por qué se dirá igualmente que Díaz fue el gran enterrador del liberalismo mexicano del siglo XIX?

---

[2] Jorge Fernández Ruiz, *Juárez y sus contemporáneos*, UNAM, México, 1986.

La dictadura de Juárez

Benito Juárez, el líder de los gladiadores de la Reforma, el vencedor del Imperio y de los conservadores, fue el más reconocido enemigo de la Iglesia católica —la cual le ha declarado varias veces la guerra al Estado mexicano al rechazar la validez de las constituciones de 1824, 1857 y 1917—. Por su parte, la jerarquía eclesiástica no tuvo el menor empacho en financiar, con las limosnas entregadas por el pueblo de México, un nuevo movimiento armado para no ver afectados sus intereses económicos ni sus privilegios políticos. De esta suerte, provocó el estallido de la Guerra de Reforma en 1858, una sangrienta lucha entre mexicanos que enlutó al país, y que posteriormente propició la intervención militar francesa, durante la cual el ejército clerical luchó al lado de las fuerzas invasoras hasta lograr imponer a un príncipe extranjero, Maximiliano de Habsburgo, en el Castillo de Chapultepec.

Juárez, a casi 140 años de su fallecimiento, sigue siendo el gran libertador de México, uno de los indiscutibles padres de la patria. Al nacionalizar y socializar los cuantiosos bienes del clero inició el desarrollo del país. Los interminables ataques del clero en contra de este ilustrísimo liberal mexicano son legión y, para muestra, bien vale la pena recordar que el obispo millonario de León, Díez de Sollano, juró haber tenido la visión, el mismo 18 de julio de 1872 en que Juárez fallecía, del alma del prócer descendiendo a los infiernos.

Durante el porfiriato la figura de Juárez fue a la vez protegida y vilipendiada. Protegida en las palabras —sin encomiarla demasiado— pero violentando su obra a cada paso, tal como hizo el porfiriato con la Constitución del 57: en el discurso, todo el respeto que fuera posible simular, pero en los hechos, indiferencia plena, olvido, ingratitud, hipocresía.

En enero de 1914, en plena dictadura huertista y con motivo de la «consagración de México al Sagrado Corazón de Jesús» —según asienta Moisés González Navarro—, el arzobispo de Guadalajara, Francisco Orozco y Jiménez, uno de los peores enemigos de la República mexicana, encabezó una procesión en Guadalajara: «Cuando en el centro de la ciudad alguien vitoreó a Juárez, un manifestante lo derribó de un golpe. Según el padre Ramiro Camacho, este incidente fue la primera página de la insurrección cristera».[1] Meses más tarde, Obregón tomó Guadalajara, y como una de sus primeras medidas, dispuso que sobre la puerta de cada escuela quedase inscrita la frase de Juárez: «El respeto al derecho ajeno es la paz». Años después, en 1929, el candidato presidencial José Vasconcelos, quizá el educador más influyente del siglo XX mexicano, exigía que se tuviera el valor necesario para denunciar «ese disparate magno» de las Leyes de Reforma.[2] Luego, a principios de los años cuarenta, ya convertido en un nazi consumado, afirmó: «a nosotros nos impuso el laicismo el grupo poinsetista encabezado por

---

[1] En *Benito Juárez*, El Colegio de México, México, 2006, 2 vols.

[2] Alfonso Taracena, *La verdadera Revolución mexicana*, Porrúa, México, 1972.

Gómez Farías, el mismo que después, con Benito Juárez, entregó el territorio de México a la economía yankee y el alma nacional a los protestantes».

¿Ya se va comprendiendo el porqué del desprestigio y de la incomprensión a que se ha visto relegada la figura de Juárez en nuestros tiempos?

Más allá de los ataques ingrávidos, el clero católico ha promovido y fortalecido dos grandes mitos sobre Benito Juárez, los cuales —a fuerza de embustes o de verdades a medias— se han convertido popularmente en «hechos» aceptados por muchos mexicanos. Según la jerarquía eclesiástica y sus historiadores mercenarios, Juárez traicionó a nuestra patria al suscribir el Tratado McLane-Ocampo y al eternizarse en el poder como dictador, a semejanza de Porfirio Díaz. Ambas imputaciones son absolutamente falsas y tendenciosas: el Tratado McLane-Ocampo —como ya lo demostré en otro capítulo de esta edición— nunca puso en riesgo la Independencia de México y su clausulado no contenía regla alguna para enajenar territorio nacional en favor de los Estados Unidos, y en cuanto a su permanencia al frente del Poder Ejecutivo... más bien habría que desenmascarar el explicable resentimiento del clero católico en contra del máximo líder mexicano de todos los tiempos.

Juárez: la permanencia en el poder

Con gran desparpajo, los historiadores eclesiásticos afirman que Benito Juárez se mantuvo al frente de la nación desde 1858 hasta que la muerte lo separó de la presidencia en 1872. Aunque es cierto que el Benemérito se hizo cargo del Poder Ejecutivo durante catorce años —casi dos décadas menos que Porfirio Díaz—, las condiciones que explican su continuidad en la presidencia deben conocerse en detalle para develar el origen de los acontecimientos, de modo que el lector pueda juzgarlos con la debida objetividad.

En diciembre de 1857, Ignacio Comonfort, el entonces presidente de la República, tomó una decisión que, a primera vista, podría parecer extraña: autoinfligirse un golpe de Estado. Tal acción no era resultado de una locura repentina: la alta jerarquía católica y los conservadores no estaban dispuestos a aceptar la validez de la Constitución que Comonfort había jurado respetar y hacer respetar el primero de diciembre de ese año. Dos semanas después, alegando que con la Constitución no podría gobernar, pero sin ella tampoco, decidió recurrir al cuartelazo, a través del cual invitaría a la redacción de otra Carta Magna, ésta más moderada, que negociaría con los conservadores y con los liberales para ponerla en vigor a la brevedad. Los primeros se opusieron a que se incluyera cualquier disposición que atentara en contra de los intereses del clero. El rechazo fue fulminante. Los segundos negaron la menor posibilidad de conversar con un hombre tan frágil y torpe como Comonfort, quien por la vía de los hechos se había convertido en un vulgar dictador que había cambiado su papel de presidente de la República por el de tirano. Comonfort se entrevistó con Juárez, en aquel entonces presidente de la Corte con licencia para fungir como secretario de Gobernación, y le propuso participar en la acción que favorecía al clero y a los conservadores. La plática concluyó con una respuesta tonante del Benemérito: «toma el partido que te parezca, porque yo ya he tomado el mío».

Así, los conservadores y el clero se sumaron a Comonfort y publicaron el Plan de Tacubaya, que desconocía a la Constitución y ordenaba al Congreso la redacción de una nueva Carta Magna acorde a los intereses eclesiásticos. Ante estos hechos, Juárez fue privado de la libertad para que, en su carácter de sucesor de Comonfort, no pudiera promover una revuelta, la cual estalló irremediablemente cuando el propio Comonfort, arrepentido, liberó a Juárez. El daño ya estaba hecho. El recio indígena oaxaqueño, con la personalidad acreditada como presidente sucesor, organizó el movimiento armado destinado a imponer la Constitución abortada por la influencia de la alta jerarquía católica, la cual contaba con recursos económicos y militares inaccesibles para los liberales, además de poseer otra arma siniestra, como sin duda lo fue la excomunión —autorizada por el papa Pío IX—, de quien aceptara someterse a la Carta Magna de 1857. La Guerra de Reforma financiada por el clero católico concluyó con la dolorosa derrota de los reaccionarios, de la alta jerarquía y de los conservadores. Juárez, contra lo comúnmente aceptado, expidió las Leyes de Reforma a mediados de julio de 1859, es decir, un año y medio después de estallado el conflicto que terminaría a finales de 1860 gracias al apoyo de los liberales católicos en contra de los conservadores, también católicos, que finalmente perdieron sus injustas canonjías y escandalosos privilegios.

Quedó demostrado, así, que los mexicanos no estaban —ni están— dispuestos a aceptar un clero dedicado a su enriquecimiento material y decidido a defenderlo por medio de la violencia. Los sacerdotes deberían volver a las sacristías, desde donde velarían por la paz espiritual de sus feligreses...

Al concluir la Guerra de Reforma, Juárez cumplió a cabalidad con las leyes. Puesto que era presidente interino, tenía la obligación de convocar a elecciones, lo que cumplió de inmediato. Así —según lo narra José Manuel Villalpando—:

en cuanto el presidente Juárez entró triunfante a la Ciudad de México, convocó de inmediato a elecciones presidenciales, en las que se postuló como candidato. Dada su gran popularidad, ganó por amplia mayoría, derrotando a su único contendiente, el general Jesús González Ortega, quien a su vez fue electo presidente de la Suprema Corte de Justicia de la Nación.[3]

El segundo mandato de Juárez tampoco estuvo exento de problemas: la invasión de los franceses y la llegada de Maximiliano —quien fue impuesto por el alto clero y por los conservadores gracias a una nueva intervención extranjera— provocó una nueva guerra. Juárez y su gobierno se vieron obligados a recorrer el país para mantener la Constitución. La República viajaba en carruaje, se decía en aquellos años patéticos. Debido a la invasión francesa, Juárez no pudo convocar a elecciones y extendió su mandato mediante el decreto del 8 de noviembre de 1865: él —por obvias razones— permanecería al frente del Ejecutivo hasta que se restaurara la República.

A la caída del Imperio, Juárez, de nueva cuenta, convocó a un nuevo proceso electoral y se postuló como candidato. Su prestigio republicano como vencedor de los franceses y de los conservadores le bastaron y sobraron para triunfar en las urnas en 1867. Cuatro años después, en los comicios federales de 1871, Juárez volvió a presentarse como candidato. El Benemérito se enfrentó en esa ocasión a Sebastián Lerdo de Tejada y a Porfirio Díaz. El clero, los conservadores y los militares seguían resintiendo la presencia de Juárez: el hombre que publicó las Leyes de Reforma y defendió la

---

[3] En *Maximiliano frente a sus jueces*, Escuela Libre de Derecho, México, 1993.

Constitución del 57 no debía permanecer en el poder. Así, ellos, las fuerzas más oscuras de nuestro país apoyaron la intentona de golpe de Estado de Porfirio Díaz, quien se levantó infructuosamente, y por primera vez en armas, con el Plan de La Noria, en noviembre de 1871, si bien los cuartelazos al grito de ¡Viva Porfirio Díaz! comenzaron desde septiembre y se recrudecieron en octubre: ¡antes de que se conociera el resultado de las elecciones! El futuro tirano fracasó esa vez en sus intenciones golpistas, pero salvó la vida porque en julio de 1872 la muerte sorprendió al Benemérito de las Américas. Lerdo de Tejada, presidente de la Suprema Corte, ocupó entonces la titularidad del Poder Ejecutivo.

Es cierto, Juárez se mantuvo durante catorce años al frente de la máxima representación nacional. En el contexto de diversos conflictos armados, gobernó por excepción como consecuencia de un golpe de Estado y de las guerras domésticas, además de la guerra intervencionista francesa. Hay momentos, incluso, en los que su presidencia es una exigencia legal, como cuando asume por primera vez el mando, o cuando el país se encuentra ocupado por las fuerzas extranjeras. Juárez jamás podrá ser tachado de dictador al estilo de Porfirio Díaz, aunque el clero resentido se empeñe en manchar su memoria.

La muerte de Moctezuma: un caso resuelto

Hace unos días, al revisar el viejo libro de historia que me acompañó en la primaria, me encontré con la narración de la muerte de Moctezuma. Según el autor anónimo de aquellas páginas, el tlatoani de Tenochtitlan murió apedreado por sus súbditos luego de que Cortés lo enviara para que les exigiera que dejaran las armas y se rindieran. Esta imagen ha pervivido a lo largo del tiempo. Aunque no hay ninguna duda del desprestigio de Moctezuma entre los aztecas por su claudicación ante los españoles, su muerte a pedradas es un acontecimiento más que dudoso.

En el siglo XVIII, Francisco Javier Clavijero, en su *Historia antigua de México*, ya había notado las inconsistencias de los distintos historiadores sobre la muerte del tlatoani, y por ello escribió lo siguiente en el libro IX de su obra: «sobre la causa y circunstancia de su muerte hay tanta variedad y contradicción entre los historiadores, que es imposible acercarse a la verdad. Los historiadores mexicanos culpan a los españoles y los españoles a los mexicanos».

Estas palabras de Clavijero nos colocan frente a dos cuestiones importantes: ¿cómo murió Moctezuma? y ¿en verdad lo asesinaron los españoles?

Las varias muertes de Moctezuma

Para resolver tales cuestionamientos sólo tenemos una ruta: revisar los antiguos libros de historia donde los protagonistas o los hombres cercanos al acontecimiento dieron cuenta de la muerte del soberano azteca. Los partidarios de la lapidación son varios y sus plumas tienen un valor casi indiscutible: en las *Cartas de relación*, Hernán Cortés sostiene que el tlatoani falleció a causa de una pedrada que recibió en la cabeza, afirmación que respalda Francisco López de Gómara en su *Crónica de la conquista de Nueva España*. Por su parte, Antonio de Solís, en su *Historia de la conquista de México* (publicada por vez primera en 1684), se suma a esta explicación y sólo añade que Moctezuma no murió inmediatamente, sino poco tiempo después a causa de las heridas que le provocaron las pedradas. Así pues, hay cuando menos tres historiadores que respaldan la idea de la lapidación y que dan la razón al anónimo autor de mi libro de texto.

Sin embargo, todas estas opiniones —que tienen su origen en las *Cartas de relación*— se enfrentan a dos objeciones dignas de consideración: las palabras de Cortés tenían como destinatario a Carlos V, y por ello el conquistador estaba obligado a ocultar o a minimizar aquellos acontecimientos que pudieran poner en entredicho sus méritos, razón por la cual —si es verdad que, como sostienen algunos historiadores, él estuvo vinculado con el asesinato de Moctezuma— era muy importante silenciar ese asunto; de igual forma, es necesario aceptar que otros cronistas tienen versiones diferentes de la que él narra.

Quienes objetan la lapidación no pueden ser refutados con facilidad: según fray Bernardino de Sahagún en la *Historia general de las cosas de la Nueva España*, el tlatoani fue asesinado a puñaladas por los españoles; y una versión muy similar de los hechos se encuentra en las *Relaciones originales de Chalco Amaquemecan*, de Francisco de San Antón Muñoz Chimalpahin, donde se lee que «en el mes de tecuilhuitontli, los españoles dieron muerte al Moteuhczomatzin, haciéndolo estrangular, y después de eso huyeron aprovechando las sombras de la noche».

Sin embargo, y al igual que en el caso de los partidarios de la lapidación, en estas narraciones también se encuentra una objeción digna de ser tomada en cuenta: ¿por qué los españoles asesinaron a uno de sus aliados más valiosos?, ya que —como bien lo señala Clavijero en su obra ya citada—: «Yo no puedo creer que los españoles quisiesen deshacerse de un rey de cuya benignidad y protección habían recibido mucho bien y de cuya muerte debían temer muchos males». Aunque también existe otra posibilidad: el asesinato se cometió luego de que los conquistadores cayeron en la cuenta de que los aztecas ya habían despreciado a Moctezuma, por lo que la vida del tlatoani ya no les reportaba ningún beneficio, y en cambio constituía una amenaza permanente.

Además de estas dos grandes versiones del acontecimiento, hay una tercera que —si bien acepta el repudio de Moctezuma por parte de sus súbditos y el intento de lapidación— niega que el tlatoani haya muerto a manos de los aztecas o de los españoles. En la *Historia general de los hechos de los castellanos en las islas y tierra firme del mar Océano que llaman Indias Occidentales*, de Antonio de Herrera y Tordesillas (publicada en Madrid entre 1601 y 1615 en las imprentas de Juan Flamenco y Juan de la Cuesta en cuatro volúmenes), se sostiene que, aunque Moctezuma recibió algunas pedradas, ninguna de ellas fue mortal, y que el soberano murió de tristeza al reconocer sus fallas.

Las distintas muertes de Moctezuma son un misterio sin revolver y, por ello, desde el siglo XVI, algunos historiadores —como Acosta, Torquemada y Betancourt— optaron por mostrar su indecisión, y en el caso de los sacerdotes, confiaron en que Dios juzgaría ese asunto.

En última instancia, hay quien sostiene que Moctezuma fue «empalado», es decir, que los españoles lo sentaron sobre un palo al que le habían sacado punta y que al entrar por el ano le rompió los intestinos. Moctezuma moriría desangrado a las pocas horas, en público. Se trataba de escarmentar a los aztecas, lo que se convirtió en una complicada provocación.

Las consecuencias del misterio

No existe —por lo menos con las fuentes hasta ahora descubiertas y analizadas— la posibilidad de determinar la manera como falleció Moctezuma, y lo mismo ocurre con la identificación del autor material de su muerte. Sin embargo, en la historia —como en la política— el vacío es imposible, y cuando la verdad se oculta, el mito llena el espacio; así, las distintas muertes del tlatoani han sido utilizadas para defender diferentes posiciones: los críticos de la Conquista se apresuraron a culpar a los españoles, los defensores de Cortés a exculparlo, y los creyentes en un pueblo que es capaz de repudiar a sus gobernantes se aprestaron a sostener la lapidación que supuestamente realizaron los aztecas.

La verdad de mi viejo libro de historia es cuestionable, pero la realidad —por lo menos en este caso— aún está fuera de nuestro alcance.

Los obispos no participaron en la guerra cristera

En 1925, cuando el presidente Plutarco Elías Calles se atrevió a promover la creación de una iglesia cismática mexicana, ordenando el asalto al templo de La Soledad para que allí sentara sus fueros la nueva fe, la jerarquía católica se puso en guardia e inició los preparativos para enfrentarse al Estado mexicano. El arzobispo de México, José Mora y del Río, convocó a una parte del Episcopado Mexicano para celebrar una reunión secreta y urgente, a fin de: «Diseñar una estrategia eclesiástica oponible a las agresiones sufridas por la Santa Madre Iglesia Católica, Apostólica y Romana, de parte del Gobierno Federal, encabezado por Plutarco Elías Calles».

El cónclave se llevó a cabo en el auditorio de los Caballeros de Colón (asociación católica fanática de corte internacional, sumamente adinerada) a principios de marzo de 1925. Estuvieron presentes el propio Mora y del Río, Leopoldo Ruiz y Flores —arzobispo de Michoacán—, Miguel de la Mora y Mora —obispo de San Luis Potosí—, el sacerdote jesuita Bernardo Bergöend —jefe de jefes de las juventudes fanáticas—, José Garibi Rivera, mejor conocido como Pepe Dinamita, a nombre de Francisco Orozco y Jiménez —arzobispo de

Jalisco—, y Jesús Manríquez y Zárate —obispo de Huejutla—, además de representantes de las muchas organizaciones católicas que la jerarquía había venido construyendo desde finales del porfiriato.

Durante la reunión, sólo el jesuita y futuro obispo de Tabasco, Pascual Díaz, se opuso a la violencia. El clero se preparaba para dar a Calles una muestra de su poder como organización política, con la idea de proyectar ante sus ojos el tamaño del enemigo al que se enfrentaba, así como el riesgo que volvería a correr la República si se atentaba en contra de los sagrados intereses de la Iglesia católica.

¡Que no se perdiera de vista la Guerra de Reforma!

El 14 de junio de 1926 el Congreso de la Unión aprobó la famosa Ley de Adiciones y Reformas al Código Penal, también conocida como Ley Calles, mediante la cual se reglamentaba el artículo 130 de la Constitución de 1917, referente a las relaciones entre la iglesia y el Estado. Durante casi diez años el mencionado artículo había sido letra muerta, pues ni Carranza, ni De la Huerta ni Obregón —temerosos del poder del clero— se habían atrevido siquiera a amagar con enviar al Congreso una iniciativa con tal objetivo.

Pero Calles publicó la ley, estableciendo penas económicas y corporales a:

> [los] sacerdotes que oficien, no siendo mexicanos, o que simplemente hagan proselitismo religioso [...] Queda prohibido a las corporaciones religiosas o ministros de culto que establezcan o dirijan escuelas de instrucción primaria; igualmente quedan prohibidos los votos religiosos y las órdenes monásticas [...] Los conventos serán disueltos por las autoridades, y quienes vuelvan a reunirse en comunidad, serán castigados con uno o dos años de prisión y los superiores de

la orden con seis años de cárcel. El artículo 19 de este decreto obliga a los sacerdotes a inscribirse con la autoridad civil de su jurisdicción y no podrán ejercer su ministerio al no cumplir con este requisito, además de ser sancionados, así como en cada Estado el Gobierno se encargará de fijar el número de sacerdotes que podrán oficiar.[1]

Uno de los artículos transitorios disponía que la ley, impresa en forma legible, fuera fijada a las puertas de los templos. Esto obligó a los prelados a un nuevo cónclave, que se llevó a cabo la primera semana de junio de 1926. En realidad, se trataba del Estado Mayor central de la reacción católica. Era la cabeza misma de la iglesia, un órgano operativo que podía actuar a nombre del clero mexicano, la máxima autoridad eclesiástica de la nación.

A la sesión convocada por el arzobispo de México, en su carácter de presidente del Comité Episcopal, asistieron los ocho arzobispos y los veintinueve obispos de México, además de algunos seglares, como Rafael Ceniceros y Villarreal, que era director general de la Liga Nacional de la Defensa de la Libertad Religiosa (LNDLR), en representación del padre Bernardo Bergoënd. Pascual Díaz, el obispo de Tabasco, fungió como secretario.

La división era evidente: unos estaban por el enfrentamiento y otros por la resistencia pasiva. Unos exhortaban a tomar las armas, otros a parlamentar. Uno de los más radicales, Manrique y Zárate, el obispo de Huejutla, conocido como el obispo petrolero, dejó muy clara su posición: «No tenemos miedo de las prisiones; tampoco a los fusiles asesinos; mas

---

[1] Cárdenas, 1995, p. 39.

sí a los juicios de Dios». El obispo González y Valencia, de Durango, aprobaba el uso de la fuerza y apoyaba a su colega de Huejutla. Se formaron grupos, unos a favor y otros en contra del recurso de las armas. ¿Qué hacer...?

Finalmente, y bajo la inspiración de Francisco Orozco y Jiménez, quien años atrás ya había resistido exitosamente la aplicación del artículo 130 en Jalisco, decidieron ir por partes y dieron su aprobación oficial a la LNDLR para iniciar un boicot económico, es decir «una campaña con el propósito de crear en la nación entera un estado de intensa crisis económica con la mira de derrocar al gobierno [...] Contamos para ello con la autorización y bendición del Venerable Episcopado Nacional. ¡Viva Cristo Rey!».[2]

Era el inicio de la guerra que la jerarquía eclesiástica, la que obviamente nunca daría la cara, a través de la LNDLR, pretendía llevar a cabo contra el gobierno mexicano. El conflicto, como bien había enseñado la experiencia de Jalisco, escalaría progresivamente: primero se llamaría al boicot, después se cerrarían los templos (por órdenes de la jerarquía y de ninguna manera como un acto gubernamental: ¡otro mito funesto!), y luego, si el gobierno persistía en su ateísmo, se le haría la guerra por la vía de las armas.

Tres años antes de estos sucesos, en 1923, el arzobispo Orozco y Jiménez pudo decir al gobernador de Jalisco, José Guadalupe Zuno, un anticlerical rabioso: «la más insignificante indicación del gobierno eclesiástico bastaría para levantar al pueblo contra un mandato indebido». Zuno respondió que «quedaba bajo la responsabilidad del arzobispo todo movimiento armado».[3]

---

[2] Gabriel de la Mora, *José Guadalupe Zuno,* Porrúa, México, 1973.
[3] González, 2000, II, p. 324.

Pero veamos con más detalle la participación de estos jerarcas católicos en la guerra cristera, participación sanguinaria que naturalmente se ha negado y ocultado artera y persistentemente aprovechando la carencia de elementos con qué relatar estos hechos criminales: primero por el veto implícito que el priismo impuso sobre el tema para ocultar su origen, y después, porque tras largos setenta años de dictadura perfecta el clero también ha tenido el tiempo suficiente para falsificar hasta el absurdo esta terrible traición a la patria y a sus feligreses. Pero de que el episcopado hizo la guerra, no cabe ninguna duda. He aquí una clara invitación a otra guerra entre hermanos:

> Séanos ahora lícito romper el silencio —prorrumpió desde Roma José María González y Valencia, obispo de Durango— [...] Ya que en nuestra arquidiócesis muchos católicos han apelado al recurso de las armas [...] después de haberlo pensado largamente ante Dios y de haber consultado a los teólogos más sabios de la ciudad de Roma, debemos decirles: estad tranquilos en vuestras conciencias y recibid nuestras bendiciones.[4]

Interpretando las palabras del obispo de Durango, un padre llamado David Ramírez, del mismo estado, dijo a sus feligreses: «Que cada miembro se exceda en el cumplimiento de su deber y cuando en el afán de defender nuestra fe hayáis hecho 20 000 barbaridades, no os detengáis por eso, que no habréis trabajado, no habéis llegado ni a la mitad de lo que autoriza nuestro cristianismo».[5]

---

[4] Urioste, *op. cit.*
[5] *Ibid.*

A lo largo de los tres años que abarca la guerra cristera (1926-1929) el arzobispo de Guadalajara permanece escondido en los Altos de Jalisco, donde se planea y se ordena, entre otros actos terroristas, el incendio del tren de La Barca, ocurrido en abril de 1927 (con 162 víctimas calcinadas), así como su participación en la ejecución, nunca suficientemente aclarada, del general Álvaro Obregón en julio de 1928. Sobra decir que Orozco y Jiménez fue uno de los grandes financieros de la revuelta cristera. Desde su escondite, Orozco dirigió la famosa Unión Popular (UP), organización fanática que había sido conformada por Anacleto González Flores, su muchacho, un asesino hoy elevado a la categoría de mártir. A fin de fortalecer la guerra que la LNDLR llevaba a cabo contra el gobierno de Calles, Orozco envió a uno de sus hombres de confianza a entrevistarse con un alto mando de esta organización: «por mi conducto dice a Ud. el Sr. arzobispo, que pone a su disposición la organización de la UP y las afines a la misma, a fin de que las aproveche o las disuelva si Ud. lo cree conveniente para el desarrollo de sus planes».

Otro de los obispos católicos del México de entonces, Jesús Manríquez y Zárate, había escrito en julio de 1927 lo que tituló «Un mensaje al mundo civilizado»: «Ya no queremos vanas promesas de simpatía, ni artículos de periódicos u obras literarias más o menos candentes contra el despotismo […] Queremos armas y dinero para derrocar la oprobiosa tiranía que nos oprime».[6]

Eminente jefe militar de aquella coyuntura fue también el obispo de San Luis Potosí, Miguel María de la Mora, quien hacia 1926

---

[6] Blanco, 1947, p. 247.

emprendió su viaje a Roma, para visitar el sepulcro de los Santos Apóstoles Pedro y Pablo y fue recibido con benevolencia por el Sumo Pontífice […] Regresó a su Diócesis exactamente cuando estalló el conflicto religioso [y] fue uno de los prelados que permaneció oculto en la capital de la República, y desde su escondite estuvo ejerciendo las funciones del Sub Comité Episcopal.[7]

Mucho tiempo después, en 1956, el callista número uno, Luis Napoleón Morones, afirmó que entre los muchos factores que intervinieron en el asesinato de Obregón, el de mayor responsabilidad fue el elemento clerical, encarnado en la figura del obispo de San Luis, Miguel de la Mora, quien en su calidad de jefe supremo de la Liga, también habría patrocinado el asesinato. Y tan fue el jefe de la defensa armada este encumbrado jerarca católico en los estados cristeros (excluyendo Jalisco, donde Orozco comandaba las acciones) que el 21 de septiembre de 1927 pudo escribir al obispo Pascual Díaz:

> Queridísimo amigo y condiscípulo […] Yo no veo más remedio, en lo humano, de nuestra situación, que la defensa armada […] Yo te aseguro que la defensa armada es formidable […] Te voy a decir mi idea: si se pudieran fletar dos buques con cañones, etcétera., y que trajeran abundantes armas cada uno para repartir a los que las necesitan, con su respectiva dotación de parque […] y si a la vez entrara una expedición a la frontera y estas tres expediciones empezaran a avanzar sobre México, el empuje sería irresistible y en menos de un mes estaría toda la República en poder de los libertadores. Y, sin embargo, para esto bastarían 2 o 3

---

[7] Peñalosa, 1963, p. 61.

millones de dólares [...] Lo que acabo de decir pinta la situación real y verdadera, porque estoy perfectamente enterado de todo lo que está pasando, bajo todos los aspectos de la situación.[8]

Fue precisamente De la Mora quien, en julio de 1928, se deslindó, a nombre de toda la jerarquía, de la madre Conchita, juzgada como autora intelectual del asesinato de Obregón. Y fue también este obispo quien días antes del juicio de la monja envió a dos personas a entrevistarse con el abogado defensor para recordarle que el objetivo era dejar a salvo la imagen de la iglesia, poniendo sobre el escritorio de aquél comprobantes médicos que acreditaban ni más ni menos que la demencia de la acusada. No obstante,

> además de mantener estrecho contacto con la Liga en todas las cuestiones relacionadas con la conducción de la rebelión armada, el obispado designó a un gran grupo de sacerdotes como dirigentes de los destacamentos de los cristeros. Es importante señalar que varios prelados pasaron a la clandestinidad y desde ella dirigían directamente las acciones de los rebeldes.[9]

Pero el asesinato de Obregón vino a poner fin a este tétrico montaje mediante el cual se beneficiaron tanto Calles (al adueñarse de la política mexicana, ya sin Obregón) y la propia jerarquía eclesiástica, que temía el retorno del caudillo y que, a fin de cuentas, y según los términos de los arreglos que pusieron fin a la guerra cristera, pudo asegurar su desobediencia a la ley suprema de la República desde entonces y hasta la fecha.

---

[8] Blanco, *op. cit.*
[9] Larín, 1968, p. 174.

Recordemos únicamente que como condición para firmar dichos «arreglos», en 1929, el presidente Emilio Portes Gil exigió el destierro de Orozco y Jiménez, declarando enfáticamente que «el arzobispo de Guadalajara Orozco y Jiménez [...] sí dirige a esos grupos inconscientes y aún recorre regiones del estado de Jalisco para animarlos y continuar su actitud belicosa».[10]

Así pues, como hemos visto, es falso que los obispos católicos no participaron en la guerra cristera.

---

[10] Camberos, 1966, II, p. 263.

Cárdenas prohibió la inversión foránea en el petróleo

Existe la creencia de que cuando Lázaro Cárdenas expropió la industria petrolera, prohibió la inversión extranjera y la participación de capitales privados en esa industria. Tales ideas son un enmascaramiento de la realidad que responde a los intereses de un pequeño grupo colmado de privilegios: los políticos, los líderes sindicales de Pemex y algunos académicos fanáticos.

Analicemos los alcances de la expropiación petrolera. Para comenzar, debemos advertir que los acontecimientos del 18 de marzo de 1938 se verificaron gracias a la ley de expropiación publicada previsoramente dos años atrás. Dicho ordenamiento preparó el terreno para recuperar la soberanía petrolera. Así, lo que Cárdenas expropió fue «la maquinaria, instalaciones, edificios, oleoductos, refinerías, tanques de almacenamiento, vías de comunicación, carros-tanque, estaciones de distribución, embarcaciones y todos los demás bienes muebles e inmuebles» de las empresas extranjeras. El petróleo, según la Carta Magna de 1917, ya era propiedad de los mexicanos: ¡el suelo y el subsuelo son propiedad de la nación! El decreto expropiatorio sólo alcanzó los bienes de las compañías extranjeras.

Cárdenas, al igual que algunos de sus sucesores, una vez reconocidas las limitaciones tecnológicas y financieras del país, se negó a prohibir la inversión extranjera y la participación de capitales privados en este renglón de la economía. Recordemos los hechos: en 1939 Cárdenas reformó el artículo 7 de la ley petrolera para incluir un párrafo revelador: «podrán celebrarse contratos con los particulares, a fin de que éstos lleven a cabo, por cuenta del Gobierno Federal, los trabajos de exploración y explotación, ya sea mediante compensaciones en efectivo o equivalentes a un porcentaje de los productos que se obtengan».

¡Sorpresa! Cárdenas —el ícono preferido de la izquierda estatizadora— fue el «neoliberal» que inventó el esquema de contratos de riesgo, el cual se convirtió en el estándar internacional para las operaciones petroleras. La idea revolucionaria del Tata tenía una visión progresista y objetiva del futuro de la industria en manos del gobierno. No se dejó engañar: de acuerdo con las leyes promulgadas en su administración, si se exploraba una zona y no se obtenía petróleo en el plazo convenido, ni Pemex ni el país sufrirían pérdidas, y si se encontraba petróleo, la ganancia se repartiría entre los socios según la fórmula pactada. Cárdenas no se comportó como un fanático radical: con la expropiación de la industria petrolera no se deseaba crear un dogma, sino beneficiar al país.

Tres años más tarde, el 3 de mayo de 1941, Manuel Ávila Camacho envió al Congreso otra iniciativa para modificar la ley petrolera, y en su exposición de motivos también nos da una sorpresa: en ella se afirma que el gobierno mexicano tenía

> la convicción de […] introducir en el sistema de la ley ciertas modificaciones que, sin apartarse de su inspiración y tendencia,

le presten la amplitud y flexibilidad requeridas para el mejor estímulo de la iniciativa privada, en cuyas energías vitales —lo tenemos dicho— ciframos principalmente nuestra seguridad en la expansión económica del país.

Ni Cárdenas ni Ávila Camacho estaban en contra de la participación de capitales privados en las operaciones petroleras, y mucho menos se oponían a los contratos de riesgo. En este último documento se señaló que las modificaciones pretendían «abrir nuevas oportunidades a la inversión del capital privado en la industria petrolera bajo formas de empresa que, por constituir entidades de economía mixta, impriman a la participación privada un sentido preponderante de utilidad social».

Casi veinte años más tarde, durante el régimen de Ruiz Cortines, el gobierno mexicano cambió de rumbo: las ideas de Cárdenas y de Ávila Camacho se consideraron contrarrevolucionarias. Un gravísimo error de fondo. El presidente, al estilo camuflado de la «dictadura perfecta», solicitó a los diputados que modificaran, en términos suicidas, la ley petrolera, pues en su exposición de motivos Ruiz Cortines afirmaba que:

> el conocimiento de las necesidades actuales del país y una mínima previsión del futuro de México requieren que las actividades de una industria tan vital para la nación sean no solamente controladas por el Gobierno, sino monopolizadas por el Estado.

Adiós a la búsqueda de la iniciativa privada para impulsar la expansión económica del país… La debacle era inminente. Pemex quebraría tarde o temprano. No tardaría en confirmarse aquello de que el gobierno es un muy mal empresario…

Los mitos han quedado develados: si bien Cárdenas expropió la industria petrolera, no se opuso a la inversión privada, como se ha afirmado, tratando una vez más de manipular la realidad. Reconozcámoslo: fue Ruiz Cortines quien canceló la participación de capitales ajenos al gobierno, creó un monopolio y, con miras a robustecer su régimen, entregó demagógicamente la riqueza de la nación a los políticos y a los líderes del sindicato de Pemex.

¿De qué le sirvieron a México los cuarenta años que siguieron a la expropiación petrolera si no hubo exportación de crudo que valiera la pena y, además, se tuvo que importar gasolina y otros derivados petroquímicos? No hubo asociación con terceros, ni crecimiento interno, ni el desarrollo accesible, posible y anhelado. Amurallamiento y atraso, sí. Suscripción de alianzas estratégicas de beneficios recíprocos, no. El petróleo es intocable, aunque se deprima la economía nacional...

¿Cómo se puede ser un país pobre y quebrado cuando materialmente flota en petróleo? Con los 280 000 millones de dólares que valían las reservas de hidrocarburos en 1980, más las que se hubieran descubierto en los siguientes años, habría sido posible construir un nuevo país. Por supuesto que habríamos podido fundar cientos de universidades, crear empleos rurales, impedir la nacionalización de la banca, fortalecer las reservas monetarias, construir empresas petroquímicas con capital mixto y tecnología extranjera de gran utilidad para los industriales del país, con inmensas posibilidades de captación de divisas vía exportación de derivados petrolíferos.

¿Qué sucedió? Volvimos a perder la oportunidad, al extremo de que hoy existen casi 50 millones de compatriotas —la mitad de la población— sepultados en la miseria.

¿De qué les sirvió la expropiación petrolera a los indígenas o a los millones de braceros que salieron huyendo a los Estados Unidos?

El atraso y el desperdicio de oportunidades económicas e industriales se demuestra con dos aspectos: uno, la falta de capacidad y el contubernio paraestatal con un sindicato venal —una voraz sanguijuela de Pemex—, además de la apatía burocrática, la corrupción pública, la petrificación, la ausencia de imaginación empresarial, la inmovilidad política fincada en la defensa fanática de un nuevo tabú, esta vez energético, un tabú intocable popularmente, como todos los tabúes —cualquier intento de modificarlo, aun con la debida sutileza política, bien podría conducir a la pira a los nuevos «vendepatrias»—, así como la indolencia y la obnubilación de los gobiernos respectivos como operadores de la empresa más importante del país; y el otro, el fanatismo indígena-nacionalista, la rabiosa xenofobia que logró cerrar las puertas al desarrollo petrolero. El grito necrológico y supuestamente nacionalista hubiera significado algo así como que es y seguirá siendo preferible morir de hambre antes que asociarnos con extranjeros venales, hambreadores del pueblo, saqueadores de los bienes públicos, gusanos ávidos de devorar lo mejor de México, muy a pesar de la evolución de las relaciones diplomáticas y del derecho internacional en la segunda mitad del siglo xx... Hasta la Cuba comunista ya abrió sus puertas a las empresas extranjeras mundiales para que le ayuden a explotar los mantos submarinos que se encuentran alrededor de la isla. Hoy, Noruega cuenta con más de 650 000 millones de dólares en reservas monetarias gracias al talentoso desarrollo de su industria petrolera, en la que concurren varios países.

El lamento indígena-nacionalista, la lenta letanía entonada a modo de marcha fúnebre para recordar la recuperación de la dignidad perdida antes de la expropiación petrolera, exaltaba rabiosamente un canto cuya letra bien podría decir: «antes muertos que permitir el acceso a capitales foráneos en la industria petrolera, nuestra industria. Fuera, fuera con ellos, aun cuando su presencia pudiera significar la creación de riqueza y la generación de importantes volúmenes de ahorro público para construir escuelas, carreteras, hospitales, universidades, puestos de trabajo y, sobre todo, bienestar para todos los mexicanos. Fuera las manos de los extranjeros de la industria petrolera nacionalizada, aun cuando dejemos de percibir miles de millones de dólares que bien pueden significar el rescate de millones de los nuestros, quienes en su desesperación ya voltean otra vez a diestra y siniestra en busca de armas, de piedras, de sogas, de ramas de árboles para colgar a los rotitos, con una inquietud similar a la que se dio en los meses aciagos y amenazadores anteriores a noviembre de 1910. Antes la muerte que devolver a los extranjeros las armas con las que nos causaron tantas humillaciones». ¿Muera la inteligencia, viva la muerte...?

México siguió importando tecnología petrolera, además de gasolinas, sin procurar una propia, salvo ciertos casos aislados e intrascendentes. Hoy somos más dependientes que nunca de nuestros vecinos del norte. Ellos sí supieron diseñar una estructura financiera y ejecutarla para contar con empresas exitosas. Nos negamos a admitir una definición moderna de soberanía en momentos en que la globalización derrumba todas las fronteras, igual las materiales que las jurídicas, las comerciales, las aduaneras y hasta las políticas... Y, sin embargo, en materia de una mal entendida y falsa soberanía, ni un paso atrás...

Cárdenas tuvo razón al dejar abierta la puerta a los capitales foráneos, aun cuando en las actuales marchas callejeras aparezcan fotografías con su rostro, pretendiendo exhibirlo como el hombre que impidió a los extranjeros volver a participar en el desarrollo económico de México... otro mito más que debe ser desmentido sin tardanza.

Maximiliano, el conservador

En agosto de 1863 Maximiliano de Habsburgo tuvo una reunión muy importante: la jerarquía eclesiástica mexicana, encabezada por el obispo Pelagio Antonio de Labastida, quería aquilatar al candidato al trono de México. La opinión de los sacerdotes era definitiva, su apoyo al Imperio podía marcar la diferencia entre la gloria y el infierno. El encuentro fue más que amable. Los jerarcas abandonaron la residencia de Maximiliano con un buen sabor de boca: ninguno notó en el Habsburgo el mínimo dejo de liberalismo y sí encontraron un gran respeto por la Iglesia católica. El propio De Labastida escribió a propósito de otra visita que hizo a Maximiliano:

> Anoche, a eso de las diez, he llegado aquí y a las once fui presentado al muy amable Príncipe, cuya vista encanta, cuya conversación atrae e instruye, cuyas maneras dulces y graves tienen tal magia que olvida uno la fatiga del viaje, lo inoportuno de la hora […] Una hora de conversación me ha descubierto un tesoro moral que nunca sabremos apreciar en todo su valor. ¿Qué falta a este Príncipe? Hacíame yo esta pregunta varias veces durante las breves horas transcurridas y mi corazón y mi cabeza

han respondido: nada, absolutamente nada. […] Inexplicable será nuestra demencia si no sabemos apreciar el don que nos hace el cielo cuando todo parecía perdido […] Grande es el sacrificio que van a hacer estos príncipes, pero grande será también su recompensa […] Difícil sería hallar Príncipes que les igualaran. ¡Dios se ha servido de juzgarnos dignos de poseerlos durante largos años! […] A veces paréceme que sueño. ¡Bendito sea Dios por todos sus beneficios!

Había nacido el mito de un Maximiliano conservador y clerical, y no pasaría mucho tiempo antes de que fuera reproducido por los historiadores oficiales que se negaron a adentrarse en el pensamiento político del emperador: él quedó marcado por aquellos epítetos, y nadie —salvo algunos investigadores valerosos, como Konrad Katz— se atrevería a contar su verdadera historia.

Maximiliano, el liberal

En la reunión de agosto de 1863 Maximiliano fue muy cuidadoso de las formas y —quizá por falta de confianza o por el disimulo que provocaban las exigencias de su hermano— nunca comentó sobre las anotaciones de su diario, donde había plasmado con claridad su postura ante la religión y el clero: «La religión [escribió el futuro emperador] como deber moral es necesaria y consoladora, porque sólo ella mantiene el equilibrio de una persona; en cambio, la religión practicada como pasión es un furor como cualquier otro, y normalmente degenera en fanatismo y tortura a sus víctimas, y muchas veces se transforma en el extremo contrario».

Para Maximiliano era claro que la religión debía ser moderada, pues de otra manera los crímenes de la Inquisición se repetirían, y la tortura y el fanatismo se apoderarían de las naciones. Pero él no sólo tenía estas ideas: a diferencia de sus familiares más cercanos —como su hermano, el emperador austriaco— estaba plenamente convencido de uno de los principios básicos del liberalismo, como la separación de la iglesia y el Estado.

Contra lo que pudiera suponerse, el liberalismo de Maximiliano iba más allá de las anotaciones de su diario, y en algunos momentos se mostraba como una indignación ante los horrores del mundo, tal como ocurrió en su viaje a Brasil, donde, en una reunión con un hacendado, descubrió un gigantesco látigo que lo obligó a informarse sobre su uso. Los grandes señores del campo «le dijeron que los esclavos, negros indolentes por naturaleza, no trabajaban si no se les azotaba con regularidad. Estas escenas —escribe Katz—, así como la indiferencia con la que lo aceptaban los hacendados, a pesar de su refinado estilo de vida, desconcertó a Maximiliano» y, como resultado de ello, a su llegada a México «trató de mejorar la suerte de los indígenas, en especial la de los peones».

El emperador liberal

Meses después de su encuentro con la jerarquía eclesiástica, las negociaciones para que Maximiliano aceptara la corona de México llegaron a buen término: su prudencia le ganó el visto bueno de la iglesia y los conservadores, quienes lo engañaron sobre las expectativas de nuestros compatriotas: él nunca sería bien recibido por el pueblo. El Habsburgo se embarcó hacia su nuevo reino y, contra lo que ocultan los historiadores mercenarios, sentía una gran admiración por Juárez, a quien pensaba incluir en su gabinete.

Una vez que Maximiliano ocupó la silla imperial, formó —con la ayuda de Carlota— una administración que nunca convenció al clero ni a los conservadores: los emperadores proponían un gobierno de coalición, pues sólo de esa manera se podría terminar con el estado de guerra y dar un giro al destino de México. La intención era buena, pero el gabinete nunca se articuló a causa de sus enfrentamientos.

Maximiliano no sólo estaba dispuesto a trabajar con los liberales: en agosto de 1863, aún en Miramar, se propuso redactar una nueva Constitución, la cual estaría basada en los principios liberales que odiaba la alta jerarquía eclesiástica. Luego de trabajar con la emperatriz, concluyó la escritura de un documento que llevaba por título *Acte fondamentale*, que nunca tuvo vigencia.

El liberalismo de Maximiliano no se redujo al gobierno de coalición y al intento de dotar a su imperio de una nueva Carta Magna, su actitud ante la iglesia también señalaba su postura liberal: las Leyes de Reforma publicadas por el gobierno juarista —sobre todo aquellas que nacionalizaban los bienes de la iglesia— se habían convertido en causa de graves conflictos no sólo con los liberales mexicanos, sino también con los invasores franceses, pues el general Forey había insistido en su aplicación irrestricta. Así, cuando el Habsburgo subió al trono, la jerarquía eclesiástica supuso que él solucionaría esa «injusticia», pero cuán grande sería su sorpresa al enterarse de que el emperador no estaba dispuesto a dar marcha atrás y tenía la intención de promover la igualdad ante la ley y la libertad individual, dos conceptos que anularían los fueros religiosos y abrirían la puerta a la libertad de conciencia.

El respeto a la desamortización señalada por las Leyes de Reforma fue el primer rompimiento de lanzas con el clero: Maximiliano también propuso al nuncio apostólico Meglia un concordato que transformaba el papel de la iglesia; en ese documento

> se propuso la tolerancia de cultos con protección del católico como religión de Estado, [asimismo] el erario pagaría los gastos del culto católico y del clero. No habría derechos parroquiales ni obvenciones ni diezmos. Para colmo, Maximiliano quería para sí y sus sucesores, los mismos derechos que los reyes de España ejercieron en la iglesia de América (el patronato regio —voz y voto en la elección de obispos—, y «pase real», que es el derecho de autorizar o desautorizar la publicación de documentos papales) [...] El registro civil se encargaría a los párrocos católicos, quienes actuarían como funcionarios de Estado. La secularización de los cementerios, dispuesta por la reforma, quedaría en vigor. En el fondo, todas estas propuestas confirmaban la reforma de Juárez, aunque en forma suavizada.

El control de la iglesia por el Estado era inaceptable para los jerarcas, pero Maximiliano no dio marcha atrás: entre 1864 y 1865 promulgó leyes que buscaban liberalizar al Imperio: el 26 de febrero de 1865 autorizó la libertad de cultos, poco tiempo después publicó un ordenamiento sobre los bienes eclesiásticos, uno más sobre el establecimiento del registro civil y otro relativo a la educación pública. Incluso cuando en la capital «se pretendió levantar un arco de mármol en honor de la Emperatriz —según asienta Armando de Maria y Campos—, el Emperador rogó que esos fondos se destinaran a levantar un monumento a los héroes de la Independencia Mexicana del dominio español».

El Habsburgo llegó demasiado lejos y el papa Pío IX intervino con una amenaza: si no frenaba sus medidas liberales, el Vaticano retiraría a su nuncio. Maximiliano no cedió y monseñor Meglia abandonó la ciudad de México en mayo de 1865.

Maximiliano, a causa de sus ideas liberales, perdió el apoyo de la iglesia. Los días de su imperio estaban contados porque la guerra de Secesión en los Estados Unidos había concluido y la Casa Blanca reclamaba: «América para los Americanos»… El káiser alemán Guillermo amenazaba con la guerra a Francia para arrebatarle la Alsacia y la Lorena, por lo que Napoleón III tendría que repatriar de inmediato a sus ejércitos, además de que Maximiliano había incumplido los Tratados de Miramar, que lo obligaban a pagar, con cargo al tesoro mexicano, a las tropas francesas. El emperador ya era un cadáver insepulto. El ejército de Juárez comenzó a derrotar a las tropas conservadoras y clericales. El Habsburgo fue fusilado y el liberalismo se impuso a los deseos de la iglesia y de los conservadores. Maximiliano, a pesar de su ideario, fue condenado por los historiadores oficiales a convertirse en un conservador religioso.

Una de las mejores herencias del emperador es un libro de su autoría que lleva por título *Los traidores pintados por sí mismos*. Por supuesto que, en dicha obra, también echada al olvido, el príncipe europeo exhibió a la ridícula reacción mexicana, una de las grandes culpables de nuestro atraso histórico.

Nadie ha lucrado con la imagen de la Virgen de Guadalupe

La Virgen de Guadalupe siempre ha sido considerada como uno de los símbolos de nuestra independencia: Miguel Hidalgo tomó su imagen en el pueblo de Atotonilco y la transformó en la bandera de sus tropas; Morelos, en los *Sentimientos de la nación,* señaló la imperiosa necesidad de convertir el 12 de diciembre en una fiesta nacional, y muchos de los integrantes del Ejército Trigarante portaron su imagen como distintivo. Hasta aquí parecería indiscutible que la Virgen de Guadalupe está profundamente vinculada con los insurgentes y que, por lo mismo, su imagen ha inspirado siempre a quienes luchan por la libertad, la soberanía y el progreso de la nación.

Así pues, aunque los hechos referidos son verdaderos, también es cierto que la imagen de la Guadalupana ha sido empleada por los personajes más siniestros de nuestra historia y por hombres que se sirvieron de su influjo con el único fin de conducir a los mexicanos a guerras fratricidas o a la creación de grupos políticos retardatarios y apátridas que fortalecieron los intereses más oscuros de la jerarquía eclesiástica y de la reacción. Es cierto: en uso y abuso de un símbolo tan poderoso en México, la Virgen de Guadalupe ha sido utilizada, de manera inexplicable, para estimular y justificar la violencia entre nosotros, para dividirnos y para abanderar causas aviesas. Adentrémonos en la otra historia de esta supuesta divinidad inventada por los españoles para consolidar la conquista espiritual de México.

La otra historia de la Virgen: el símbolo del fratricidio

De la misma manera en que Miguel Hidalgo se sirvió de la imagen de la Virgen de Guadalupe con el fin de ganar adeptos para su ejemplar causa, un movimiento genuino de liberación nacional, la Guadalupana también ha sido utilizada como un preciado símbolo por aquellos que se opusieron a la circulación de libros, al laicismo, a la educación abierta y liberal, a la libertad de prensa, a las constituciones, al registro civil, a la educación de las mujeres, a la división de poderes, a la separación de la iglesia y el Estado...

Así, al igual que se utilizó para consolidar el poder político español durante el virreinato, en los años posteriores a la Independencia dicha imagen volvió a ser extraída de las vitrinas de parroquias, iglesias y catedrales para tratar de volver a controlar a la nación, apostándolo todo, tal vez sin haberlo entendido, a favor de los intereses clericales, de los movimientos ultraconservadores, de la más retardataria reacción y de las guerras fratricidas que sólo tenían por objeto satisfacer los más oscuros deseos de la jerarquía eclesiástica, que invariablemente ha hecho girar para atrás las manecillas de los relojes de la historia patria.

La Virgen de Guadalupe ya no defendía ni simbolizaba el progreso y la evolución social y económica esgrimidas con las armas por Hidalgo y Allende, sino que más tarde, a la llegada de Iturbide —una marioneta al servicio del clero—, ya representaba lo contrario, lo opuesto, es decir, ideas retrógradas reñidas con el bienestar, la alfabetización y la superación cívica, espiritual y económica del nuevo país.

Es cierto: la Orden Nacional de Nuestra Señora de Guadalupe fue instaurada por el emperador Agustín de Iturbide para premiar y condecorar a sus seguidores con exceso de lujo, boatos y honores impagables, y para crear un grupo político capaz de apuntalar su imperio y luchar en contra de un Congreso empeñado en guiar a nuestra patria por el camino del liberalismo, de la igualdad y del crecimiento social y cultural contra el que luchaba un clero voraz, dueño del 52% de la propiedad inmobiliaria del país. La Guadalupana se convirtió en un emblema que materializó la unión de Iturbide con la jerarquía eclesiástica para sellar un pacto que garantizaría el poder del emperador a cambio de que la Iglesia católica mantuviera su riqueza, su poder político, sus fueros, su patrimonio y sus prebendas.

Cuando el primer imperio cayó y nuestra patria intentó recuperar el camino del liberalismo y del laicismo, se prohibió la Orden de Guadalupe y se rompieron las relaciones con la Iglesia católica a fin de crear un Estado laico. Sin embargo, durante uno de los regímenes más funestos de nuestra historia, esta orden —junto con la imagen de la patrona de México— volvió a renacer gracias a Antonio López de Santa Anna, el vendepatrias que empleó la imagen de la virgen para volver a premiar y fortalecer a sus seguidores, de acuerdo con las instrucciones de la jerarquía eclesiástica.

Al igual que en el caso de la derrota de Iturbide, tras la caída de Santa Anna, el Visible Instrumento de Dios, la orden fue prohibida, pero ella se reactivó tras la llegada de Maximiliano, quien la revivió como la Orden Imperial de Nuestra Señora de Guadalupe. Y de nueva cuenta esta imagen se convirtió en el emblema que unía a la jerarquía eclesiástica y a los conservadores con el gobierno imperial. Un ejemplo que muestra la perversa manipulación de la imagen de la Guadalupana se encuentra en los nombres de los dos personajes que recibieron el grado más alto de esta orden: Miguel Miramón y Tomás Mejía, ambos ejecutados en el Cerro de las Campanas.

Tras la promulgación de la Carta Magna de 1917, la jerarquía eclesiástica —como bien lo han mostrado Édgar Danés Rojas y Fernando M. González en sus libros *Noticias del Edén* y *La iglesia del silencio*— recurrió, una vez más, a la explotación de la imagen de la Virgen de Guadalupe para utilizarla como un imán para atraer a los fieles e intentar, por medio de la guerra fratricida, tal como lo hiciera en el siglo XIX, recuperar sus riquezas, privilegios, poderes y canonjías. La rebelión cristera fue finalmente otro conflicto armado por la alta jerarquía católica para defender sus bienes, sus conquistas y sus supuestos derechos.

De esta manera, es claro que la Virgen de Guadalupe, si bien su imagen fue empleada por los insurgentes que lucharon por la independencia de Nueva España, también fue perversamente utilizada por los hombres más siniestros de nuestro pasado, quienes —aprovechándose de la fe de los mexicanos en su patrona— los condujeron a guerras fratricidas con tal de que la alta jerarquía católica recuperara y mantuviera sus riquezas, su poder y sus prebendas, sin importar la vida, la alfabetización, la cultura, el bienestar y la condición social de sus doloridos fieles. ¿Con quién estaría la Virgen de Guadalupe: con los liberales forjadores del progreso y la evolución de la patria, o con los conservadores clericales que acapararon el saber, el dinero y el bienestar en contra de los desposeídos?

Calles respetó las instituciones de la Revolución

El asesinato de Álvaro Obregón en 1928 marcó el inicio de una crisis política: aunque oficialmente el magnicidio fue perpetrado por José de León Toral, un fanático religioso que terminó siendo fusilado, en los pueblos y ciudades del país se contaba un chiste siniestro:

—¿Usted sabe quién mató a Obregón?
—¡*Cálles*...se la boca, no me pregunte eso!

Efectivamente, muchos suponían que Plutarco Elías Calles —con Luis Napoleón Morones, el incondicional brazo armado del jefe máximo y líder de la CROM— había orquestado el asesinato del general invicto de la Revolución, el Manco de Celaya, con el fin de prolongar su control del poder absoluto. En esas circunstancias, Calles no dudó en dar un triple golpe de timón: nombró a Emilio Portes Gil presidente provisional, entregó la investigación del magnicidio a los obregonistas y, en su último informe de gobierno, hizo un anuncio espectacular:

[El 1º de septiembre de 1928] por primera vez en su historia se enfrenta México con una situación en la que la nota dominante es la falta de «caudillos», [este hecho] va a permitirnos orientar definitivamente la política del país por rumbo de una verdadera vida institucional, procurando pasar, de una vez por todas, de la condición histórica de «un país de un hombre» a la de «una nación de instituciones y de leyes» […] creemos definitiva y categóricamente [que es necesario] pasar de un sistema más o menos velado de «gobiernos de caudillos» a un más franco «régimen de instituciones».

Nacía de esta manera el mito del sistema institucional de nuestro país y Calles —con bombo y platillo— anunciaba que se retiraría a la vida privada, pues en una nación que contaba con un partido fuerte y capaz de unir a todos los revolucionarios, ya era innecesaria su actuación política. Lo que la historia oficial no nos cuenta, sin embargo, es que, en aquel 1 de septiembre,

el diputado Aurelio Manrique se puso en pie cuando se aplaudía y entre el estruendo de los vivas, gritó con voz potente: «¡Farsante!». El general Calles lo miró y, sin concederle importancia, prosiguió la lectura. Al terminar, y al pisar el último peldaño de la escalera de la plataforma, el diputado Manrique volvió a gritar: «¡Farsante!». El aludido tornó a mirarlo fríamente y siguió avanzando paso a paso.[1]

Y en efecto: el retiro de don Plutarco sólo fue una cortina de humo: la vida institucional de nuestro país era una mentira,

---

[1] Alfonso Taracena, *La verdadera Revolución Mexicana. Decimocuarta etapa (1928-1929)*, Impresora Juan Pablos, México.

un mito, pues Plutarco Elías Calles se convirtió en el jefe máximo, en el hombre que gobernó tras el trono hasta que Lázaro Cárdenas lo expulsó del país en 1936 para dar pie a un presidencialismo no menos tiránico y antidemocrático.

El maximato: una brevísima historia

Aunque el jefe máximo tenía un poder casi indiscutible, no tardó mucho tiempo en enfrentar los primeros problemas políticos: los delegados a la convención en la que se fundaría el Partido Nacional Revolucionario (PNR) estaban ingenuamente convencidos de que ellos elegirían en 1929 al candidato a la presidencia de la República que sustituiría a Emilio Portes Gil, pero la democracia no figuraba en la lista de prioridades del jefe máximo y por ello tuvo que actuar rápidamente, tal y como relata Carlos Silva Cáceres en su libro *Plutarco Elías Calles*:

> como un mago, se [sacó] de la chistera a un nuevo candidato [...] el ingeniero michoacano Pascual Ortiz Rubio, antiguo colaborador militar de Calles que en ese tiempo se desempeñaba como embajador de México en Brasil. Supuestamente, Ortiz Rubio renunciaba a su cargo diplomático por invitación del presidente [...] A su llegada a México, Ortiz Rubio declaró ante la prensa su inclinación por participar en el gabinete portesgilista, no obstante, lo primero que hizo fue visitar al general Calles en su hacienda de Morelos. De ahí saldría como flamante competidor [a la presidencia] de la república.

La etapa de las instituciones y la democracia sólo era un mito: Calles —desde su supuesto retiro— controlaba la vida política y «palomeaba» a quienes podrían ocupar la principal oficina del país. México continuaba siendo el país de un solo hombre. En efecto, Ortiz Rubio no tenía la fuerza necesaria para ser presidente... pero esa era su principal virtud, pues Calles conservaría y acrecentaría su poder mientras Ortiz Rubio sólo prestara su rostro para no violentar el apotegma revolucionario que le había costado la vida a Obregón: la no reelección era un hecho, pero el poder estaba en manos de la misma persona: el jefe máximo.

Así, tras un escandaloso fraude en las elecciones de 1929, gracias al cual nunca se sabrá por completo la verdad, Ortiz Rubio venció al exsecretario de Educación, José Vasconcelos, con un holgadísimo margen de más de un millón y medio de votos que mágicamente llegaron a las urnas.

Por supuesto, la mano de Calles estuvo presente desde el primer momento del mandato de Ortiz Rubio, pues casi todo su gabinete quedó conformado por hombres de probada lealtad... a don Plutarco. Cuando el primer mandatario intentó liberarse de la férula de Calles, el jefe máximo le

> asestó el *coup de grâce* al presidente, [pues] ordenó a sus partidarios que aún ocupaban un cargo en el gobierno que presentaran sus renuncias. En cierto sentido [nos dice Hans Werner en su libro *La Revolución Mexicana. Transformación social y cambio político*], Ortiz Rubio quedó pendiente en el vacío y de inmediato presentó su renuncia a la presidencia.

Tras la renuncia de Ortiz Rubio, el jefe máximo volvió a las andadas y designó a otro títere que le permitiera seguir mandando tras bambalinas: Abelardo L. Rodríguez, quien en su *Autobiografía* señaló con precisión el papel que desempeñó en la principal oficina de nuestra patria:

Insisto en que nunca fui político y en que si acepté el cargo de presidente sustituto de la República fue porque tenía la seguridad de nivelar el presupuesto y [de] poner en orden la administración del Gobierno. Para lograrlo me propuse permanecer al margen de la dirección política, dejando esa actividad en manos de políticos.

Las declaraciones del «presidente» Rodríguez no pueden ser más claras: a él sólo le importaba el presupuesto y la manera como se gastaría... no en vano se convirtió en uno de los hombres más ricos del país y en uno de los propietarios de hipódromos, garitos de juego y prostíbulos más afamados de la frontera norte, tal como se muestra en el libro *Revolucionarios fueron todos*. Claro que, para lograr esto, tenía que pagar un precio: entregar la gestión política a quien sí tenía la capacidad para llevarla a cabo; ese hombre, obviamente, era Plutarco Elías Calles. Así, mientras Abelardo L. Rodríguez gastaba a manos llenas y se engordaba los bolsillos, Calles dirigía al país sin que nada ni nadie pudiera oponerse a su voluntad.

El periodo presidencial de Abelardo L. Rodríguez llegó a su fin en 1934 y Calles estaba obligado a elegir a la nueva marioneta que ocuparía el Palacio Nacional. El jefe máximo sopesó con cuidado las opciones y se decidió por Lázaro Cárdenas: el general michoacano era un hombre de toda su confianza, no sólo se había sumado a la rebelión de Agua Prieta que llevó a los sonorenses al poder, sino que también había firmado la orden de asesinar a Venustiano Carranza.

Luego de que Lázaro Cárdenas recibió el visto bueno del jefe máximo, el partido oficial lo aclamó como candidato y las elecciones transcurrieron según se esperaba: el hombre designado por Calles volvió a triunfar con un amplísimo margen. Sin embargo, desde el momento en que Cárdenas se puso la banda presidencial y pronunció su primer discurso, Calles se dio cuenta de que había cometido un error... el «muchacho» michoacano estaba dispuesto a pelear para hacerse del poder absoluto.

En efecto: Cárdenas comenzó a transformar al partido oficial y creó las primeras organizaciones de masas —la CTM y la CNC, entre otras— que subordinaban la sociedad al poder presidencial, y aunque enfrentó varias crisis en su gabinete, acumuló el poder suficiente para dar paso a una nueva etapa de la historia política: el presidencialismo.

La guerra total entre Calles y Cárdenas estalló el miércoles 12 de junio de 1935, cuando el jefe máximo hizo unas «patrióticas declaraciones» que ocuparon la primera plana de *Excélsior*. En una entrevista, Calles condenaba la política laboral del presidente y lo acusaba de retardatario: «vamos para atrás, para atrás, retrocediendo siempre», le dijo al periodista. Al principio, la mayoría de los mexicanos y de los integrantes de la clase política pensaron que Cárdenas se sometería al poder de Calles, pero quizá previendo un movimiento similar al que el jefe máximo le orquestó a Ortiz Rubio, el michoacano le pidió su renuncia a todo su gabinete y removió de sus cargos a una buena parte de los generales supuestamente leales a Calles radicados en las distintas zonas militares del país. El presidente no quería que su mandato terminara con un golpe de Estado fraguado desde la hacienda morelense de Calles.

El nuevo gabinete quedó conformado por cardenistas de hueso colorado y las acciones en contra del jefe máximo y sus aliados se hicieron sentir de inmediato: Luis Napoleón Morones, el cómplice de Calles en el asesinato de Obregón, fue acusado de acopio de armas y el escándalo surgió de inmediato, ya que:

El 20 de diciembre de 1935 —nos dice Carlos Silva Cáceres en *Plutarco Elías Calles*— las primeras planas de los diarios dieron una espectacular noticia. Durante un cateo en la casa de Luis N. Morones se había encontrado una fuerte cantidad de armas y pertrechos. Morones fue llevado a declarar e intentó sin éxito comprobar legalmente la posesión de las armas. Se le acusaba de intentar un levantamiento armado contra el gobierno de Cárdenas.

Pero el presidente no se conformó con eliminar al principal aliado del jefe máximo, y a principios de 1936 Calles fue cesado del ejército, con lo cual se le amputó la posibilidad de recurrir a las armas para prolongar su poder. No obstante, el golpe final contra el maximato aún estaba por darse, el cual, según afirma Martha Poblett Miranda en su biografía *Lázaro Cárdenas*, ocurrió de la siguiente manera:

> El 9 de abril [de 1936], a las diez de la noche, el general Rafael Navarro llegó hasta la casa de Santa Bárbara, donde […] Plutarco Elías Calles se encontraba ya en cama leyendo el famoso libro de Adolfo Hitler, *Mein Kampf* (Mi lucha). El militar comisionado lo conminó a acompañarlo a la sexta comisaría de la capital y él, sin resistencia, aceptó salir rumbo al exilio.

El presidencialismo se impuso al maximato: Calles y Morones partieron al exilio y Cárdenas se convirtió en dueño del poder absoluto.

Ahora bien, ¿el final del maximato supuso un avance político para nuestro país? En realidad se trató de una grave traición a los principios democráticos de la Revolución: si bien es cierto que en 1936 terminó el poder del jefe máximo, ello no significó que México comenzara a recorrer la senda de la democracia, la justicia y la ley, pues el presidencialismo nos alejó y nos impidió adentrarnos en aquella ruta... quizá la respuesta sólo puede ser descorazonadora: los mexicanos únicamente cambiamos al Jefe Máximo por el Señor Presidente, en cuyo puño morirían asfixiados el Congreso, la Suprema Corte, la libertad de prensa, las garantías individuales y todo asomo de democracia durante los siguientes setenta años de priismo. Es verdad: los presidentes priistas, auténticos caciques sexenales, subordinaron los poderes de la Unión a sus estados de ánimo y, en consecuencia, las instituciones de la República, lejos de servir a la ciudadanía, sólo sirvieron para simular la existencia de una democracia, sancionando así la validez del apotegma de Jean-François Revel: «Las revoluciones sirven para concentrar aún más el poder... o no sirven para nada».

El balance de dicho presidencialismo lo hizo el escritor Mario Vargas Llosa para la historia: «el sistema político mexicano encabezado por el PRI es la dictadura perfecta...».

Sor Juana se arrepintió

Tan pronto como fue confirmada la muerte de sor Juana Inés de la Cruz —sin duda alguna la mejor escritora mexicana de todos los tiempos— el 17 de abril de 1695, la historia oficial empezó a escribirse con la asesoría tendenciosa del arzobispo Francisco de Aguiar y Seijas, quien se empeñó exitosamente en falsificar la biografía de esta inigualable autora, con el doble objetivo de persuadir a las mujeres mexicanas de la posteridad —y especialmente a las monjas— de no perder su tiempo dedicándose al estudio, y de esconder el hecho, ciertamente vergonzoso para la jerarquía católica de México, de haber combatido salvajemente la vocación literaria y de estudio de esta soberana inteligencia femenina, a la que hicieron callar y a la que mutilaron intelectualmente desde el momento en que la privaron de toda actividad creativa.

Tan pronto como se supo de su muerte en el convento de San Jerónimo, a consecuencia de la peste, «la imprenta de doña María de Benavides», que era la que realizaba los trabajos tipográficos para el palacio arzobispal, recibió la orden de imprimir en una pequeña hoja volante en doceavo (14.0 x 10.6 cm) un texto que llevaba por título

Protesta de fe de la Monja profesa Sor Juana Inés de la Cruz, y que a la letra dice:

YO, JUANA INÉS DE LA CRUZ, protesto para ahora y para toda la eternidad, que creo en un solo Dios todopoderoso, Criador del Cielo y de la Tierra y de todas las cosas; y creo el misterio augustísimo de la Santísima Trinidad, que son tres Personas distintas y un solo Dios verdadero; que de estas tres personas, la segunda, que es el Divino Verbo, por redimirnos, se encarnó y se hizo hombre en el vientre virginal de María Santísima siempre virgen y Señora nuestra; y que después padeció muerte y pasión y resucitó al tercer día entre los muertos y está sentado a la diestra de Dios Padre. Creo también que el día final ha de venir a juzgar todos los hombres, para darles premio o castigo según sus obras. Creo que en el Sacramento de la Eucaristía está el verdadero Cuerpo de Cristo nuestro Señor; y en fin, creo todo aquello que cree y confiesa la Santa Madre Iglesia Católica nuestra madre, en cuya obediencia quiero morir y vivir, sin que jamás falte a obedecer lo que determinare, dando mil veces la vida primero que faltar ni dudar en algo de cuanto nos manda creer; por cuya defensa estoy puesta a derramar la sangre y defender a todo riesgo la santa Fe que profeso, no sólo creyéndola o adorándola con el corazón, sino confesándola con la boca en todo tiempo y a todo riesgo. La cual protesta quiero que sea perpetua, y me valga a la hora de mi muerte, muriendo debajo de esta disposición y en esta Fe y creencia, en la cual es mi intento pedir confesión de mis culpas, aunque me falten signos exteriores que lo expresen. Y me duelo íntimamente de haber ofendido a Dios, sólo por ser quien es y porque le amo sobre todas las cosas, en cuya bondad espero que me ha de perdonar mis pecados sólo por su infinita misericordia y por la preciosísima sangre que derramó por redimirnos, y por la intercesión de su Madre Purísima. Todo lo cual ofrezco en satisfacción de mis culpas; y postrada ante el acatamiento divino, en presencia de todas las criaturas del Cielo y de la Tierra, hago esta nueva protestación, reiteración y confesión de la Santa Fe; y suplico a toda la Santísima Trinidad la acepte y me dé gracia para servirle y cumplir sus santos mandamientos, así como me dio graciosamente la dicha de conocer y creer sus verdades.

Asimismo reitero el voto que tengo ya hecho de creer y defender que la siempre Virgen María nuestra Señora fue concebida sin mancha de pecado en el primer instante de su ser purísimo; y asimismo creo que ella sola tiene mayor gracia a que corresponde mayor gloria que todos los ángeles y santos juntos; y hago voto de defender y creer cualquiera privilegio suyo que no se oponga a nuestra Fe, creyendo que es todo lo que no es ser Dios; y protestada con el alma y corazón en la presencia de esta divina Señora y su glorioso Esposo el Señor San José, y de sus santísimos padres Joaquín y Ana, les suplico humildemente me reciban por su esclava, que me obligo a serlo toda la eternidad.

Y en señal de cuánto deseo derramar la sangre en defensa de estas verdades, lo firmo con ella, en cinco de marzo del año de mil seiscientos y noventa y cuatro.[1]

Como señala el historiador mexicano Elías Trabulse, «la publicación de la *Protesta de fe* constituye la piedra de toque de la ofensiva de Aguiar y Seijas» contra la figura histórica de sor Juana, pues esto bastó para que se creyera que sor Juana, arrepentida de haberse atrevido a estudiar y a hacer versos, decidió pasar el resto de su vida únicamente dedicada a sus labores de esposa de Cristo, como desde hacía varios años

---

[1] Sor Juana Inés de la Cruz, *Obras completas*, Porrúa, México, 2002.

le exigiera hacer el padre Antonio Núñez, su confesor y posterior enemigo jesuita, feroz envidioso de su talento. Es obvio que el clero obligó a sor Juana a escribir semejante texto infamante. ¿Sor Juana iba a escribir voluntariamente con su propia sangre? Una aberración de esa naturaleza sólo la iban a creer el clero y sus fanáticos de siempre...

Con sumo descaro, los orquestadores de esta campaña titularon esta indignante carta del siguiente modo: «Protesta que rubricada con su sangre, hizo de su fe y amor a Dios la madre Juana Inés de la Cruz, al tiempo de abandonar los estudios humanos para proseguir, desembarazada de este afecto, en el camino de la perfección».

Era el último de muchos golpes, el más terrible de los cuales consistió en el despojo de su más amado tesoro: su biblioteca. Según Antonio Alatorre:

> Los documentos descubiertos por Dorothy Schons dicen que el arzobispo se incautó [en calidad de «préstamo forzoso»] de los dineros de Sor Juana en un momento muy preciso: el día mismo de su muerte. Lo otro, o sea el expolio de su biblioteca y de las alhajas (instrumentos «músicos y mathemáticos», etcétera), no puede fecharse con precisión; lo único claro es que ello había ocurrido años antes.[2]

¿Y qué dice el mito? El mito dice que: «como medio para evitar la tentación de dar máxima importancia a los estudios humanos, realizó heroicamente el desprendimiento y donación de sus amados libros».[3] Lo cierto, sin embargo, es que

---

[2] Antonio Alatorre y Martha Lilia Tenorio, *Serafina y Sor Juana (con tres apéndices)*, Colegio de México, México, 1998.
[3] Muriel, 1993, p. 83.

a pesar de haber firmado dicha carta, Juana Inés, cuya obra había sido publicada en Europa por la condesa de Paredes, exvirreina de México, confidente de la reina Mariana de Austria y protectora de la monja, ni abandonó los estudios ni mucho menos se arrepintió de nada. ¿Cómo iba a arrepentirse este portento intelectual de haber hecho muchas de las más bellas composiciones poéticas de nuestra lengua?

> Algunos de los últimos hallazgos desmienten la idea de una sor Juana «retirada» de las letras en sus últimos años [...] En el Congreso Internacional Sor Juana y su mundo: una mirada actual celebrado en México D.F. en noviembre de 1995, Teresa Castelló Iturbide dio a conocer una copia del inventario que se levantó en la celda de la monja después de su muerte y que registra cientos de volúmenes de obras selectas y varios legajos de escritos. Esto serviría de testimonio de que la vocación de sor Juana estaba viva, aunque tal vez confinada más y más a la marginalidad.[4]

Un segundo y fundamental momento del mito de sor Juana, la monja abnegada y arrepentida, lo constituyó la primera biografía del padre jesuita Calleja, del año 1700, según la cual, arrepentida de estudiar, «trató de no errar en adelante los motivos de buena [...] Y de ahí en adelante no corría sino volaba a la virtud, hasta que desobedeciendo [siempre rebelde] el que atendiese a las monjas enfermas, sufrió el contagio de la peste, muriendo año y medio después».

Atrás quedaron las agrias polémicas con el padre Núñez, su confesor y el hombre más interesado (junto con el arzobispo

---

[4] Brescia, 1999, nota 30.

Seijas) en que Juana Inés abandonara las letras, y al que la monja rebelde y obstinada reviró en su momento (sólo que esto no se supo sino hasta hace muy pocos años, en 1982):

> Mis estudios no han sido en daño ni perjuicio de nadie, mayormente habiendo sido tan sumamente privados que no me he valido ni aun de la dirección de un maestro [...] Los privados y particulares estudios ¿quién lo ha prohibido a las mujeres? ¿No tienen alma racional como los hombres? [...] ¿Qué revelación divina, qué determinación de la iglesia, qué dictamen de la razón hizo para nosotros tan severa ley? [...] ¿Las letras estorban, sino que antes ayudan a la salvación? [...] ¿Sólo a mí me estorban los libros para salvarme? [...] V. R. quiere que por fuerza me salve ignorando [...] El exasperarme no es buen modo de reducirme, ni yo tengo tan servil naturaleza que haga por amenazas lo que no me persuade la razón.[5]

Y es que, en el colmo de la hipocresía y la perversidad, había sido el propio Núñez quien, muchos años atrás (en 1667), instara a Juana Inés a ingresar al convento, con el aliciente de que ahí podría escribir, ahí podría leer, ahí podría tener una biblioteca...

En el olvido quedó también la polémica con sor Philotea, nombre burlón tras el cual se escondía el obispo de Puebla, otro de los que la orillaron a dejar la pluma: «Mucho tiempo ha gastado v. md. en el estudio de filósofos y poetas [le decía, recordándole que] Ciencia que no alumbra para salvarse, Dios, que todo lo sabe, la califica por necedad».[6]

---

[5] Sor Juana Inés de la Cruz, *op. cit.*
[6] Martínez, 1998, p. 87.

Las medidas que adoptó Aguiar y Seijas probaron ser eficaces y de efectos duraderos. En primer lugar, envió el proceso al archivo secreto del provisorato. Después impuso silencio a los clérigos y funcionarios del arzobispado que habían conocido de dicho proceso. Ninguno de ellos hizo pública la más leve mención sobre la sentencia que se había abatido sobre la monja y que era la causa del silencio que rodeó sus dos últimos años. Por otra parte, conservó los tres documentos de la abjuración que pertenecían al archivo episcopal y que estaban anexos al proceso a efecto de darlos a conocer oportunamente. De esta forma se adelantó con ventaja a cualquier medida que la condesa de Paredes pudiera tomar. El mito de la conversión voluntaria de Sor Juana tuvo su origen en la actividad que desarrolló Aguiar y Seijas inmediatamente después de su muerte, y no deja de ser una ironía el que haya sido precisamente el hombre que la silenció quien haya dado los elementos para crear, desarrollar y fijar históricamente ese mito hagiográfico.[7]

Dicho lo cual no resta sino recordar que Juana Inés no se arrepintió, si bien padeció una salvaje, inhumana y retrógrada persecución de parte de la jerarquía eclesiástica, cuyo más siniestro acto fue privarla de sus herramientas elementales de trabajo. Porque, efectivamente, el hecho de que sor Juana haya escondido libros y trabajos no quiere decir que no la hayan mutilado intelectualmente, al extremo de que buscara la muerte por contagio cuando se dio la peste en el convento de San Jerónimo en 1695.

¿Quería seguir viviendo sin tinta, sin plumas, sin papel, sin libros y sin posibilidad alguna de seguir produciendo en

---

[7] Trabulse, 1998, pp. 149-150.

un medio hostil, absolutamente misógino, dominado por la Inquisición y sus sátrapas? ¿Qué sentido tenía la vida sin la creación? En el fondo, la peste fue su gran oportunidad para suicidarse.

Pero que quede claro: ella jamás dejó de escribir porque la convencieran de ser esposa de Jesús: si dejó de redactar fue en razón de la imposibilidad de hacerlo. ¿Cuál arrepentimiento?

La iglesia la mató al impedirle crear, por ello se escondió su nombre durante más de doscientos años... Esta labor de ocultamiento, sumada al analfabetismo perpetuo en que el Santo Oficio se empeñó en mantener al pueblo, impidió, ha impedido e impedirá —mientras siga predominando el analfabetismo en nuestro país— el conocimiento y el goce de versos tan excelsos como los que dedicó en una ocasión al virrey marqués de la Laguna, luego de que éste la gratificara por su espléndida labor literaria:

> Esta grandeza que usa
> conmigo vuestra grandeza
> le está bien a mi pobreza,
> pero muy mal a mi Musa.
> Perdonadme si, confusa
> o sospechosa, me inquieta
> el juzgar que ha sido treta
> lo que vuestro juicio trata,
> pues quien me da tanta plata
> no me quiere ver Poeta.

Se equivocaba: eran otros los que no querían verla Poeta.

La Iglesia católica no tomó parte en la guerra contra los EUA

Ya he demostrado en otro capítulo de esta edición que no fue precisamente por la superioridad militar norteamericana que México perdió más de la mitad de su territorio en la guerra contra los Estados Unidos de 1845-1848. Pero ligado a este mito existe otro no menos perverso: que la Iglesia católica no tomó parte en esa guerra que, según la prensa de entonces, era «la causa más nacional que se le había presentado a México».[1]

Los tesoros de Dios

Según el historiador Fuentes Díaz, en vísperas de la guerra «la iglesia era dueña de las tres cuartas partes de la tierra laborable»[2] y se había convertido «en la institución

---

[1] En *El Siglo XIX*, «Cuestión de Tejas», 26 de marzo de 1845, p. 4, en Jesús Velasco Márquez, *La guerra del 47 y la opinión pública (1845-1848)*, SEP, México, 1975.

[2] Vicente Fuentes Díaz, *La intervención norteamericana en México, 1847*, Imprenta Nuevo Mundo, México, 1947.

de crédito más grande y rica del país». No obstante lo anterior,

> nunca, ni en los momentos de mayor apuro, [la iglesia] se esforzó por cooperar en la defensa de la patria [y] en un lapso de cinco años, desde 1842 a 1847, la historia de los apuros oficiales, en relación con los preparativos de guerra, es la historia de la lucha de todos los gobiernos por ablandar la tacañería confesional. Desde el vacilante Herrera hasta el inflexible Gómez Farías, pasando por el monarquista y clerical Paredes y Arrillaga, por el acomodaticio Santa Anna y por el rudo general Salas, todos los altos gobernantes hicieron idéntica demanda al clero. Y a todos se les negó.[3]

Y en efecto: ni siquiera a Mariano Paredes Arrillaga, general golpista y traidor, a quien la jerarquía católica impuso en el poder con el objeto de instaurar una monarquía encabezada por un príncipe europeo, le fue facilitado el apoyo necesario para la defensa del país: esto a pesar de que el 4 de enero de 1846 —luego de rebelarse contra el gobierno precisamente cuando había sido enviado al frente de nuestro mejor ejército a rescatar Texas— pasara a la Catedral «con una gran comitiva a dar gracias al Señor por medio de un *Te Deum* que entonó el señor arzobispo»;[4] y a pesar también de que

> la más alta autoridad de la iglesia, el arzobispo Posada y Garduño, casi en las puertas de la muerte, presidió la junta en que se discutió y aprobó el programa del gobierno traidor, el cual se orientaba

---

[3] *Ibid.*
[4] José Ramón Malo, *Diario de sucesos notables. Arreglados y anotados por Mariano Cuevas*, Ed. Patria, México.

hacia un único y fundamental propósito: el establecimiento de una monarquía española.[5]

Pues bien: en cuanto a la guerra con los Estados Unidos, la iglesia no apoyó a Paredes, como no había apoyado a su antecesor, José Joaquín de Herrera, y como no apoyaría tampoco a Mariano Salas, que a la caída de Paredes y ante el ascenso de Santa Anna, con quien había fungido como vicepresidente, lanzó un tibio decreto el 19 de noviembre de 1846, disponiendo

> que el gobierno expidiese letras de cambio por valor de 2 millones de pesos, a cargo del clero secular y regular, [pero] astuto como siempre, y aprovechándose de la debilidad del gobierno, el clero logró la derogación del decreto con fecha 5 de diciembre de 1846.

Tres semanas después de este triunfo clerical asumió la vicepresidencia de la República el ilustre liberal don Valentín Gómez Farías, quien ya en el año de 1835 había sido derrocado por atentar contra los tesoros de Dios... Gómez Farías envió al Congreso, una vez más, la iniciativa de desamortización de los bienes eclesiásticos, y tras una memorable sesión que comenzó el 7 de enero de 1847 y concluyó el día 10 del mismo mes, la cámara aprobó la ley del caso, estipulando: «Se autoriza al Gobierno para que se proporcione 15 millones de pesos para los gastos de la guerra pudiendo hipotecar o vender bienes de manos muertas».[6]

---

[5] Vicente Fuentes Díaz, *op. cit*, que cita a su vez a Guillermo Prieto, *Memorias de mis tiempos*, tomo II.

[6] Alfredo de la Cruz Gamboa, *Valentín Gómez Farías*, LER, México, 1980.

La respuesta del cabildo metropolitano fue terminante: «la iglesia es soberana y no puede ser privada de sus bienes por ninguna autoridad». Desde ese momento la jerarquía eclesiástica se dio a la tarea de volver a derrocar a Valentín Gómez Farías, propósito funesto que cristalizaría en la famosa rebelión de los polkos, financiada por el arzobispo Irisarri y ejecutada por los cuerpos aristocráticos del ejército, que habiendo sido enviados por Gómez Farías a defender Veracruz, prefirieron rebelarse contra el gobierno nacional, a pesar de que el país ya estaba invadido por los estadounidenses.

El mismo día en que estalló dicha rebelión, sutilmente olvidada en la historia, el obispo de Puebla, Francisco Pablo Vázquez Vizcaíno, publicó la siguiente desvergonzada e indignante pastoral:

> A nuestros diocesanos, salud y gracia en nuestro Señor Jesucristo [...] Pecaríamos mortalmente e incurriríamos en escomunión siendo remisos en publicar las censuras con que quedan ligados los que usurpan los bienes eclesiásticos [...] El clero, amados hijos nuestros, [...] ha ido añadiendo sacrificios a sacrificios, llegando éstos a lo sumo con ocasión de la justa y nacional guerra contra la República del Norte [...] Declaramos que cualquiera autoridad o persona privada que con cualquier motivo usurpe los bienes muebles o raíces, derechos o acciones pertenecientes a la iglesia, incurre en la pena de escomunión mayor reservada al Sumo Pontífice [...] quedando sujetos a la misma los que retengan los enunciados bienes, o coadyuven directa o indirectamente a su usurpación [...] Declaramos que las enagenaciones, hipoteca o cualquier gravamen que se imponga a los citados bienes, son nulas y de ningún valor ni efecto [...] La iglesia conserva el dominio de aquellos tan ileso

como lo tenía antes de la usurpación [...] Esto es, amados hijos nuestros, lo que hemos debido deciros [...] como responsables ante Dios del depósito que se nos ha encomendado. Si la presente tribulación es una prueba, sufrámosla con resignación para salir de ella purificados como el oro, y si es un castigo de nuestras culpas tratemos de enmendarlas eficazmente para que el Señor levante de sobre nuestras cabezas su formidable azote.

Queda por mencionar aún la servil actitud que el señor obispo Vázquez, a quien acabamos de escuchar, mostró ante los invasores, pues,

> luego que el general Scott se posesionó de la plaza de Veracruz, entró en relaciones con el obispo de Puebla, D. Pablo Vázquez, por conducto del cura Campomanes, de Jalapa, y el obispo le dijo: «si me garantizas que serán respetados las personas y bienes eclesiásticos, yo te ofrezco que en Puebla no se disparará un solo tiro». «Aceptado», dijo el general americano.[7]

Y así fue: Puebla se rindió sin disparar un solo tiro porque quien lo hiciera sería excomulgado. Después de que el obispo visitara al general Worth y recibiera de su guardia honores de general,[8] los americanos se tendieron a dormir con toda confianza en la plaza central, y el camino a la capital quedó abierto a las tropas invasoras.

Desde mayo de 1846 el presidente Polk había escrito en su diario —¡y con cuánta razón!— que:

---

[7] Vicente Fuentes Díaz, *op. cit.*
[8] Alfonso Toro, *Compendio de historia de México. La revolución de independencia y México independiente*, Ed. Patria, México, 1978.

Si los sacerdotes católicos de México pueden quedar convencidos de que sus iglesias y su religión estarán a salvo, la conquista de las provincias del Norte de México será fácil [...] pero si prevalece una opinión contraria, la resistencia a nuestras fuerzas será desesperada.[9]

Lo cual explica muchas cosas, pero sobre todo desenmascara ese funesto mito que a la letra dice: «La iglesia no tomó partido en la guerra con Estados Unidos». Sí que lo tomó...

---

[9] James Knox Polk, *Diario del presidente Polk [1845-1849]*, Antigua Librería Robredo, México, 1948.

Miguel Hidalgo, el consumador de la Independencia

Hace algunos años, en el Museo Nacional de Arte se llevó a cabo un ciclo de exposiciones con un título en común: «Los pinceles de la historia». Las obras ahí expuestas revelaban claramente la manera como los artistas de distintas épocas habían contemplado los acontecimientos de nuestra historia. Ahí estaban los pinceles de los conservadores y de los liberales, los retratos que satanizaban o beatificaban a los personajes y los cuadros que condenaban o aplaudían algunos acontecimientos. La polémica de nuestro pasado se materializaba en los lienzos.

En la última de estas exposiciones, que se montó con el nombre de «La arqueología del régimen», el Munal presentó un interesantísimo retrato de Miguel Hidalgo y Costilla: una obra anónima de principios del siglo XX en la que el cura de Dolores trabaja en una forja. Según algunos críticos —como Mireida Velázquez Torres—, esta pintura «nos sugiere la personificación de un maestro masón», pues el personaje porta un mandil y tiene un martillo en su mano derecha. Sin embargo, creo que este retrato, a pesar de los dos símbolos, es ajeno a la masonería y que sólo revela la imagen mítica del sacerdote: Miguel Hidalgo es uno de los forjadores de México.

Esta cualidad de forjador, ampliamente divulgada en los libros de texto, nos ha impedido acercarnos a la verdadera personalidad de Hidalgo y ha obstaculizado nuestra comprensión de los alcances y la importancia de su movimiento. Efectivamente, según los historiadores oficiales, a él le debemos la realización de nuestra independencia, y tal hecho no debe ser puesto en duda. No obstante, y a pesar de las posibles condenas, es pertinente analizar esta idea con mucho cuidado, pues es evidente que Miguel Hidalgo no consumó la Independencia.

Los problemas de la patriótica paternidad de Miguel Hidalgo no se reducen a los alcances de su movimiento, sino a un hecho de armas y a su condena a muerte: si bien es cierto que él encabezó una serie de acciones bélicas durante 1810 y 1811 y que obtuvo algunas victorias (como sucedió en Guanajuato y en Monte de las Cruces), también es verdad que el movimiento que él inició fue derrotado por Félix María Calleja en la batalla de Puente de Calderón, y que luego de este combate los primeros insurgentes fueron aprehendidos, juzgados, condenados y ejecutados en 1811. Lo anterior sin perder de vista que Allende, ya en aquel entonces, no sólo había intentado envenenar al cura Hidalgo —quien se hacía llamar Su Alteza Serenísima—, sino que lo había destituido del cargo cuando éste se negó a impedir los desmanes cometidos por sus tropas. Hidalgo y sus seguidores, por estas causas, tampoco pueden ser considerados como los consumadores de la Independencia: la consumación ocurrió once años más tarde, el 27 de septiembre de 1821, cuando Agustín de Iturbide entró a la ciudad de México al frente del Ejército Trigarante.

Pero quizá la prueba más palmaria de que Hidalgo y los suyos no consiguieron la Independencia de México la constituye el hecho de que las cabezas de Hidalgo, Allende, Aldama y Jiménez fueron llevadas a Guanajuato, en donde las pusieron en unas aspas de fierro en los cuatro ángulos del castillo de Granaditas [...] Casi diez años permanecieron enclavadas en los ángulos de la Alhóndiga las cabezas de estos caudillos, hasta el 28 de marzo de 1821, en que por orden de don Anastasio Bustamante fueron sepultadas en el panteón de San Sebastián de Guanajuato.[1]

Miguel Hidalgo y sus acompañantes no lograron la independencia, pues si la cabeza de una persona ha sufrido el ultraje de permanecer durante una década expuesta al público, no es precisamente porque hubiera triunfado.

Pareciera entonces que estamos en un callejón sin salida, pues si Miguel Hidalgo no es el forjador de la patria y la independencia, ¿quién merece esta distinción?

Los verdaderos padres de la patria

En la historia, la «prueba reina» de la verdad son los documentos. Así, ateniéndonos a los textos que generaron los insurgentes durante el periodo 1810-1821, todo parece indicar que la primera proclamación real de la independencia de Nueva España, la del rompimiento definitivo e irreversible, corrió por cuenta de José María Morelos y Pavón en un documento fechado el 14 de septiembre de 1813. En efecto, en las primeras líneas de los *Sentimientos de la nación* se hace la proclamación libertaria, pues ahí puede leerse: «Que la América es libre e independiente de España y de toda otra

---

[1] José María de la Fuente, *Hidalgo íntimo*, Secretaría de Instrucción Pública y Bellas Artes, México, 1910.

nación, gobierno o monarquía, y que así se sancione dando al mundo las razones».

Pero Morelos y sus seguidores no se conformaron con el señalamiento libertario que se muestra en los *Sentimientos de la nación*, y unas semanas más tarde —el 6 de noviembre de 1813— la segunda insurgencia, en una sesión solemne del Congreso de Anáhuac, firmó la primera Acta de Independencia de nuestro país. Este documento —escasamente divulgado—, firmado por Andrés Quintana Roo, Ignacio López Rayón, José Manuel de Herrera, Carlos María de Bustamante, José Sixto Verdusco, José María Liceaga y Cornelio Ortiz de Zárate, puede ser considerado como la primera acta de nacimiento de nuestro país y, justo por ello, bien vale la pena transcribirlo completo:

> El Congreso de Anáhuac, legítimamente instalado en la ciudad de Chilpancingo, de la América Septentrional, por las provincias de ella, declara solemnemente, a presencia del Señor Dios, árbitro moderador de los imperios y autor de la sociedad, que los da y los quita según los designios inescrutables de su providencia, que por las presentes circunstancias de la Europa ha recobrado el ejercicio de su soberanía, usurpado; que, en tal concepto, queda rota para siempre jamás y disuelta la dependencia del trono español; que es árbitro para establecer las leyes que le convengan para el mejor arreglo y felicidad interior, para hacer la guerra y la paz y establecer alianzas con los monarcas y repúblicas del antiguo continente, no menos que para celebrar concordatos con el sumo pontífice romano para el régimen de la Iglesia católica, apostólica, romana, y mandar embajadores y cónsules; que no profesa ni reconoce otra religión más de la católica, ni permitirá ni tolerará el uso público ni secreto de otra alguna; que protegerá con todo su poder y velará sobre la pureza de la fe y de sus dogmas y conservación

de los cuerpos regulares; declara por reo de alta traición a todo el que oponga directa o indirectamente a su independencia, ya sea protegiendo a los europeos opresores, de obra, palabra o por escrito, ya negándose a contribuir con los gastos, subsidios y pensiones para continuar la guerra hasta que su independencia sea reconocida por las naciones extranjeras; reservándose al Congreso presentar a ellas por medio de una nota ministerial, que circulará por todos los gabinetes, el manifiesto de sus quejas y justicia de esta resolución, reconocida ya por la Europa misma.

Calificar a este documento como la primera acta de nacimiento de nuestra patria no es ocioso, pues Morelos y los miembros del Congreso de Anáhuac —al igual que los primeros insurgentes— tampoco lograron consumar la Independencia: el generalísimo fue aprehendido, juzgado y fusilado en diciembre de 1815, mientras que los diputados —luego de las derrotas militares— terminaron muertos o dispersos en el territorio novohispano. El Siervo de la Nación y los integrantes del Congreso de Anáhuac, sin duda alguna, no protagonizaron el final de la lucha: la muerte y la derrota se los impidieron.

No sería sino hasta el 24 de febrero de 1821 cuando —gracias a la unión de las fuerzas de Agustín de Iturbide y Vicente Guerrero, y el visto bueno de Matías Monteagudo y de los clérigos que conspiraron en La Profesa para evitar la aplicación de la Constitución liberal de Cádiz, que acabaría con sus anacrónicos e injustos privilegios— se proclamaría el Plan de Iguala, una de cuyas cláusulas establece: «La Nueva España es independiente de la antigua y de toda otra Potencia aun de nuestro continente».

La independencia de la que se habla en el Plan de Iguala sería la definitiva, pues sus signatarios lograrían consumar la lucha y entrarían a la capital del país el 27 de septiembre de 1821. Al día siguiente, la junta soberana del naciente país publicó el acta que nos transformó en un pueblo independiente. De nueva cuenta, por la importancia que reviste este documento, vale la pena su lectura:

> Acta de Independencia del Imperio Mexicano pronunciada por su Junta Soberana congregada en la capital de él en 28 de septiembre de 1821.
>
> La Nación Mexicana que, por trescientos años, ni ha tenido voluntad propia, ni libre el uso de la voz, sale hoy de la opresión en que ha vivido.
>
> Los heroicos esfuerzos de sus hijos han sido coronados, y está consumada la empresa, eternamente memorable, que un genio, superior a toda admiración y elogio, amor y gloria de su patria, principió en Iguala, prosiguió y llevó al cabo, arrollando obstáculos casi insuperables.
>
> Restituida, pues, esta parte del Septentrión al ejercicio de cuantos derechos le concedió el Autor de la Naturaleza, y reconocen por inenagenables y sagrados las naciones cultas de la tierra; en libertad de constituirse del modo que más convenga a su felicidad; y con representantes que puedan manifestar su voluntad y sus designios; comienza a hacer uso de tan preciosos dones, y declara solemnemente, por medio de la Junta Suprema del Imperio, que es Nación Soberana, e independiente de la antigua España, con quien, en lo sucesivo, no mantendrá otra unión que la de una amistad estrecha, en los términos que prescribieren los tratados: que entablará relaciones amistosas con las demás potencias ejecutando, respecto de ellas, cuantos actos pueden y están en posesión de ejecutar las otras naciones soberanas: que va a constituirse, con arreglo a las bases que en el Plan de Iguala y Tratado de Córdoba estableció, sabiamente, el primer jefe del

ejército imperial de las Tres Garantías; y en fin que sostendrá, a todo trance, y con el sacrificio de los haberes y vidas de sus individuos (si fuere necesario) esta solemne declaración, hecha en la capital del Imperio a veintiocho de septiembre del año de mil ochocientos veintiuno, primero de la Independencia Mexicana.

Los documentos que he presentado bastan para demostrar que Miguel Hidalgo no fue el consumador de nuestra libertad. Su mérito, y el de Allende, es haber iniciado una lucha que —debido a Morelos— abandonó las ideas de restauración para fijarse un nuevo objetivo: la independencia de Nueva España.

¿Los Niños Héroes fueron héroes niños?

Desde hace poco más de un siglo, los Niños Héroes han sido objeto de polémicas: mientras los historiadores oficiales sostienen su existencia y sus méritos, otros afirman que, si bien existieron, no eran niños, y que su valor sólo es una mentira insostenible. Incluso, cuando se propuso un libro de texto gratuito que no los incluía, el enojo de algunos historiadores y profesores no se hizo esperar. Así, a pesar de los desacuerdos, en las escuelas primarias de nuestro país —al igual que en el marmóreo Altar de la Patria— se sigue recordando su ejemplar heroicidad todos los 13 de septiembre, y casi con seguridad aún se recita el poema *Los Niños Mártires de Chapultepec* que Amado Nervo escribió en su memoria:

> Como renuevos cuyos aliños
> un cierzo helado destruye en flor
> así cayeron los héroes niños
> ante las balas del invasor.

A pesar de la poesía patriótica y de lo que se afirma en los libros de texto, casi nadie se atreve a recordar que el culto a estos próceres no se inició durante la invasión estadounidense, sino que comenzó en 1872, poco antes de que falleciera Benito Juárez, justo cuando se firmó el decreto que los honró para siempre, de modo que nunca nadie los olvidara. El surgimiento del mito, sin duda alguna, es bastante posterior a los hechos.

Sin embargo, el mito —y la polémica— sobre los Niños Héroes es una interesantísima mezcla de verdad y ficción que bien vale la pena analizar con cuidado.

La historia de los Niños Héroes

Para desentrañar el mito de los niños héroes es necesario comenzar con los hechos reales: durante la intervención estadounidense, el Castillo de Chapultepec era la sede del Colegio Militar. El 13 de septiembre de 1847 en ese lugar no sólo se encontraban seis cadetes, sino más de medio centenar, además de 800 soldados mexicanos apoyados por otros 400 del Batallón de San Blas. De esta manera, la fuerza que lo defendió de los invasores constaba de más de 1 200 efectivos, a las órdenes de Nicolás Bravo y José Mariano Monterde. La batalla por la defensa del castillo la dieron las tropas mexicanas, además, claro está, de los ilustres cadetes que se convirtieron en los Niños Héroes con el transcurso del tiempo.

Los historiadores oficiales impusieron su versión de los hechos: contra lo que se señala, los cadetes no estaban arrestados y sus muertes —en más de un caso— ocurrieron de maneras muy diferentes a las que se narran en los libros de texto: Juan de la Barrera —quien ya no era cadete sino oficial de ingenieros— cayó mientras defendía una trinchera;

Vicente Suárez enfrentó a los atacantes como centinela y falleció luego de marcarles el alto; Agustín Melgar estaba parapetado detrás de unos colchones y fue herido gravemente (murió días más tarde); Fernando Montes de Oca y Francisco Márquez fueron cazados a tiros cuando trataban de hacerse fuertes en el jardín botánico. Juan Escutia, que no era alumno del colegio sino un integrante del Batallón de San Blas, trató de escapar con los cadetes y murió al ser alcanzado por la metralla mientras descendía por la pared de la fortaleza.

Es evidente que la acción de Juan Escutia de arrojarse al vacío envuelto en la bandera resulta una actitud heroica, pero la hazaña carece de sustento histórico: ningún cadáver fue encontrado en las faldas del Cerro del Chapulín cubierto con el lábaro. La bandera fue arriada del alcázar por los invasores, quienes la llevaron a su país como trofeo de guerra y no fue devuelta sino muchos años después, hasta la administración de López Portillo. Quien sí fue encontrado muerto con la enseña patria ensangrentada y enredada en su cuerpo fue Margarito Zuazo, al final del feroz combate librado en Molino del Rey. Su nombre ha pasado sin pena ni gloria, tratándose de un héroe desconocido… La niñez de los héroes resulta igualmente cuestionable: Juan Escutia tenía 20 años; Juan de la Barrera, 19; Agustín Melgar casi 18; Fernando Montes de Oca 18 bien cumplidos; Vicente Suárez 14 y Francisco Márquez unos meses menos. En términos de aquella época, en la cual la expectativa de vida era mucho menor que la de ahora, ninguno de ellos podía ser visto como un niño: eran un par de adolescentes y cuatro jóvenes hechos y derechos…

Pero la mayor falsificación histórica no son las maneras como murieron ni sus edades: los restos a los que se les rinde pleitesía en el Altar de la Patria son falsos y pertenecen a otras personas. La razón de esto es simple: los dictámenes que fundamentaron el decreto que reconocía su autenticidad fueron deliberadamente manipulados junto con los cuerpos: en los dictámenes se afirmó que se encontraron seis osamentas, una perteneciente a un adulto mayor de 18 años y otras cinco a menores de 14 años. Este hecho fue suficiente para los historiadores oficiales, que identificaron los huesos adultos con los de Juan de la Barrera, y los otros, con los de los cinco cadetes. Nadie se tomó la molestia de revisar las fechas de nacimiento de los verdaderos muertos, y con el sano fin de que los restos fueran de niños, enterraron con bombo y platillo a seis menores que no son los Niños Héroes. Lo importante en este caso —como en el hallazgo de los restos del emperador Cuauhtémoc— no era la verdad, sino forzar las evidencias para que los restos coincidieran con quienes debían coincidir.

Una de las razones que explican el hecho de que las osamentas no correspondan a las de los jóvenes héroes que abordo en este mito, consiste en la prisa que imprimió el gobierno de Miguel Alemán para resolver un entuerto diplomático ocasionado por una desafortunada declaración de Harry Truman, presidente de los Estados Unidos, hecha durante su visita a México en 1947, a cien años de la guerra entre ambos países, para tratar de enterrar definitivamente los resentimientos mexicanos. En aquella ocasión, el jefe de la Casa Blanca hizo saber que: «Un siglo de rencores se borra con un minuto de silencio». La respuesta de los cadetes del Colegio Militar no pudo ser más airada ni justificada. Retiraron la ofrenda floral depositada por Truman y la tiraron de mala manera a las puertas de la embajada de los Estados Unidos. El escándalo fue creciendo hasta que Alemán decidió localizar los cadáveres de los héroes niños y construir un monumento que se llamaría El Altar de la Patria, con seis enormes columnas de mármol blanco rematadas por unas gigantescas antorchas, para que nunca nadie olvidara la gesta de los cadetes.

Los cadáveres no son los de los cadetes, pero su sacrificio ya nunca será olvidado ni el crimen perdonado.

Para finalizar, no olvidemos que otro de los Niños Héroes fue Miguel Miramón, pero esa es otra historia desconocida y no un mito más...

A Carranza lo asesinaron
unos forajidos

En 1919 Venustiano Carranza casi estaba derrotado: la gripa española, el desastre económico derivado de la Revolución, las incesantes huelgas y el poder de los sonorenses acaudillados por Álvaro Obregón lo habían colocado en la más difícil de las situaciones. Para colmo de males, tiempo atrás había perdido a su esposa y en esos momentos tenía frente a sí las elecciones presidenciales. ¿Nombraría a su propio candidato o dejaría al electorado tomar su mejor decisión en términos democráticos? Obregón amenazaba con recurrir a cualquier herramienta con tal de ocupar la oficina más importante del país. Carranza, en el mejor estilo porfirista, decidió ignorar la voluntad popular y optó por promover a un personaje anónimo para conjurar las desgracias que Vicente Blasco Ibáñez narró en su libro *El militarismo mexicano,* donde el escritor español da cuenta de algunas confesiones hechas por don Venustiano:

> El mal de Méjico ha sido y es el militarismo. Sólo muy contados presidentes fueron hombres civiles. Siempre generales, ¡y qué generales! […] Es preciso que esto acabe, para bien de Méjico;

deseo que me suceda en la Presidencia un hombre civil, un hombre moderno y progresivo que mantenga la paz y facilite su desarrollo económico. Hora es ya de que Méjico empiece a vivir como los otros pueblos.

Lo que Carranza deseaba era frenar a Obregón por medio de un presidente civil que no tuviera la fuerza suficiente para desconocer a su gran elector y le permitiera —sin violentar la Constitución ni el apotegma revolucionario de la no reelección— continuar mandando en el país. Algo parecido a un «pre-maximato» como el establecido por Calles con Portes Gil, Ortiz Rubio y Abelardo L. Rodríguez, o bien, a lo acontecido con Porfirio Díaz y su compadre Manuel González…

Carranza decidió, por un lado, impulsar la candidatura de Ignacio Bonillas, el embajador mexicano en Washington, un ilustre desconocido y manipulable sucesor, y por otro, intentó arrestar a Obregón, sometiéndolo a un juicio con el propósito de destruir sus aspiraciones presidenciales y de mantener el control de la situación. Pero el sonorense logró escapar de la trampa y huir hacia Guerrero, mientras Calles, De la Huerta y otros de sus más cercanos colaboradores lanzaban el acordado Plan de Agua Prieta, con el cual los sonorenses se levantaron en armas en contra del gobierno carrancista.

De esta manera, cuando el caudillo sonorense inició el levantamiento el 23 de abril de 1920, la mayor parte del

ejército defeccionó, e iniciaron la rebelión contra Carranza en los estados de Guerrero, Sonora, Zacatecas y Michoacán, [a la revuelta] se unieron otros revolucionarios irregulares y felicistas de Tamaulipas y Nuevo León, con lo que el obregonismo naciente logró la unificación revolucionaria contra lo que quedaba del gobierno de Carranza.

Los hechos que Josefina Moguel narra en el párrafo anterior muestran cómo Carranza ya estaba prácticamente derrotado antes de iniciar las acciones militares. Por ello don Venustiano resolvió abandonar la ciudad de México el 5 de mayo de 1920 para tratar de establecerse en Veracruz. En el puerto tendría acceso a los fondos recaudados por la aduana, podría reorganizarse y recibir ayuda y pertrechos del extranjero; asimismo, en caso de que todo fallara, también tenía una ruta de escape al extranjero.

Sin embargo, Venustiano Carranza no contaba con que los obregonistas estaban preparados para esta jugada y, para colmo de su desgracia, el Manco —junto con un grupo íntimo de militares— había diseñado un plan para liquidarlo, de acuerdo con el viejo apotegma de que quien hace la revolución a medias cava su propia tumba.

Para la ejecución de este plan, Obregón se alió con los traidores que, encabezados por el cacique de la Huasteca, Manuel Peláez, se prestaron a los intereses de las compañías petroleras al «sustraer por seis años toda la zona petrolera —exceptuando los puertos de embarque— de la jurisdicción del gobierno central», como afirma Lorenzo Meyer en *México y los Estados Unidos en el conflicto petrolero*.

De acuerdo con lo anterior, Lázaro Cárdenas envió al general Rodolfo Herrero, empleado de Manuel Peláez —«[quien] no defendía ninguna bandera en particular» pero que vio en la Revolución «la oportunidad de obtener el favor norteamericano»—, la siguiente nota, recuperada —entre otros historiadores— por Josefina Moguel:

Lo saludo afectuosamente y le ordeno que inmediatamente organice su gente y proceda desde luego a incorporarse a la comitiva del señor presidente Carranza; una vez incorporado, proceda a atacar a la propia comitiva procurando que en el ataque que efectúe sobre estos contingentes muera Carranza en la refriega, entendido que de antemano todo está arreglado con los jefes más altos del movimiento, y por lo tanto, cuente usted conmigo para posteriores cosas que averiguar.

Como siempre, me repito siempre amigo suyo y S.S.

LÁZARO CÁRDENAS

La maquinaria de la muerte comenzó a funcionar y el tren de Carranza y su comitiva fue atacado en varias ocasiones, hasta que tuvieron que abandonar los vagones y las locomotoras. El general Herrero, cumpliendo las órdenes de Cárdenas, convenció a don Venustiano, quien tenía planes de huir hacia la frontera norte, de que trataran de alcanzar el puerto de Veracruz a caballo con un contingente mínimo, de cien hombres —de los cuales muchos eran civiles—. Carranza aceptó y el 20 de mayo de 1920 llegó al pueblo de Tlaxcalantongo, en el estado de Puebla:

A los pocos minutos era rodeada la choza del señor Carranza —cuenta Francisco L. Urquizo en *Carranza*— y se rompía violentamente el fuego sobre sus endebles paredes de madera. El presidente desde un principio recibió un tiro en una pierna y trató de incorporarse inútilmente para requerir su carabina. Al sentirse herido le dijo al licenciado Aguirre Berlanga que estaba a su lado: «Licenciado, ya me rompieron una pierna». Fueron sus últimas palabras. Otra nueva herida recibió quizá y su respiración se hizo fatigosa, entrando en agonía. Después penetraron al jacal los asaltantes y le remataron a balazos.

Poco tiempo después, el cuerpo de don Venustiano fue trasladado a la ciudad de México para ser velado en su casa, ubicada en el número 35 de la calle Río Lerma.

Obregón había vencido, había traicionado a su antiguo jefe, pero eso no tenía la menor importancia: la presidencia bien valía un homicidio. Y la prueba de que Obregón no pensaba fallar —como falló Carranza— podemos encontrarla en la siguiente confesión del general Alberto Basave y Piña, uno de los hombres de quien se sirvió Obregón para adherir el mayor número de militares a su exitoso Plan de Agua Prieta:

> Herrero estuvo conforme en adherirse al movimiento obregonista, levantándose acta por triplicado [...] En esta acta el señor general Herrero se comprometía a recibir órdenes por mi conducto [...] Regresé a México [y] di cuenta a Obregón de mis gestiones cerca de Herrero [...] Cuando el señor general Venustiano Carranza y la comitiva que lo acompañaba se dirigieron a la sierra de Puebla, Álvaro Obregón recordó que Herrero, por mi conducto, se había adherido al movimiento [...] Entonces dióme la siguiente orden para el general Rodolfo Herrero, orden que yo como militar transmití a Herrero: «BATA USTED A VENUSTIANO CARRANZA [Y] RINDA PARTE DE QUE VENUSTIANO CARRANZA MURIÓ EN EL COMBATE».
>
> [...] Al presentarme a Obregón y manifestarle que Herrero había cumplido con su palabra [...] éste, en el Hotel de San Francisco, me dijo: SÍ, FELIZMENTE YA MURIÓ CARRANZA...[1]

---

[1] Carta de Basave y Piña al general R. Culebro. Adolfo Manero Suárez y José Paniagua Arredondo, *Los tratados de Bucareli. Traición y sangre sobre México*, s. e., México, 1958, tomo I.

Como epílogo diremos que, en 1923, Alberto Basave y Piña, autor de esta valiosísima confesión, «fue encontrado acribillado a tiros por las afueras de la ciudad de México».[2] Sabía demasiado.

---
[2] *Ibid.*

30 de junio de 1520: la Noche Triste

A mediados de 1900 las vitrinas de las librerías de la ciudad de México comenzaron a exhibir una colección de pequeños cuadernillos que pretendían enseñar la historia de nuestro país a los niños de aquella época. Los librillos —impresos por los hermanos Manucci en la primera casa de la calle del Relox, en Barcelona— no eran el primer intento por acercar el pasado a los infantes, pues Antonio Vanegas Arroyo ya había publicado una colección muy parecida, cuyas ilustraciones corrieron por cuenta de José Guadalupe Posada. Sin embargo, uno de los cuadernillos de los Manucci —escrito por Heriberto Frías— resulta muy interesante por su título y su contenido: *La noche triste en Tenochtilán* (*sic*). En las escasas diecisiete páginas que conforman *La noche triste en Tenochtilán*, Frías —uno de los grandes creadores de novelas históricas de México— recrea uno de los episodios más importantes de la Conquista: el momento en que Cortés y sus hombres, luego de la matanza del Templo Mayor y del repudio hacia Moctezuma, fueron rodeados y vencidos por los aztecas. La victoria del pueblo del sol —como lo llamó Alfonso Caso— fue tan contundente que los invasores se vieron obligados a huir de

Tenochtitlan y hacer una parada en las cercanías de Popotla, donde Cortés lloró por la derrota durante la celebérrima «Noche Triste». Pero dejemos que Frías nos dé su versión de los acontecimientos:

> En vano Cortés hacía que los miles de aliados tlaxcaltecas disparasen sus flechas y contuvieran a las masas mexicanas, cada vez más terribles y más heroicas, aunque la artillería de los españoles les abría anchas veredas con sus rayos […]
>
> No hubo mejor determinación entre todos los capitanes españoles que abandonar para siempre la maldita ciudad de Tenochtitlán en donde los incautos conquistadores creían obtener desde luego palacios magníficos […]
>
> ¡Pero el pueblo había despertado como un león soberbio!
> ¿Quiénes eran los que temblaban? ¡Los mismos audaces! […] En vano habían hecho que su infeliz y cobarde preso, Moctezuma, hablara al pueblo desde la azotea del palacio […].
>
> ¡Y así fueron caminando en las tinieblas, huyendo, escapando, creyendo encontrar protección a su fuga de la Imperial México en las sombras de aquella noche, de aquella noche triste! […] ¡En aquella noche de junio todo aquel ejército antes tan altanero, invencible, estruendoso con sus cañones y sus cien caballos, con sus hombres vestidos de hierro, deslumbrantes y maravillosamente bellos en todo su poderío, en aquella noche de lluvia y lodo, en medio del silencio y de la soledad de México huía como un monstruo vencido, derrotado y humillado escapando de la noble cólera de los aztecas!

La versión de Frías, verdadera en sus líneas generales —aunque dudosa en lo que se refiere a la muerte de Moctezuma, quien según él fue apedreado por Cuauhtémoc, sin que exista una sola prueba a este respecto—, posee dos características dignas de ser resaltadas: una confusión y un problema de perspectiva.

Aunque el novelista sostiene que aquella noche las huestes aztecas se cubrieron de gloria y Cortés huyó derrotado, no tiene ninguna duda al titular a su narración como «La noche triste en Tenochtitlan», un hecho que indudablemente revela una confusión, pues si bien es cierto que para los españoles y sus aliados esa fue una noche tristísima, para los aztecas tuvo que haber sido una noche de alegría y regocijo, ya que habían vencido a sus enemigos y recuperado el control de su ciudad. Por ello, en ánimo de justicia, Frías debió haber titulado su narración como: *La noche triste en Popotla*, pues las lágrimas sí tenían buenas razones para brotar en ese lugar; *La noche triste de Cortés*, en tanto que este personaje fue el derrotado; o, de una manera mucho más justa, *La noche alegre en Tenochtitlan*. Sin embargo, y contra lo que podría suponerse, la suplantación de la «noche alegre» por la «noche triste» no es resultado de ninguna casualidad, pues en este hecho se esconde un interesante problema de perspectiva y de política: si revisáramos los libros de historia escritos por los conservadores —como la *Historia de México* de Lucas Alamán— encontraríamos que ellos popularizaron los términos «noche triste» para calificar la victoria de los aztecas.

En el siglo XIX esta toma de partido en favor de los conquistadores tenía un importante contenido político: no olvidemos que las obras de los historiadores pretendían lograr que los mexicanos abjuráramos del liberalismo y evitáramos la separación de la iglesia y el Estado, para asumir que nuestro ser y nuestro destino estaban definidos sólo por la hispanidad y la cristiandad. En efecto, la historia de los conservadores hacía a un lado la perspectiva de los indígenas y asumía la de los conquistadores para condolerse de sus desgracias, aunque —para nuestro pasmo— los historiadores liberales, como Prieto, Payno o Altamirano, nada hicieron para remediar este error, y la idea de la «noche triste» terminó por imponerse al sentido común, que justamente dicta lo contrario.

Lo interesante del asunto —que menoscaba la importancia de este acontecimiento para los aztecas y otorga el protagonismo al sufrimiento de Cortés— es que esta versión de los hechos, desde finales del siglo XIX y los primeros años de la siguiente centuria, también se popularizó entre los historiadores oficiales, en los libros de texto y entre aquellos que no fueron capaces de reconocer la importancia del triunfo azteca.

No obstante, la «noche triste» es una falsedad que hoy debemos abandonar, y en consecuencia borrar de los viejos libros de texto la palabra «triste» y sobreescribir «alegre». De buena gana recomendaríamos hacer lo mismo con los nuevos libros de texto, de no ser porque la Conquista, con todo y su Noche Triste y con todo el pasado de las civilizaciones mesoamericanas, ha desaparecido de ellos, tal vez para evitar a los niños el recuerdo de una derrota más cuando, en realidad, se trató de una excelsa y emotiva victoria que debería ser ensalzada en todas las obras sobre nuestro pasado.

Esta obra se terminó de imprimir
en el mes de septiembre de 2024,
en los talleres de Diversidad Gráfica S.A. de C.V.
Ciudad de México